復刻にあたって

1985年の夏に自費出版された書籍『幕間《まくあい》のパントマイム』を、増補・復刻版として、お届けします。

「復刻」のアイデアが生まれたのは友人から『幕間のパントマイム』が手に入らないかと尋ねられたときでした。ただ、半世紀以上前の二つの小さな「事件」にはさまれた期間の出来事の記録とその分析がまとめられた内容に興味を示してくれる読者がどれほどいるのだろうかとの疑問もあり、「復刻」を決断できない状態がしばらく続きました。

その決断を後押ししてくれたのは、麻布学園史資料室を訪問し、本書が対象としている時期だけでなく、さまざまな資料が多くの方々から寄贈されていること、またそうした資料を利用しての授業も試みられていると知ったことでした。その数は多くはないかもしれないが、興味を示してくれる読者はいるはずだと確信しました。

同資料室には、三人会が寄贈した資料も大切に保管されていました。巻末にリストアップされていた資料の現物を四十年ぶりに目にしたとき、それらをPDF化するという「増補」のアイデアが生まれました。

三人会による分析の記述は、それを裏付けると判断した資料を引用して行われました。大きな声をあげることのなかった、しかしそれぞれの形で状況に働きかけていた人々の動き（それを私たちは「パントマイム」と呼びました）は、私たちが読み取ったものとは別の「理解」にも開かれているはずです。序章の末尾で「読者が自分の経験やその保持の仕方と照らし合わせて検討・批判できるようなかたちになっていることを願う」とあるのは、そういう意味です。そうした別の「理解」を可能にするために、巻末資料をPDF化し、増補資料として提供することにしました。

冒頭で、二つの小さな「事件」の間と書きましたが、社会的には小さくても私たちにとっては大きな出来事でした。「幕間」とは、二つの「全校集会」の間の時期、つまり1970年3月の自主活動の自由および授業改革をめぐる全校集会と1971年11月の山内校長代行の辞任を実現した全校集会の間の時期を意味しています。

二つの「事件」を扱わず、その「幕間」を対象とした理由は、代行退陣後まもなくして、当時の高校1年から3年の3つの学年の有志が集まり、時期を分担して資料の収集・整理作業を行うことにしたためです。授業改革運動の時期は、一つ上の学年（1971年卒）が担当しましたが、その後交流は途絶えていました。彼らの記録・分析の成果が『よみがえれ！授業改革運動』として出版予定であることを知ったのは、増補・復刻版のアイデアが固まりつつあった年の瀬でした。この先輩方の「持続する志」が、その後の時期を扱った『幕間のパントマイム』を復刻する決断の最後の一押しとなりました。

復刻にあたり「麻布高校1970年4月～1971年9月」となっていたオリジナルの副題を表紙には残していますが、カバーでは「麻布学園1970年4月～1971年11月」と変更し、さらに「授業改革運動と山内校長代行退陣の狭間で」と追加しています。「麻布学園」としたのは、本書で取り上げた出来事に中学生も無関係でいたわけではないからです。また、「1971年11月」としたのは、本文そのものでも1971年10月文化祭から11月代行退陣までの期間の動きについてそれなりに記載しているため、さらに、増補資料が1971年10月から11月の期間のビラや新聞記事等であるためです。

2023年3月、著者の一人である坂上貴之が、残念ながら病のために帰らぬ人となりました。十余年にわたる資料作成作業をともにし、その後も交流を続けてきた友人を失った喪失感を表わす言葉が見つかりません。この増補・復刻版はご遺族の了解を得て「三人会」として上梓します。

最後になりましたが、この場を借りて、巻末資料の現物をこれまで保存し、今回利用させてくださった学園史資料室に感謝の意を表します。また、この増補・復刻版の出版に際し大変お世話になったエンパワメント研究所の久保耕造氏にお礼を申し上げます。氏の助力なくして本書を世に送り出すことはできませんでした。あわせて感謝の意を表したいと思います。

2024年4月

著者代表　星　野　英　一

幕間の
パントマイム

——麻布高校1970年４月〜1971年９月——

三人会

申し合わせ〈同窓会理事会〉

前校長辞任のあと、新校長の選任に、学園理事会、同窓会理事会は大変な憂慮とご苦労をした。紆余曲折のあげく、山内氏がやっと校長代行就任を受諾した時、新任校長の背負い込む苦労が、並大低のものではないという事を知悉していた同窓会理事会では直ちに全理事の発意で新校長支援のための決意を表明する事になり、次のような申し合わせ文を採択発表した。

理事会申合わせ

昭和四十五年四月八日麻布学園同窓会は、同窓会々議室に、臨時理事会を開き、今回本会常任理事山内一郎君（同時に麻布学園理事、昭和10年卒）が前理事長並に校長藤瀬五郎君（大正14年卒）の辞任に伴い四月四日麻布学園理事会に於て、理事長並に校長職務代行者に選任されたので、同君を全面的に応援し、同君がその権限を存分に行使出来るよう、あらゆる協力をする事を申し合わせた

昭和四十五年四月八日

麻布学園同窓会理事会

●――はじめに

一九七一年一一月一五日、この日は僕達にとって、ひとつの象徴として重要な意味がある。僕達の在学していた麻布学園という私立校の校長代行が全校集会の席上で退陣するという事件があったこの日に、僕たちは各々別の場所で、各々違った時間をすごしていた。

この「事件」の数週間前に僕達ははじめて出会った。前月に開催された文化祭でのヘルメット部隊の突入を契機に、僕達の生活の内容は急激に変化していった。このさなかにあって行くつき先は何であれ、「大変なことになる」という気持ちが僕達にはしていたし、同時に「何かをしなくては」という衝動に背後からつきうごかされてもいた。僕達には、約一年半前に起こったもう一つの「事件」の経験があった。まだ高校一年生であった僕達の目の前で、授業改革の運動と自主活動の自由を求める運動が新しい方向性をもとめて学園史上初の全学的な集会をうみだすという「事件」にまで展開されていったのだった。

一九七一年一〇月、僕達はこう考えていた。「行くつく先は何であれ、いつか全学的な集まりがもたれるに違いない。その時、僕達は今から約一年半前の事件の経験と今までに到る事実経過を僕達よりも若い学年に話さなくてはなるまい。そのためには、全学的な集まりに間にあうように資料集を作ることが必要だ」。そして、僕達は、資料作成にとりかかった。

しかし、一一月の急激な動きの中で僕達の意図した資料作成は実行されないまま一一月一五日の「事件」を迎えてしまった。その後僕達は学園内に広まった虚脱感と、大学受験を数カ月後に控えた焦燥感とにとらわれて、作業には手がつかなかった。

四月になり、一区切りついた時点で、意図したものを中途半端にほうり出してしまったうしろめたさから、何しろ形にしてしまおうと考えた。この再出発にあたっては、当初から様々な動機があり、その後作業が進むにつれ、そこからいろいろな理由や目的がつけられていった。

いま僕達は、この作業の結果を報告しようとしている。ここに至るまで、とにかく作業は続けられてきた。振り返ってみれば、おそらく僕達はあの頃の僕達の生きた時間を非常に重要と考えていたからここまでやってきたのだろう。僕達が少年期から青年期に移行するなかで、はじめて社会を意識し、認識の一部として考えるようになった過程は、この時代をぬきにしては語れないし、いまの僕達の生き方にも、この時代は深く影響を与えていると認めざるをえない。こうして、僕らは出生の秘密を知りたがる私生児のように一六歳から一八歳の自我形成期の自分とそれをとりまく状況を見つめなおしてみたいと思ったのである。

本書の出版にたどりつくまでにお世話になった多くの方々にこの場をかりて感謝の意を表したい。各人の家族をその第一にあげるのはいささか読者の方々に対して礼を失したやり方かもしれないが、数百回にも及ぶ三人の会合は僕達の両親と妹たちの理解と支援なくしては続けていくことはできなかった。そして現在三人のうち二人が独立して家庭を持っている。夜遅くまで続いた会合も妻たちの協力と援助があってこそここまで維持できた。心から感謝するとともに彼らにこの書をまずささげたいと思う。

多くの友人たちの助力があったことも僕達の作業をここまで続けていくことのできた重大な要因である。麻布時代の友人だけでなく、各人の大学時代、そしてそれ以降に得た友人も含め、彼らは僕達の問いかけに気持ちよく応じてくれ、また討論に加わって貴重な助言をしてくれた。しかし何よりも有難かったのは、僕達の作業方法と内容への彼らが示してくれた静かで温い理解であった。ここに感謝の意を表したい。〈第2章　方法〉でも述べてあるごとく、この書を一つの契機として個々に閉じこめられている体験をより広い共同性をもった新しい経験としてとらえなおし、僕達三人の試みを批判・検討していただくことを祈りつつ、この書をささげたい。

この他にも謝辞を述べなくてはならない方々はたくさんいる。高校時代の師、大学・大学院時代の師にもずいぶんお世話になった。三人のうちの一人の勤務先の友人は、出版に際して紹介の労を心よく引き受けて下さった。この場を借りてその御厚志に心より御礼を申し上げたい。

棹尾ながら編集の労をとって下さった中澤修一氏と表紙のデザインを引き受けて下さった福田徹氏にここで御礼を申しあげたい。特に中澤氏には印刷所の紹介からはじまって、本書の構成から誤字・脱字にいたるまで何から何までお世話になりっぱなしであった。氏の存在なくして本書の現在の姿はなかった。重ねて御礼を申し上げる。

一九八五年　夏

著　者

目次

序章　絶対、ここをとばして読まないでください

「はじめに」で述べたように、我々三人の資料作成作業の目的は、一九六九年から一九七一年までの間に、各々がまのあたりにした経験をとらえかえそうとすることだった。

しかし、個人的なものであろうと集団的なものであろうと、単に経験それ自体に固執しつづけることから、自動的に何かしら普遍的なものが生まれてくるわけではない。そこでは経験が経験そのものとして存在をしつづけるだけだからである。だが、その経験について繰り返し考え、態度を決めていくなかで、経験をどのようにして保持していくか、その方法、その姿勢がそのままひとつの立場をかたちづくるということはありうる。初めは正体の定かでない、意識化されない経験が、「言葉」というかたちをとって定着されていく時、その過程が経験それ自体に広がりを与え、その「言葉」がより多くの人々にとって意味のある共有しうるものになることもあるはずだ。

我々の一〇余年もかかってしまった資料作成作業はそのような過程として位置づけられるだろうし、この本はそのような「言葉」として受けとめてもらえば有難い。こうして我々の立場は、我々の経験の保持の仕方、その姿勢としてのこの本の内容と構成の仕方に否応なくあらわされていると考える。

(1) 我々の主なアプローチとしてもちいた「事件」と「事件」との谷間をその「日常」に力点をおいてとらえかえしていく姿勢（第2章参照）は、以下のような考え方をその前提としている。

① 人間を変えるものが大きなショックとしての「事件」だけでなく、一見何の変哲もないような「日常」の経験のひとつひとつの集積である場合もあるのだということ。

② 「事件」による大きなショックも、その後の「日常」の中で内面化されていかない限り、ただの体験として一過性のものに終わってしまう場合もあるのだということ。

③ 「事件」は決して突然に訪れるものでなく、それ以前の多くの人の「日常」の中で意識的にであれ無意識的にであれ、準備されていなければ多くの人々にとって意味のある（多くの人々を巻き込む力をもつ）「事件」となることはないのだということ。

(2) 本論の内容からも読みとれるように、我々は人々の「沈黙」の

もつ意味にも目を向けたいと考えている。数多くのビラ、文書、雑誌のように公然とあらわれた部分だけでなく、もうひとつの表現されなかった隠れた「言葉」を見る眼をもちつづけたいと思う。このような姿勢は以下のような考え方に支えられ、あるいは結びついていく。

① 我々は何らかの仕方で、我々の「日常」の底に沈んでいる共同性をさぐりあてたい。我々の作業とこの本とを、そのためのものとしても考えておきたい。

② 一組の絶対的原則を信奉する人々の数が増えることで何かが可能になるとは思わない。混沌とした状況や我々の経験を一組の原理で割り切ってしまうのでなく、せめぎあうものはせめぎあうものとしてとりあえず受け入れた上で、我々の今に見合ったささやかな理想でそれなりの評価を与えていこうと思う。

③ どうすればひとつの闘争が成功し、あるいは失敗するかを明らかにするような本を書こうとは思わない。目立った人々だけでなく、精一杯動いてはいたがあまり目立った動きをしていなかった、あるいはただ「事件」に巻き込まれていったようにしか見えない人々にも目を向けることによって、我々がどう変わっていったか、そして何が見えるようになったかが明らかにできればうれしい。

繰り返して述べるなら、以上のような我々の姿勢や考え方は、決して「事件」の当時から我々のものになっていたわけではなく、二つの「事件」とその谷間とについて考え、態度を決め、「言葉」として定着させていくなかで、かたちづくられてきたものだ。今はただ、この「言葉」が読者にとっても意味のあるものとなっていること、つまり読者が自分の経験やその保持の仕方と照らし合わせて検討・批判できるようなかたちになっていることを願うのみである。

第1章　麻布学園の概要と一九六九年から一九七一年一一月までの概略

1　麻布学園の概要

私立麻布学園は東京都港区元麻布にある。構成は中学校及び高等学校から成るが、高等学校からの生徒募集はほとんどなく、いわゆる六年間一貫教育を売りものにした男子校である。一学年約三〇〇名であり、高校卒業後の進路はほとんどが大学に進学すること、特に東大を始めとする有名大学に例年多数の合格者を出すことでマスコミ等にとりあげられているいわゆる有名進学校である。

中学・高校は同一敷地内にあるばかりでなく、校舎、教室も共有し、壁一つ隔てて中・高の教室が隣接している。さらに、課外活動の一つであるクラブ活動も、中・高六学年で一つの部を形成している。

生徒の代表機関には麻布高等学校生徒会及び麻布中学校生徒会がある。前者は次の四つの機関によって構成される。①級自治会、②生徒協議会、③執行委員会、④生徒会各部である。後者はこのうち①②③の三つによって構成されている。以降、主に麻布高等学校生徒会について述べてみたい。その会則（昭和三一年（一九五六年）四月一一日施行）にそって述べてみたい。級自治会は他校でのホームルームに相当し通常クラスタイム（CT）とよばれ週一時限開かれる。生徒協議会は、高校のものは高生協、中学のものは中生協とよばれ、ここが一応の生徒の意志決定機関となっている。構成は三年を除く各級から選出された各二名の代表及び生徒会各部から選出された各一名の代表及び役員、執行委員よりなり、級委員と部代表は同一であってはならないとしている。任期は四月〜八月の前期と九月〜三月の後期の二つの期にわかれている。役員は議長一名、副議長二名であり、選出されると同時に議席を失ない、各級、各部はかわりの代表をおくらなくてはならない。高生協は定例として毎月一回開かれるほか、執行委員会や協議員・学校の要求によって臨時にも開かれる。

執行委員会（高執委）は自治活動における執行機関で、高生協の決議事項を実行する。委員は級代表四名・部代表三名の割で選出され、役員と同様に協議員としての資格を失なうため各級・各部はかわりの協議員をおくることになる。執行委員会は委員長を一名選出する。なお、執行委員会は予算・決算にもたずさわるほか、協議会の承認を得た上で特別執行機関を設けることが出来る。この中で課外活動にとって重要なものが文化祭実行委員会（文実委）と運動会実行委員会である。これらの実行委員会は、生協組織とは別に委員長を直接選挙で選び、残りの委員は各委員長の指名により構成される。麻布では文化祭は中・高合同で通例五月の連休頃にかなり盛大に行なわれる。一方運動会は一九六七年頃に、それまで体育科教員を中心に行なわれていたものが生徒側中心に移行したが、隔年という習慣のためかいまひとつ盛り上りに欠けていたところがあった。

生徒会各部は文化部一二部、運動部一三部より成り立っている。いわゆるクラブ活動は上記以外の同好会を含めてかなり活発で、バトミントン部等の国体参加、囲碁・将棋のサークルの全国大会進出などもあり、又、フォークやロックバンドも多数結成されていた。また、高校三年になると生徒はこれら課外活動からは引退していたようである。

本文中にしばしば登場する全校集会は一九七〇年三月までは例がなく、〈第3章1　前史(3)〉で述べられているとおり、当時学校及び高生協だけでは当事者能力に欠けていたための解決策として用いられたが、これといった形式は定まっていなかったため同年三月一四日にこれを具体化する改定案が可決されている。

最後に、遠足について述べる。麻布学園には修学旅行の習慣はなく、中一から高二の秋に遠足があるだけである。中学生は全て日帰り、高校生は一年時に一泊、二年時に二泊の遠足である。このように規模が小さい理由として、昭和二九年、相模湖に遠足に行った当時中学生が死者二二名の事故を起こしたことによると聞く（相模湖事件）。

以下、本文及び資料中に用いられる略称の解説をする。

H2　高校二年のこと。H2—4は高校二年四組、また中学はMと略すことがある（例：M2—4）。
CT　クラスタイム
生協　生徒協議会（高校は高生協、中学は中生協という）
高執委　高等学校生徒会執行委員会
中執委　中学校生徒会執行委員会
文実委　文化祭実行委員会
全闘委　全学闘争委員会
二・一一統実委　二月一一日紀元節粉砕統一実行委員会
全共闘（準）　全学共闘会議準備会
山共闘　山内体制打倒全学共闘会議
反戦高協　戦争と植民地主義に反対し生活と権利を守る高校生協議会
反戦高連　反戦高校生連絡会議
反帝高評　反帝高校生協議会（連合）
入管闘　麻布学園入管体制粉砕闘争委員会
中闘委　中学生闘争委員会
民主化行動委　麻布学園民主化行動委員会
F・I・H(準)　麻布学園国際主義高校戦線準備会
反省の日　相模湖事件追悼記念日、一〇月八日
（私学労組麻布）分会　東京私学労働組合麻布学園分会
社研　社会主義研究会

2　一九六九年から一九七一年一一月までの概略

我々の分析対象期間は一九七〇年四月から一九七一年九月までの期間である。この節では、この対象期間のおおまかな概略を述べ、後につづく各章の内容を理解しやすいものにしたいと思う。しかしながらこの分析対象期間だけをとりだしてその概略を述べたとしても、ほとんど以下の章を理解することにはつながらない。というのも、この期間中の出来事がそれ以前の出来事と深く関わっているからである。したがってここでは我々の分析対象期間を含むやや広い期間について概観してみたいと思う。

麻布学園での生徒の自主的な活動は、一九六九年にはいって比較的はっきりした形をとったといってよい。ここで自主的な活動と呼んだものは、生徒が、学校当局の定めた枠を越えて自分たちのおかれている世界を見つめなおし、その世界を含み込んでいるさらに大きな世界をとらえようと自らが起こしていった諸活動のことをさしている。こうした活動は高校生運動・自主活動等様々に呼びならわされているが、何もこの時期だけにみられた特有のものではない。しかし、この時期の高校生を中心とした諸活動が当時の大学の学生運動から強い影響を受けていることは否めない。周知のごとく、一九六七年から六八年にかけて、全国各大学での大学闘争はピークを迎えた。この闘争は様々なチャンネルを通じて高校生・中学生に伝播し、一九六九年には全国的な規模で高校生運動が展開しつつあった。

麻布学園では一九六九年一月に当時の執行委員会から二月一一日建国記念日に自主登校を促す提起がなされており、二月一一日当日には高校生一五〇名ほどの自主登校がなされている。その後三月卒業式においては、従来とは異なる方式で、答辞委員会によって作製された答辞が読まれている。そこで卒業生たちは、現在の教育体制をゆがんだものとしてとらえ、あとに残る生徒・教員の力で麻布での教育を改善してほしいと訴えるだけでなく、自らを「自由という名の下に怠惰」であったとし、積極的に自由を行使していくことの大切さを表明した。この頃までにすでに執行委員会のだしている雑誌においては、授業改革や高校生自治の問題が論議されている。

同年四月二八日（沖縄デー）には学内で初の政治集会が開かれ、五月文化祭では高校生の政治活動についての討論が行なわれている。また、六月〜九月にかけていくつかの政治的な集団（党派的集団）が六月一五日（安保）を契機に形成されている。一方、学校当局も、一〇月二一日の国際反戦デーにおいては授業をはやめに切り上げて準ロックアウト体制をとったりした。

一一月にはいり、学園は大きな動きにゆすぶられる。高執委が「テスト制度の改革を!!」というビラを配布したのを機に、各クラスで、麻布での教育における様々な批判が生徒たちによって討論されはじめた。この動きは主に高二を中心として始まったが、あっという間に高校各学年に広がり、一二月三日には授業改革の為の正式な協議機関を設置することが高生協で可決され、一二月五日には臨時職員会議で高校の期末考査を中止することがきまった。一二月中に計三回の授業改革協議会がもたれる一方、生徒も各クラスで討論を活発に行なった。

生徒のうち比較的行動的な部分は一二月三日に全学闘争委員会を結

成し、学校側に対し高生協とは別に要求項目をかかげて運動を開始した。そして一九七〇年にはいってからは、冬休みで沈滞気味の協議会とは対照的にその活動レベルを高めていった。特に全闘委は、教育改革・授業改革とは別に高校生の政治活動・自主活動の自由をテーマにかかげ、二月一一日の学内を起点としたデモを当局側が認めなかったこと（別の記録では内庭を出発点にしないでほしいとの要望が学校からだされたとある）を機に当局側の姿勢を強く批判した。二月一一日当日には一五〇名程度の生徒の自主登校があり学内集会と学内デモがあった。その後、麻布ベ平連（ベトナムに平和を！市民連合）が同様に麻布を出発点としたデモを企画したが麻布署が認めなかったこともあいまって、学校側を批判する声が高まり、統実委（二・一一紀元節粉砕統一実行委）と教員との間が決裂するにおよんで、二月二一日より統実委に属する生徒たちの校長室でのすわり込みがはじまった。二月二七日高生協で「高生協・統実委・学校当局の三者で共催する全校集会」の開催が可決され、職員会議もこれを条件つきで認め事態は解決の方向に歩みだした。三月二日から三月五日までの間、全校集会開催のための予備交渉が三者によって行なわれ三月七日に統実委は校長室より立ちのいた。三月九日から一二日に麻布学園の構成員である全教職員と全生徒により全校集会が、①生徒の「自主活動」についての問題、②一九七〇年二月七日以後の一連の事実経過に関する確認と総括、の二点を議題として開催された。その結果、生徒の自主活動の自由が基本的に認められ、三者間での事実経過の確認作業がなされた。三月一四日には全校集会集約にもとづいて生徒総会の立法化や届出制の確立（許可制の廃止）のための生徒会会則改定案が可決された。ひきつづいて三月一八日から二〇日までの間、授業改革のための全校集会が開かれ、授業改革についての具体的な改革案がいくつかの分科会で論議され検討された。三月二四日に藤瀬五郎校長辞任、それに代わって二八日に学園理事会にて山内理事長代行・校長代行が選出された（別の資料によると四月四日に選任されたとある）。

新学期にはいり、四月九日、代行は三月の全校集会集約の破棄を通告するとともに、一三日には生徒会凍結を発表、四月一八日の父兄会席上においても、生徒に対する強硬策を発表した。四月二二日には文化祭プログラム中の「不適切な部分」の削除を命令した。五月三日〜五日の文化祭ではこれら一連の代行の処置に抗議して抗議デモが発生するが、生徒への大きな影響はもたなかった。五月九日には高二で合同クラスタイムが密かにもたれたが、代行の強硬策に対する不安の表明や、彼が生徒や教員のことを誤解しているのではないかとする意見が強く、具体的な対抗措置を講ずるまでにはいたらなかった。一方、教職員の一部は五月一三日に、代行の強硬策とその教職員への圧力に抗議して東京私学労働組合麻布学園分会を結成し活動を開始した。同時に代行も就業規則の改定方針を打ち出した。七月一三日には社会科教員の企画した教材としての「八月の砲声」上映会が上映当日になって中止命令がだされとりやめとなる事件が起き、代行の教科内容への干渉、教員への管理体制の強化が明確となった。夏期休暇があけ九月上旬には生徒会会則の前文が削除の上三月全校集会以前にもどされ、生徒会の凍結が解除された。しかし、生徒には、代行への抗議を組織する力はなく、また行動的な生徒も当時起こった内ゲバにより消耗を感じだしていた。九月三〇日に代行出席の説明会及び合同生協が開かれたが、代行は説明会の席上、生徒に学校当局の姿勢を批判する権利のないことを述べた。

一〇月一四日〜一七日は高二の遠足旅行であったが、宿泊先で、飲酒・喫煙をする者が多く退廃的なムードが生徒の行動に色濃くあらわれた。この問題に関して一一月四日に父兄同伴のもとでの「お説教」という形で代行が生徒に注意をあたえる一方、自分を含めた高二担当教員を減俸処分にした。一一月一三日に代行の校長資格問題が新聞にとりあげられ、分会もこの点について父兄への手紙の中で批判を行なった。行動的な生徒たちの一部は一一月一六日に山内体制粉砕全学共闘会議（準）を結成するが、その人数の少なさとその結成を知らせるビラの過激な内容に対する生徒の警戒から、全体への波及効果は少なかった。一一月二〇日、行動的な生徒の部分に属していた高一の生徒に対し「学則違反による退学処分」を通告し、その両親からの不服申し立てにより争いが裁判所にもちこまれることとなった。以前より停学処分や自宅待機命令といった措置を多く行なっていた代行だが、退学処分はこの生徒が始めてであった。代行は分会に対する攻撃にも出、一二月一四日、分会に非公然に加入していた三人の非常勤講師に翌三月の解雇をいいわたした。これに対し、三人は翌年一月二一日に代行に対し公開質問状を提出している。一九七一年一月二九日には例年春に開いていた文化祭の中止が決定された。二月三日には統制色の強い生徒心得の制定が発表され、二月一〇日には二月一一日の登校の禁止が発表され、当日は学校が閉鎖された。二月二三日に学園の機構改革と来年度教育人事案が発表され、分会所属の教員の多くが担任等から排除された。これに対し三月一三日、分会は父兄・生徒に向けた雑誌『麻布教育』第一号を出版し広報活動を強める一方、三月二三日には、代行の一連の分会に対する強硬策に対し一〇分間のストライキを実施した。また、三月下旬から新学期にかけて、いくつかの学級・生徒集団はささやかな自己表現として文集を発行していた。

一九七一年四月上旬には生徒心得等をのせた生徒手帳が配布された。また校舎の一部、講堂がこわされ、新講堂と新校舎の建設がはじまった。四月八日には解雇通告をうけた非常勤講師のうち二名が出勤する一方、同一九日には専任教員二四名による就業規則への反対意見書が代行に提出された。四月二八日に高執委より、生徒の学内における権利を明文化した「生徒権宣言」が提案され、各クラスでの討議にはいった。五月二〇日に沼津で麻布学園同窓会総会が開かれ、代行の行動を批判する卒業生らが抗議を行なおうとしたが、無視された。八月三〇日には、代行より一〇月に開かれる予定の文化祭時にガードマンを配置する旨の手紙が父兄宛に発送された。九月一〇日に高三の生徒の無期停学処分、同二一日は高一の生徒二名の一五日間停学処分が発表され、文化祭を前に代行のやつぎばやの攻勢がみられた。九月二八日に同窓会有志により、代行に現状の説明をもとめる旨の手紙が父兄にだされた。

一九七一年一〇月三日、文化祭二日目にヘルメット部隊が学園内に突入、すぐに警官隊が導入されたが、多数の生徒の反撃によって警官が排除されるという事件が起こった。翌日学校は閉鎖されたが一〇月五日はあとかたづけのため開門され、生徒は体育館に集まり、数人の教員と討論会がもたれ、そのまま中庭事務室前に三〇〇名ほどがすわり込んで討論を続行した。代行の退去命令がだされたが、生徒はすわり込みを解かず、導入された機動隊に、ピケをはって生徒の前面にたった分会の教員らとともに外に排除された。一〇月六日には行動的な生徒が超党派で山内打倒共闘会議を結成し、共同戦線を形成した。一〇月七日よりロックアウトがはじまり、生徒たちは学外でクラスタイムを何度も開いたり、分会の教員による自主授業に参加したりした。また、各クラス間、共闘会議とクラス間、高校の各学年間で、積極的なコミュニケーションがもたれる一方、生徒は父兄や卒業生とも連絡をとりあっていた。一〇月九日、分会は代行に退陣要求を提出し、反代行の行動を明確にとりはじめた。一一月一日学校当局による高三の学外授業が開かれたが、生徒はすべての時間を討論会にかえ、その中で代行出席の高三学年集会等を求める決議がだされ、一九九名がそれに署名した。一一月三日には学外デモが父兄、教員のみまもる中で行なわれ、ロックアウト体制をとる代行への抗議がなされた。一方、東京都学事部は義務教育期間の中学生をもロックアウトにより締め出すことはこのましくないとの立場より代行に善処するように求めたり、各新聞がこの間の麻布の生徒の動きを報道したりする中で、しだいに問題が社会的な様相を帯びてきた。一一月一二日に高三の学年集会が学外で開かれ、出席した代行はロックアウトの解除と、全校集会開催を認めた。一一月一三日、ロックアウトが解除され、全校集会が開催された。一日おいた一一月一五日、全校集会第二日目に、代行はついに退陣要求書に署名し、一一月一七日に授業が再開されることになった。一一月一六日、代行の辞任が理事会で正式に決定された。

第2章　方　法

1　分析方法をめぐって（一）――仮定の導入について

我々の分析対象とした時期は一九七〇年四月から一九七一年九月までの約一年半である。この時期は、この前後の激しい動きとは対照的に一見〝平穏〟な時期であった。生徒の行動は時々小さな爆発を示すもののそのほとんどは表面にはあらわれていない。教員の行動も組合活動という形はとっていたもののあくまで生徒とは一線を画して行なわれており、当時の生徒側にはその動きをほとんど知ることができなかった。生徒側よりだされる印刷物も、第一期の幻想期（一九七〇年四月〜九月）には比較的量が多く内容的にも生徒一般に向けられていたものの、その後約一年間は散発的なアジビラか、ごくうちわだけで回覧される程度の――しかもその類いの印刷物は新聞や同人誌や文集という形式に限られていた――ものでしかなかった。

このように分析資料にめぐまれない時期をあえて我々の対象とした理由は、まず第一にこの時期にひきつづく一九七一年一〇月と一一月の大きな動きを理解するためには、この時期の分析がかかせないとの認識があったこと、そして第二にまずもってこの時期に我々が生きていたという事実確認があり、その事実確認は現在我々一人ひとりの自分史の中で重要な位置を占めているという認識があったことによる。さらに、これは付随的な理由であるが、多くの社会的動きがその動きの背後に表面にあらわれぬ無数の動きをかかえているとの認識があり、我々の分析方法がなんらかの形で社会的動きの背景を知ることに寄与するのではないかと考えたことによる。

しかしながら、分析資料が少ないということは致命的な欠陥であり、これを補うためには明確な事実確認を行なった上で、大ざっぱな仮定を導入していく必要があった。考えうる多様な仮定の中で最も妥当なものを選択していく作業が、十数年間の我々の作業の主たるものであったといっても過言ではない。このような妥当な仮定を選びだしていく過程において実に様々なモデルが提案された。そのすべてについて本書の中で紹介することはできないが、〈第3章　本論〉や〈第4章〉そして今後出版が予定されている第二巻でそのいくつかについては検討することになる。

では何をもってその仮定の妥当性を主張できるのだろうか。対象とした時代の経験そのものは事件後十数年を経ることにより変質してきているであろうし、何よりもまず事件を意識的にとらえかえすという作業自体の中で我々の経験内容が変質してしまっているであろう。しかしながらこうした変質は何も経験だけについていえるわけではない。また恐らく文書資料にもとづく比較的あいまいさの少ない「事実確認」とよばれる作業においてさえも、「変質」は確実に起こっているであろう。我々は妥当性の根拠をこの分析作業全般にわたって行なわれた徹底的な討論にもとめた。ある資料についての個人による発表とそれをめぐる残りの二人のコメント・批判を経、最後に三人で再び討論を行なうというサイクルが何百回となく繰り返され、モデルや仮定については何度も検討しなおされた。こうした討論の繰り返しにおいて重要であったことは、三人の経験がぶつかりあう機会を何度も得ることによって、さらにそれが長い期間を経ることによって新しい別の経験をつくりだしていったことである。そしてこの新しい別の経験は新しい認識の基礎をうみ、しかもこの期間、各々別の領域で生きることによって得た新しい経験と認識がそこに加えられた。こうして経験の把握について三人の個性をこえた第四の独自の個性を諸個人が獲得してきたと思われる。

恐らく立てられた仮定の妥当性を真に保証するものなどありはしないだろう。ただ三人の経験が討論を経ることにより新しい経験をつくりだし、その経験が母体となって新しい認識や個性をうみだしていった過程こそが、「事件」についての三人の共有しうる認識を作りだしていったことにほかならないとするならば、この作業を世に報告することによって我々の現在の認識がさらに別の違った経験とむすびついてより多くの人々との間に新しい共有関係を形成することになると考えられる。こうして我々はこのように三人で作り上げた認識の共有化をより拡大してとらえることで、導入していったモデルや仮定の妥当性の根拠を公開によって得られるより多くの人々との仮定の共有化の過程にももとめているといえる。

2 分析方法をめぐって(二)――仮定の導入の方法

では次に仮定の導入に際して我々がとった方法に言及したい。そのために、少々遠まわりであるが、全体の流れにいま一度もどることから始めたい。

第1章の概要でも触れたように、一九七〇年三月には授業改革運動・自主活動の自由を求める運動に端を発し期末試験の中止と校長室すわり込み事件を経て、麻布学園史上初の全校集会が開催された。この集会集約をめぐって麻布学園理事会はこれら一連の動きを学園紛争ときめつけ、当時の藤瀬五郎校長の辞任を期に、その収拾を目的として同年四月に山内一郎校長代行を学園に送り込んだ。就任一カ月後の五月の文化祭は別名黒ぬりの文化祭と呼ばれ、代行による生徒の活動への統制が色濃いものであった。その後一年半を経て、一九七一年一〇月に文化祭が開かれ、ヘルメット部隊の突入に端を発し多くの生徒の山内代行への抗議がなされた。ひきつづき生徒の抗議の声を打ち消すためにロックアウトがなされたが、一一月にはロックアウト解除と同時に全校集会が開かれ、その結果校長代行の退陣が実現した。

このようにみてくると、我々の対象とした一九七〇年四月から一九七一年九月とは、二つの全校集会と二つの文化祭にはさまれた時期といいかえることができる。さてこの二つの全校集会と文化祭は、形式の上でも内容の上でも大きく異なっていた。我々はこの差に注目し、その差をうみだしたものは何かについて論議した。その結果、この差こそは、その二つの同じ事件を隔てた期間に様々な形で生きていた生徒・教員さらに学校当局の、ものの見方・行動の仕方の変化に帰することができると考えたのであった。

こうして我々は、ある対象期間をその期間をはさむ前後の時期の個人や集団の動きを比較することで分析しようと考えた。すなわち、対象期間の前後の期間に起こった事件での個人・集団の反応の特性を比較し、対象期間の特徴づけを行ない、全体の時間の流れの中にその対象期間を位置づけるといった一連の作業を続けることによって、分析作業が成立しうると考えたのである。これら一連の分析作業はその実施にあたって対象期間をはじめには大きくとり次第に小さくしていくやり方と、逆に対象期間をはじめは小さくしておいてその小さい期間を前後する小期間とあわせながら次第に大きくしていくやり方の二つの方法が考えられる。結果的には、我々の方法は、後者でまず小期間のプロフィールを鮮明にし、のちに、前者によって全体を見通す大ざっぱな仮定を導入しつつ、細部を再点検するという形をとった。

こうした分析作業の長所は、対象期間の前後の時期との対応関係を常に意識しながら見ていくことで、対象期間における個人・集団の行動を記述することだけでは特徴づけられないその期間の資料の意味を全体の流れの中に位置づけしやすいといった点にある。また、分析作業の出発点としての対象期間の枠の大きさを上に述べたごとく二種類とることの長所は仮定の信頼性を一層向上することができる点と全対象期間を通じての論理的一貫性をある程度保証しうる点にあると我々は考えている。

我々が分析の出発点とした「事件」に対する個人・集団の行動の記述には、入手可能であった学校当局・教員・生徒の発行物のほか、当時の我々自身の日記や我々の体験を積極的に利用した。特に体験については その記憶が不鮮明になることを恐れ、分析の段階の比較的早いうちに発行物の分析とともにコメントや論議としてカードに記入したものを採用するようにつとめた。しかしながら、この対象期間を生きたものが分析そのものに関わることによる体験記述の歪みに関しては その存在を否定するものではない。また、同時に一連のモデルや仮定の導入においても、この種の歪みが存在することも否定はしない。したがって、一般の社会科学方法論のレベルで語られる研究者の主観性に加え、我々分析した者自身が同時にこの時期を生きたものであることから生じる「主観性」の存在については、あらかじめご承知おきいただきたいと考える。

3　二つの全校集会と二つの文化祭

以上の分析方法の決定の契機となった二つの全校集会と二つの文化祭についての分析を例にとりながら、この二つの事件の間にはさまれた対象期間を我々がどうとらえていったのかを、仮定の導入の例を示しながら、この場をかりて一応述べていきたいと思う。

一九七〇年の全校集会においては「話せばわかる、とにかく皆が話しあうことが解決への出発点である」といった話し合いをすることに対する信頼感が生徒の間では支配的な空気であった。一方、一九七一年の全校集会では、「もう話しても無駄である」といった話し合いの場に対する不信感や話し合いの場の存在を否定する気持ちが生徒に支配的であった。皮肉にも山内代行によって、「人民裁判」ときめつけられた一九七〇年の全校集会はむしろ比較的ルールがまもられた「民主的空気」があり、さらにいえば「教育」の場ですらあった。一方「話し合いの場を保障せよ!」という生徒の要求のすえ実現された一九七一年の全校集会は、最終的には退陣要求のつきつけと山内代行の数々の言行についての告発の場となっていた。また現象的な側面からみれば、七〇年全校集会にはヘルメットをかぶった生徒が存在していたが、彼らの考え方は生徒に広く受け入れられてはいなかった。一方七一年の全校集会にはヘルメットをかぶる生徒の姿はなく、校長代行への抗議行動に反対する生徒はおろか代行を守る教員・職員すらみられなかった。

このような生徒の行動の違いをうみだしたものは、おそらく、この二つの全校集会の間にはさまれた期間における生徒の経験であろう。すなわち、この期間中に生徒は確実に代行を頂点とする学校当局への不信感を醸成していった、また話し合いにもとづく問題解決が、代行存在下の学園においては不可能であることを「学習」していった。さらに、ヘルメットに象徴された行動的な生徒の一群に対する嫌悪感や、その社会に対する根源的な問いかけへの恐れが、完全ではないにしろ比較的希薄化し、その心情に共鳴する新しい一群の生徒たちがうまれてきたといえる。一方、教員や職員のレベルにおいても、上記のような心理的変化があったように思われる。

つづけて一九七〇年と七一年の二つの文化祭についてもみてみよう。文化祭自体への代行の圧力という観点から比較してみると、一九七〇年五月の文化祭では代行によって不適切と判断された文化祭パンフレット上の多くの個所が黒マジックでぬりつぶされ、同時に不適切と判断された展示や集会が禁止されたが、一九七一年一〇月の文化祭では、生徒は代行の方針に反する企画を自粛しており、検閲にもとづくマジックでのぬりつぶしは極めて少なくまた禁止された展示や集会も少なかったが、そのかわり代行はガードマンを学内に配備して不測の事態にそなえるという行動にでた。文化祭期間中における反代行を標榜する生徒の行動についての情報は、七〇年の文化祭では事前にまったく流されていなかったのに対し、七一年の文化祭では口コミを通じてかなり前から流されており、高二・高三の生徒の多くは、彼らによって引き起こされる事態についての「心がまえ」が充分にできていた。また両文化祭ともその期間中にヘルメット部隊が学園内にはいり示威行動を行なったが、一九七〇年の文化祭では中庭で行なわれた代行への抗議集会とは独立にヘルメット部隊が行動したのに対し、七一年の文化祭では一つの部隊がまとまって行動を行なっていた。対する代行側の処置は、一九七〇年では私服警官の導入にとどまっていたのに対し、一九七一年ではガードマンに加え制服警官や機動隊の学内導入まで行なった。これらの衝突に際しての生徒や教員の反応は、七〇年文化祭では椅子、机でバリケードをつくる生徒とそれを阻止する生徒にわかれにらみあいの状態が生まれ、また教員もデモ隊に対してそれを阻止する行動にでたが、七一年の文化祭ではヘルメット部隊への阻止行動は特にみられず、むしろ生徒は機動隊に対して「帰れ！帰れ！」を連呼し、教員は生徒が逮捕されないように機動隊との間にわってはいるか、静観するという反応を示していた。

ここにみられる二つの文化祭での学校当局・生徒・教員の行動の差もやはり先に述べた二つの全校集会における行動の差と同じように彼らの経験によって「学習」された何かに帰着することができるように思われる。すなわち七一年の文化祭では次に述べるような特徴があらわれている。生徒は代行側の文化祭への圧力に対して表面的には後退した、いいかえれば「さめた」対応をしている。ヘルメット部隊を中心とする行動的な生徒たちは、現実性を重視して党派性をこえて共同戦線を組んでいたように思われる。代行側は、これらの生徒の動きに対し、機動隊を含めたより具体的で強力な手段を用いて弾圧を行なっている。多くの生徒は、ヘルメット部隊の行動の過激さにはついていけないものの、その心情を理解し、特に代行の彼らに対してとった手段に強い怒りを感じ、抗議行動にでているようにみえる。教員は代行のとった手段に対し困惑ないしは否定の立場をとっており、ことに生徒の多くが機動隊の「力」の前にさらされることによって、生徒の抗議行動に心情的な共感をもっているようにみえる。

これらの特徴は、そのいくつかが、前述の二つの全校集会の間の生徒たちの態度変容と一致している。つまり、①代行に代表される学校当局に対し不信ないしは否定の立場をとるものが増加した、②逆に当局に対抗してきた行動的生徒達に対する「アレルギー」の減少もしくは心情的肯定の態度が生まれてきた、③これらの傾向を示すものは生徒だけにとどまらず教員の側にもみられた、の三点である。

ここから我々の分析対象期間内での様々な集団の動きを分析しようとすると、以上の三つの傾向をうみだした生徒・教員・代行の関係の変化についての大ざっぱな仮定をたててすすむことになる。第一の仮定は、これらの傾向が突然あらわれたのではなく約一年半かけて徐々に醸成されていったという仮定である。さらに上記の変化をうみだす原動力として二つの構造の変化を仮定する。つまり一つには生徒・教員の各々における新しい組織体の型が一年半をかけて出現したと仮定する。と同時にもう一つには、代行を中心とする学校当局の初期の強力な（と考えられた）組織形態が一年半という短い期間で漸似的にバラバラになっていったと仮定する。最後の仮定は、この二つの仮定にもとづいて起こる二者間の相互的な構造変容に山内体制の崩壊の原因をおくというものである。

これら四つの仮定は上述のごとく独立して存在するものではない。第一の仮定は変化の連続性を主張しており、この仮定は第二の仮定である生徒・教員側の組織体の変化と第三の仮定である学校当局の組織体の変化の両変化の性質の前提となっている。第四の仮定は、第二・第三の仮定が単独で存在した場合には成立しないことを言明している。さらに先に述べた二つの文化祭・全校集会に共通してみられる三つの変化は、これら四つの仮定から導びかれることをご確認いただきたい。

以上の四つの仮定については本論や第二巻以降において様々な例証とともに検討される。しかし、すでに**2**で述べたごとく、実際の分析作業は①小さな期間についてそこで起きた事実関係を確認し、②その小期間をはさむ前後の小期間とともにその期間のプロフィールを鮮明にし、③その小期間を併合して次第に大きないくつかの期間にして特徴づけを行ない、④分析対象となった全期間を通してそこに起きた現象が成立するために必要ないくつかの仮定を設け、⑤最後に再び期間の長さを小さくしながら、その仮定を検証していくといった五つのステップをふんで行なわれた。つまり、この**3**で述べた仮定は、第四ステップで得られた仮定のいくつかである。したがってこれらの仮定は、我々の分析作業の後半にいたって得られたものであることに読者は留意していただきたい。

第3章の本論では分析作業の第五ステップにおいて得られた五つの大きな期間をもとに論を展開する。それぞれは、①前史、②幻想期、③退廃期、④沈静期、⑤爆発期となづけられている。①及び⑤は我々の分析対象期間の外にある期間であるが、②③④の各期間を分析する上で必要不可欠であるため、詳述はしないものの、その期間の概略と位置づけは行なった。偶然ではあるが②③④の各期はそれぞれ六カ月となっており、個人及び集団の活動が半年を区切りとして形式的にも内容的にも変化したことが示唆される。②〜⑤の各期につけられた名称はその期間を表わすキーワードであり、その意味については各期の説明の初めのほうに述べてある。

第3章 本論

この章において、我々は分析の対象となった一九七〇年四月から一九七一年九月の時期を含んだ一九六八年後半から一九七一年一一月までの期間について主な事実経過と論評を行なう。なお便宜上、この三年間を

①「前　史」一九七〇年三月以前
②「幻想期」一九七〇年四月から一九七〇年九月
③「退廃期」一九七〇年一〇月から一九七一年三月
④「沈静期」一九七一年四月から一九七一年九月
⑤「爆発期」一九七一年一〇月、一一月

の五期に分けて論じる。「前史」と「爆発期」を除いた三期は、それぞれ概要、日録、詳論の三つの部分より構成されている。なお、〔　〕で囲まれた部分は資料からの引用を示し、その後につづく（　）内は資料名か、巻末の資料番号（#）を表わしている。斜線（／）は段落の変わった場所を示し、—・—は引用文中で省略したことを示す。また〇で示されるものは判読不能を示し、英文字は個人名（生徒・教員）を意味している。

1　前史——一九七〇年四月に到るまで

「前史」では、概要と日録をとりまぜながらすすめていき、適宜、簡単な論評を行なう（この期の分析は我々の一年上の学年が行なっている）。

この期をさらに次の三つの時期に分けて論じることにする。

（1）一九六九年一〇月以前
（2）一九六九年一一月、一二月
（3）一九七〇年一月から三月末まで

（1）一九六九年一〇月以前

一九六九年三月以前の事実経過を知らせる資料は、現在、我々の手もとにはほとんどない。唯一、麻布学園執行委発行の雑誌『濫觴』四号（発行日一九七〇年三月三日、発行者高執委（一九六八年度））により、一九六八年後半の生徒側の活動をうかがい知る事ができる。以

降、『濫觴』四号に掲載されている「六八年度後期高校執行委員会活動記録及び雑録」（当時の執行委員長による）に基づき、一九六九年三月末までの事実経過をまとめる。

一九六八年一〇月一二日　執行委員長直接選挙制（ただし、委員は従来通り生協から選出という条件つき）の実現。

一九六八年一二月　生徒会に関しての教員の校務分担が、以前の顧問制から集団指導体制に変化。

一九六九年一月二三日　合同生協において校内パン売店のパン代不当値上げに対しての抗議文を採択。同日、二月一一日に関して執行委員会広報が出され自主登校の提起がなされた。

［高校生徒会会員諸君へ、我々高校生徒会執行部は二月一一日紀元節に反対する意志を持つために、この日の自主登校・自主授業の計画をよびかけた。我々は自治活動の執行機関として今日の麻布生の自治意識が低く、教育体系の悪い副産物としての無関心、事無かれ主義が横行している事実を非常に残念に思っている。我々は麻布の支配的ムードが事無かれ主義だからといって、自治に基本的に必要な行為——様々な権利の獲得、自由の確保——をも、なおざりにしておくわけにはいかないのだ。だから我々は今日まで、掲示板使用についての学校側による許可制を否定して、生徒会管理のものとする事に成功してきたし、パン売店についてもその衛生状態、価格等について学校側に調査を実施させる所まできている。我々はこういった学内の一連の改善と並列的に紀元節問題に対処する必要を痛切に感じるものである。—・—（中略の意、以下同じ）その為に我々は自主登校、自主授業を提起する。普段の受験カリキュラムには入らないような内容形式の授業を実験しよう。高一諸君に対してとったアンケートでは現在の授業への不満は大きかった。不満を単なる不平としてではなく、前進するエネルギーに転化させようではないか！　二・一一自主授業を成功させよう」（『濫觴』四号一〇～一一頁）

一九六九年一月二九日　生徒会が管理する掲示板の獲得。この掲示板への掲示については生徒会執行部への届出制となった。

一九六九年一月　執行委の手で始めて立看が出された。一方、この頃、生徒一般によるビラも活発に現われた。

一九六九年二月一一日　一五〇名ばかりの高校生の自主登校。高二の三〇数名が「何のための自主登校か」の話し合いを開いた。

一九六九年三月　卒業式の送答辞は、学校による指名代表という従来のやり方から作製委員会が自主的に作ったものを学校側の諒解のもとに使うという形にかわった。

［答辞／只今は、校長先生を始め、在校生からも私達高校三年生の為に祝辞を戴き有難うございました。考えてみれば早いもので、私達が期待に胸をふくらませ、麻布の校門をくぐり、桜の散る下で入学式を済ませてから、はや六年の歳月が流れようとしています。私達は、今この学園を去るに当って、私達高校三年生の意見を答辞という形で、先生方及び在校生の皆さんに述べる訳ですが、これによって少しでも皆さんの胸の内に考えさせるものが残せるならば私達としても幸いです。／麻布に於て、私達に最も影響を与えたものは『自由の伝統』だと思います。但し、学園内の自由とは世見での怠惰に相当し、自由の名の下に、生徒も先生

方も、勝手気ままな行動をとってきたようです。／しかし、この消極的に認められているかにみえる自由の反面、私達にとって本質的な問題、勉強するとか勉強できるという自由が大幅に疎外されています。私達がその本質的な問題から目をそむけ、授業をさぼったり、授業に無関心になる自由を行使している間は、先生方からは何らの制約も加えられませんでした。ところが、ひとたび私達が勉強とか学問という問題に目を向けた時、私達は驚くべきことに気が付くのです。私達が正当に勉強する権利を主張する場すらないのです。学びたくても学べない、この不満は、私達にとって最も深刻で重大です。問題の正しい持っていき場がない為に、私達は何ら為すことなく、自分自身の安易な逃げ場に解決の道を求めてしまうのです。私達の学ぶという権利が剝奪されているという現状があるのです。例えば、このことは、いろいろな教科にも渡ることですが、私達は授業内容をよりよく改善するよう、担任教師並びに学校側とも話す場をつくるように努力しましたが、それを受け入れようとする意志が、学校側にはないようにしか思われませんでした。ここで私達は、その教科、学問を学校で学ぶという権利が決定的に失われてしまったわけです。そして私達は、陰でこそこそと「あの先生はだめだ」と言ったり、家で自分一人で勉強すればよいと考え、その授業をさぼったりして、逃避してしまったのです。／私達が何か問題にあたったとき、二つの道があります。一つの道は、自らの自由を自覚し、積極的にその自由を行使して、問題の解決をはかって行く道であります。そしてもう一つの道は、その自由という言葉に安んじて、問題から目をそむけ、自己の勝手なからの中に逃れる行き方でありま す。私達が、学園の中で自由を積極的に行使して行く道は、授業に自分から参加し、不満のある授業は改善するように働きかける道しかないはずなのです。ところが、私達が積極的に授業を改善するように申し出た時の、先生方の私達に対する態度は、あまりに冷たかったのです。そして、私達は不満のある授業に対しては、授業をさぼるとか、授業に無関心になるという、消極的な自由の行使で終らせてしまったのです。私達の先輩も、私達も同じ不満を持ちながら、何ら本質的な改善はできなかったのです。そして今、私達の後輩も同じ不満を抱いているのです。／私達は、それまでのクラス委員は成績が七十五点以上の者という制度を廃止したり、生徒協議会に於ける高校三年生の議席を設置したり、又、問題のあった運動会を廃止したりして、数少ないながら、自主的な主張を実現してきました。私達は、この様な要求を支持して下さった多くの先生方に深く感謝したいと思います。しかし、私達は、授業という本質的な問題に関しては、何も自主的な主張は実現できませんでした。授業の改善という本質的な問題に、何ら触れることができない限り、麻布に於ける生徒自治とか、自由とかは、全く無意味となるのです。「生徒会が不活発だ、麻布生は無責任だ」ということは、長く言われてきていますが、これは、これらの授業という本質的な問題に生徒会が何ら触れることができなかったからだと思います。／麻布に於いて、先生方にも「伝統的な自由」があります。ほとんどの高等学校で、先生が自分の意志に反して思い通りの授業ができないという現状の中で、麻布の先生方が、思い通りの授業ができるということは、大変貴重なことです。それにもかかわらず、自分の授業をたえず反省し改善していこうという姿勢が多くみられず、消極的な自由の行使が多かったようです。これは大変残念なことです。又、学園をよくする為に、先生方がまとまるということもありませんでした。／このように考えてみると、学園内に真の自由の行使はなく、自由の名の下に、生徒も先生方も、勝手気ままな行動をとってきたと言えます。現在この様な、空虚な「自由の伝統」を外から維持し、私達の生気をすっかり奪い去っているのが受験制度です。大学入試という厳しい現実の前に、私達は好むと好まざるとにかかわらず、ある一定レベル以上の知識と技術を身に付けなければなりません。そして、今まで不満のある授業には無関心にならざるを得なかっただけに、その遅れを取り戻すために私達は極度にゆがんだ勉強をしいられるのです。私達は、受験勉強で集約的に多くの知識を得ることができました。しかしその反面、より深い学問をしたいという私達の欲求を捨てざるをえませんでした。何の脈絡もなく、ただ事項のみを並べ、突如として戦争が起こり、突如として和平条約が結ばれる様な歴史の授業は、試験で答案に書くチャンスがなかったら、どこで役立てればよいのでしょうか。私達はこんな歴史の授業はもうたくさんです。又、受験勉強の為に、読書する時間や、物をゆっくり考える時間、友達と共に過す時間が非常に少なくなり、社会、大人、他人に対する不信感が深まりました。そして、何か追いこまれたような気がしてきました。又、運動する機会が少なくなり、体力が衰え、思考力が低下しました。これらの犠牲の上に、集約的に多くの知識を得るということが、本当に正しい姿なのでしょうか。／私達がこのように多くの弊害を伴った受験という問題に対する姿はどうあるべきでしょうか。この問題の根本的な解決方法は、学問の本質を、見失わないでいるということしかありません。しかし、この学問の本質「常に真理を求める」という態度を、受験勉強をしながら、しかも持ち続けられる人が本当にいるでしょうか。残念ながら私達にはそれができませんでした。次に、もう一面の解決方法としては、一つは現在の受験制度という一見合理的な方法によって、国民のうちの五%程度のエリートをすいあげる体制を必要としている社会体制を変えていくことです。現在の社会体制は、建国記念の日や、受験制度を今の様な姿にしてきた明治百年の歴史を祝うという明治百年祭などに於て、それに反対する人が多勢いるにもかかわらず、一律に国民にそれを押しつける体制です。そして教育体制に於ても同じように、一律にしばりつける傾向にあります。教科書検定と指導要領、通達、勤務評定などによって教育をしばり、先生をティーチングマシン化しています。こういう現状の中で、麻布の先生方は、これらの束縛から一応は自由であるというすばらしい立場にありながら、その自由を十分に活用せず、激動するこの世界の中で、ぼろぼろのノートを十年間も固持し続けているのは、残念です。／この様な現在の教育体制、社会体制に対する不満から起こった大学闘争。現在の大学の混乱の中で、私達の多くはこれから大学に入っていく訳ですが、私達は、その時にあたって消極的にさけて通るということではなく、積極的に問題に立ち向かって行きたいと思います。私達は、この混乱の中で、正しい判断を下せるかを高等教育の中で、何ら身につけられなかったことを本当に残念に思います。しかし、何もしないでいれば、社会体制は少しもよくなりません。私達は、私達なりに、現在のこの社会を何とか変えて行くつもりです。そして、こういう事態の中でも正しい判断ができるようになるだけの教育が、是非とも学園内で、できるようにならなければいけないのです。／又、私達にとって大切な、受験制度の弊害に対する解決の道は、高校教育の本質を、生徒と先生方の間でさぐっていき、教育というものを、生徒も先生方も正しくとらえることです。そして、授業の正しいあり方が問われるべきです。個々の授業に対して、何とかして下さいという申し出は、今までに何回もなされ、それに慣れ切っている先生方は、何らの対策をも講じようとしません。もうそういう方法での改善は全く期待できません。／ここで私達は皆さんに提案があります。それは、麻布の中にはっきりとした形の、授業を改善するための機関を確立することです。そして、そこで、先生方と生徒との対立関係の中での授業の改善でなく、両者が共に求める真の高校教育の姿へと授業を近づけていく努力をするのです。私達は、自由という名の下に怠惰でした。そして先生方も、自由という名の下に怠惰でした。この過ちをもうくり返さないために、是非とも、授業を改善する為の機関が確立され、生徒も先生方も、しっかりと高校教育というものを見詰め、この学園が、ゆがんだ教育体制の中で、少しでも正しい姿を取り戻すことを願ってやみません。／最後になりましたが、今日まで私達を御指導下さった先生方にお礼申し上げます。／なお、この答辞は、各クラスから選出された十数名の答辞委員により作製されました。在校生の皆さんにも私達の精神を引き継ぎ、新たなるものを生み出してもらいたいと思います。／昭和四十四年三月一日／答辞委員会〕

当時の執行委員長は前掲論文中において、この一九六八年度後期に執行委を中心になされた活動が、文部省による生徒指導の手引き書中のA．掲示制度の自主管理と自主送答辞の禁止、B．政治活動の弾圧、の二項目に対抗するものだと指摘している。彼らの成果を現時点から振り返ってみるとさらに次の二点をつけ加える事ができる。

① その後に麻布学園で起きた様々な運動の多くの基盤がこの期に作り出された点。掲示板の自主管理等、自主活動をめぐる権利の獲得と実行については、すでに触れてきたが、彼らは授業改革についても、この時期にはっきりと意見を表明している。

〔我々の日常生活を大きく圧迫している試験、そして我々は勉強また授業も試験を中心になされている。テストは手段にすぎないと先生方は言う。しかし現状はまさにこの手段が目的と化しているのだ。しかも制度によって点をとる事に価値が与えられている。本を読み調べて深く考える事よりも先生の言葉を丸暗記した方が実際得なのだ。この様な試験制度によって正しい教育は阻害されまた主体者たるべき我々も唯点を取る機械でしかなくなっている。さらに平均点制優等制によって我々は評価をうけ差をつけられている。優等制にいたっては生徒への人格までを露骨に点で規定しようとしている。果してこの様な現状は許されるものか。我々は現在のテスト偏重の教育を即時改める事を求め、平均点制、優等制の廃止・テスト制度の抜本的な改革をすすめる事を全学の生徒諸君・先生方に提案する」（『濫觴』四号一六〜一七頁）

② 低迷していると指摘されていた高校生の意識（三無主義、すなわち無気力・無関心・無責任）に対して、立ち向う姿勢を示しただけでなく、自分を表現する手段を具体的に示すことで、活路を切りひらこうとした点。この点にいたるためには、まず、自分たちがどこにいるかが、きちんととらえられねばならない。『濫觴』四号に掲載されている「自治論—麻布生の麻布性」という論文は、あいまいだった麻布生の自主性を「麻布性」という視点からみて詳細に展開している。

〔—・—僕が今本論でとりあげたい事は、解説等ではなく、この様な自治的運動に対した生徒のかかわり方です。もちろんこの時も数からいえば参加した者は少数であったし、質的にも少数であったのではないかとも思います（むろんそれが問題の質を低める事にはなりません）。総体的に、参加不参加という面でなく、麻布でおこった事について考えると、不参加の人には、まず問題提起のされ方に対する不信があるのではないかと思い、その反面、行う者は、問題の提出形態には考慮せずに、問題の提起した事に対する評価が絶対的肯定にあったのではないかという人もいます。このような言動は、麻布においての無関心形態を肯定していくものと批判もできますが、麻布性の解説となっている事も認めないわけにはいきません。関心あり、無関心というわけ方で判断するのはきけんです。関心はあるが、関係をもつのは面どうだという発想もあるからです。集会等への参加への内的かっとうがある様に不参加の形態も様々だと思います。問題提起をする者、参加行動者は己れの内的かっとう、不参加の形態等どれほど今とらえられていましょうか。この問は人一人の視点を問うものともなり、この問の反趨がない所には提起された問題の質の堕落がみられるでしょう。そしてこの様な観点から麻布生の生活が追求されてきた事が一体あるでしょうか。集会そのものが、麻布に於ての内発《ママ》生の根拠をどこにもっていただろうか。これが、僕が自治的運動を自治とよんでいない理由です。／こういう問がつぶやかれる時、生徒内の例えば次のようなかっとうが僕達に示され、麻布性が示されます。／A…じゃどうしてCT全体が発言しないし、内職（著者注：CTもしくは重要でないと判断した授業中に、受験勉強をひそかにやること）して聞こうともしないのか。聞こうとしないのは、不真面目にちがう話をしているのとはちがうでしょう。全然人と話もしないんですよ。まじめな人間に多いんですよ。勉強ばっかりやっている。どうしてだか理解にくるしみます。ちょっとでも不満があったら少し位発言しないでも、もう少しきけるんじゃないか？／B…理由なんかどうでもいいんだよ、現在これよりいい事はどういう事かななんて思ったりして、まあ面倒くさいから、現在のままでいいと別に不満もない。そういう人はそれでいいじゃないか、なぜ活発にするという事にそれほどこだわるのか、理解に苦しむのはこっちだよ。そんなのは、自分達がやっていて、やりたくない人まで無理につれていこうってわけじゃないの。誰かが不満がないと決めつけるのは独善だと言ったけど、僕はむしろ、むりやりひっぱっていこうという方が独善じゃないかと思う。したい人のエゴイズムだよ。／C…僕は、はっきりいって、飯を家でうまく食うために勉強してるんだ。定期試験の前に勉強するでしょう。なぜするかと言えば、いろいろあるけど、いい点を取るためにやっている事がある。別に点なんてとりたいとは思わないが、取るためめってのは、いい点をとれば、自分の心が安心するわけだ。そうすると、いろいろと自分の方に得になる状況も出てくる。とにかく得をするために勉強するんだよ。うまく人生わたれれば得じゃない。僕達今十何才だけど、あと七、八〇年したら結局死んじゃうわけだ。そんな事そんなにしたいとは思わないな。／これは、濫觴二号にのっている座談会での言葉です。このような言葉を、自治的運動をしている者の中でまともにうけようとするなら彼は何をいうのでしょう。――僕は夢を語っているんだ――というのでしょうか。そう言って麻布性的かっとうというクサイモの《ママ》にフタはできません。むろん彼はそれはいえません。濫觴の言葉は語ります。――お前はお前で俺は俺さ、お前と俺とは本質的に関係ないんだよ。俺の行動は俺が所有し、それはお前には関係ないのさ。むろんお前の考えはお前さ。これでどうだい？　互に自由じゃないか…――彼にここで提起される問題は「このような生徒相互無関係の生活とはいったい何だろう。どんな性質をもち、どのような根拠で行なわれているのだろう」等というものではないかと思います。僕は――これは疎外状況だ。――等と主張する根拠はもちえません。僕もこの麻布の中にいて、この自由を享受し、疎外感をもつ事は許されていいからです。しかしこれでいいとは僕には思えません。高三になって――僕にとって麻布は？――と問い、麻布の姿を頭に映しだそうとする時、嫌悪感をもって――僕のすみついていた世界は偏狭で卑屈だった。そこでは陽気な観念論者達が、純粋に、議論し、嘲笑し、自己嫌悪し、毎日の日常生活を本気で無視していたそんな世界だった――等としかいえそうもなくなるからです。このようなノスタルジーにひたる事で、教育がおおいかくされてよいのでしょうか。僕達は先程あげた麻布生の麻布性となる根拠について問わざるをえなくなっています―・―」（二一〜二三頁）

ここで特に注目したいのは、著者が、『濫觴』二号にある「題名のない座談会」を引用し、そこにある「麻布性」をめぐって論評している点である。この二号は一九六五年度の執行委の手になるもので、四号の政治意識・主体性を明確にしている論調とは大きく異なり、だいぶ穏やかな内容となっている。例えば、クラスタイムについての次のような考え方は、四号の論調から遠くはなれたものである。

〔―・―とにかく、クラス全体として物事を考え、話し合って、クラス、ひいては自分をよりよいものにしよう等とは微塵も思わない純悪たるエゴイストが多い麻布高校であるから、簡単に改善されないのも無理がないのかもしれない。この改善策（著者注：クラスタイムを開き、活発にし、クラスの連帯を強め、その場を通じて友情を深行し、人格形成を進めるという方針）は、執行委員会内部にも、強引にクラスタイムのありがたさが分ってくる人がでてくるだろうという意見と、自然とそういう雰囲気を作って、クラスの自発的な開催を待ち、助長させるという意見があってまとまっていない。又、学校側が、本来、特別教育活動の一環として強力に推進すべきなのに、全部生徒側に委託しきっているというのにも不満が残る。――・――」(『濫觴』第二号　一九六六・二・二八発行　麻布学園執行委員会による『『高校執行委員会』報告と雑考』より一部引用)

とはいえ、執行委員会における意識の差が、そのまま生徒全体の空気の差を代表していたかという点については何ともいえない。しかしさきの論文のように、麻布における生徒の自主性についてかなり明確な形でことばを与え、それを『濫觴』に表現していったということは大きな前進であった。『濫觴』自体の発行は、この時期のあとにくるものであったが、このような意見が執行委の掲示板の自主管理や、ビラの発行、立看板の使用という方策にそって生徒に知らされ、さらに意見表明の方法を示すことになった点は重要である。

次の一九六九年四月から一〇月までの事実経過については、この間にだされた、あるいは、この間に言及した資料が手もとにないため、明確につかむことが困難であるし、資料が存在してもせいぜい私的な覚書程度であって信頼性に欠けたものである。その点を留意した上で以降の事実経過の概略を述べる。

一九六九年四月二八日　　沖縄デー集会。高三を中心に中庭で初の学内政治集会開かる。
一九六九年五月四日　　文化祭中庭集会にて藤瀬校長との「政治活動の是非」の討論がなされた。
一九六九年六月~九月　　この間、六・一五、六・二三等の安保闘争等々をめぐっての街頭参加の過程でいくつかの政治的集団（民主青年同盟、反戦会議等々）が形成された。
一九六九年九月二四日　　学内集会及びデモ。学園内での初の無届け集会とデモであった。
一九六九年一〇月七日　　学校当局による学内捜索（火焔びん捜索のためといわれる。翌一〇月八日は第一次羽田闘争の記念日）
一九六九年一〇月二一日　　国際反戦デーのため、授業を早目に切りあげ「ロックアウト」。それに抗議する集会がもたれた。
一九六九年一〇月二九日　　高校生有志による、一〇月七日及び一〇月二一日にとった学校当局の姿勢並びに「生徒の政治活動」に対する見解等についての公開質問状の提出。

以上の経過からのみ判断するならば、この期間は政治的な課題をもった生徒の有志あるいは集団が個々に形成され、別々に活動していた期間と考えることができる。しかし、その一方で、一〇月に起こった学内捜索や「ロックアウト」の事件を通して、これら別々の集団・有志が学校当局に向けての抗議を課題としてしだいにまとまっていくという傾向がみられる。有志や集団の学内への関心はまもなく全学闘争委員会（全闘委）等の結成をみるわけだが、公的な機関であるこの時期の執行委（一九六九年度前期）の活動はまったくわからない。

(2)　一九六九年一一月~一二月

この時期と次の(3)の一九七〇年一月~三月の事実経過は、我々の一年上級であったグループ（以降ＭＡＨグループと呼ぶ）との私信により得た日録にもとづいてまとめる。できうるかぎり忠実に記述したつもりであるが、もしMAHグループの意図するものと大きく違っていたとするならば、その責は著者たちにある。

一九六九年一一月五日　　高執委ビラ「テスト制度の改革を!!」のビラ及び立看がだされる。

〔テスト制度の改革を!!／我々の日常生活を大きく圧迫している〃試験〃そして我々の勉強、また授業も〃試験〃を中心になされている。「テストは手段に過ぎない」と先生方は言う。しかし現状は…将にこの「手段」が「目的」と化しているのだ。しかも制度によって〃点を取る事〃に価値が与えられている。本を読み調べて深く考えるよりも先生の言葉をまる暗記した方が実際〃得〃なのだ。このような試験制度によって正しい教育は阻害されまた主体者たるべき我々も唯の点を取る機械でしかなくなっている。さらに平均点制、優等制によって我々は評価を受け差をつけられる。**優等制**に至っては生徒の人格までを露骨に点で規定しようとしている。果してこのような現状は許されるものか！　我々は現在のテスト偏重の教育を即時改める事を求め**平均点制・優等制の廃止、テスト制度の抜本的な改革**をすすめる事を全学の生徒諸君、先生方に提案する。広く討論の行なわれる事を期待する。／高校執行委〕（著者注：ゴジックは下線があったことを示す）

一九六九年一一月六日　　一九六九年一〇月二九日の公開質問状に対する第一回回答集会。

一九六九年一一月七日　　高執委ビラ「テスト制度に対する一般的批判」に高二生徒三人が試験制度・授業に対する個人的意見発表。

一九六九年一一月八日　　第二回公開質問状回答集会。

一九六九年一一月一〇日〜一四日　　中庭討論集会。昼休みに中庭講堂前で、試験制度・授業に対する個人的意見が発表される。

一九六九年一一月一二日　　高二―三CT（クラスタイム）において平均点を通知表につけることをやめ中間考査の成績表を生徒に直接手わたすこと（それ以前は父兄に渡されていた）を学校側に要求することを決議。

一九六九年一一月一五日　　保護者会のため臨時休校。有志約二〇人が登校して高執委、新聞委ビラ「父兄の皆さん！」を父兄に配り、生徒の間で疑問や不満の起こっている麻布の教育に対して、父兄も関心を持ってほしいと訴える。

一九六九年一一月一日〜一一月一四日　　高二―四でも高二―三のような抗議の決議。平均点制反対の署名約二〇〇。学校側は一部のテストの成績の平均点を成績表に記入しないことを決め、希望する生徒には成績表を直接手わたしてよいとする。

一九六九年一一月一九日　　数b（著者注：数学のカリキュラムの一つ）のテストの採点のまちがいをめぐり高二―三CTが「数bテストに関するH二―三クラス決議」をだす。これ以前に、高二―二より数bテストの白紙撤回要求の決議。高二―二の代表が他のクラスに対し討議してほしいとの要請を行なったが、関心がうすかった。

一九六九年一一月二八日　　高執委ビラ「麻布教育に関する改革案」において、①平均点制廃止、②定期テスト廃止、③一〇〇点制廃止（多面的個別的評価をする）、④実力テスト改革（著者注：麻布では中間・期末考査の二つの定期試験のほかに、試験範囲を定めない実力考査（テスト）とよばれる試験が年三回程度行なわれた）、⑤先生・生徒の協議機関を設置し、教育改革を推進するという五項目提案を行なった。

一九六九年一二月三日　第一二回高生協において、生徒・学校の授業改革の為の正式な協議機関設置を可決。高二―六により、期末試験中止の提案。全闘委（全学闘争委員会）が七項目要求（①平均点制廃止、②定期テスト全廃、③授業改革、自主カリキュラムを認めよ、④職員会議全面公開、⑤自主活動を全面的に認めよ、⑥生徒心得（著者注：麻布生が守るべき規則を箇条書にしたもの）全廃、⑦処分制・落第制全廃）とともに立看にて結成宣言。職員会議において、①平均点は以後、通知表につけない、②優等制廃止、③二学期期末試験は予定通り実施するが、試験の方法・内容は各教科の先生と生徒が話しあって決める、という三点が決定される。この日までに高二―四は期末試験を予定通り実施しないことを学校に要求するクラス決議をだす。

一九六九年一二月四日　放課後、高二学年集会が講堂で開かれる。高二のクラス担任と生徒約二五〇名が参加。二学期期末試験の実施について、相互の意見を交換したが、生徒の期末試験の中止の要求は非常につよい。高一―六で期末試験中止要求決議がだされた。

一九六九年一二月五日　臨時職員会議。「このまま期末試験を行なって生徒との間に断絶をつくりたくない」との理由で高校の期末考査を中止（高三は予定通り実施）。また、三学期末までに授業、試験制度、成績評価の方法を改革する等々を決定した。学校側は全闘委の「七項目要求」への回答を一二月六日にのばす。すでにこの日までに、高二―一、三、五、六が定期試験制度廃止決議、高一―一、六及び高二―二、五、六で二学期期末試験中止決議、高二―四で期末試験予定通り実施反対決議がだされていた。

一九六九年一二月四日〜五日　M闘委（中学生闘争委員会）結成宣言。

一九六九年一二月六日　高執委が一二月五日の臨時職員会議の決定事項を略式報告。学校側から全闘委に対して「七項目要求」について回答するか否かを考慮させてくれとの要求がなされた。中二―五において「生徒間の活動の不活発を反省する、中学の期末試験中止を要求する」という趣旨の決議文が作られている。この決議文はビラが作られたが、公表される以前に担任教諭により「没収」された。

一九六九年一二月八日　一二月五日の臨時職員会議の決定事項が正式に生徒に通告される。

一九六九年一二月九日　全闘委が学校側の「七項目要求」に対する回答引き延ばしに抗議する集会を開き、五〇名程度が参加した。

一九六九年一二月一〇日　第一回授業改革協議会。

一九六九年一二月一一日〜一六日　中学は予定通り期末試験が行なわれる。

一九六九年一二月一二日　全闘委が「七項目要求」の回答を校長

に要求したが、校長は、「全闘委の要求は生徒会を通していないので回答しないと職員会議で決定した」と発言。第二回授業改革協議会。

一九六九年一二月一六日　第三回授業改革協議会。①実力テストは来学期は行なわず、今後継続審議する、②冬休みは、各クラス・分科会で自由に討論をし学校全体としては討論を行なわない等が決められた。分科会が同時に開催される。この日で授業終了。

一九六九年一二月二二日　終業式。校長名による試験中止についての手紙がだされた。

一九六九年一二月二三日〜一九七〇年一月九日　冬休み。

以上、この期間には、麻布始まって以来の期末試験の中止が起こった。そのきっかけは中間試験のテストの採点間違いであったといわれている。しかしすでにみてきたように、高執委の定期・実力テストの改革を含めた授業改革の運動は、この時期特有のものではなく、少なくとも、一年前から始まっていたものであった。したがって、生徒側の授業改革に対する関心も、この一年間をへることで一九六八年以前とは大分違っていたと考えられる。この関心の変化が、この問題をその場かぎりの単なる採点ミスとして終わらせなかったと推論することができるだろう。

この時期の特徴としてもう一つ見落せないのは、一〇月にあかるみにだされた学校側の生徒への管理的な姿勢を追求しつづけていく集団が出現したことである。この集団――全闘委――は、複数の党派を含むものでありながら、学校側に対し七項目の要求を貫くという点で一致していた。こうした明確ないくつかの要求項目のもとで、行動を共にしていくという方式は、行動する生徒の数の増加をうみだしただけではなく、質的にも新しい生徒の「力」となっていく方向性をもっていた。すなわち以下の諸点について注目したい。

①　七項目要求を学校側につきつけたということで、今まで生徒側の唯一の代表組織であった生徒協議会に対し、別の代表組織になることをこの全闘委がめざした点。

②　全闘委の七項目要求のうち最初の三項目は執行委の提出した授業改革のものと同じものであったが、残りの四項目は生徒の自主活動の自由を求めるものであり、授業改革を中心議題にすえた当時の高執委と一線を画している点。

③　上記②で指摘した点に沿って一九六八年度後期高執委の方針と全闘委及び一九六九年度後期高執委両者の方針を比較すると、全闘委の七項目要求の内容の方が、一九六八年度後期高執委の求めた方向性により近いものとなっている点。

以上述べた三点は、次の一九七〇年一月〜三月における高執委と統実委（著者注：二月一一日建国記念日をめぐる闘争のために組織されたもので参加団体の主力の一つに全闘委があった）の二つの組織のあり方と一九七一年四月の生徒会凍結以降の高執委の実質的な崩壊を考える上で、興味ある問題をなげかける。例えば一つの極端な意見として、当時の全闘委の七項目要求をこの時代の生徒の潜在的な要求に合ったものと考え、その適切さゆえに生徒が高執委の指導力に疑いをもち、さらにそのことが生徒の高執委に対する関心を低下させて、山内代行登場後の高執委の活動をささえることができなかったのだとする考え方もこの三点から提出することができよう。しかし、この考えでは生徒の一二月の期末試験中止への行動や三月の全校集会への参加をあまりに過大評価したものとなってしまう危険性をはらむ。というのも、これら一連の事件に多くの生徒が参加した背景には、これらの事件の新奇性と、事件が連鎖していく過程のダイナミズムへの強い関心がみられるからである。これらの関心と、生徒のもつ「潜在的要求」とを、同一視することはむつかしい。ただ、この時期に、高執委と全闘委の間にあきらかな意見の相違があったことは充分に認識しておく必要がある。すなわち全闘委は生徒の自主活動の自由の上に授業改革が成立すると考え、高執委の協議会設置に反対する立場をとっていた。その全闘委の立場は大衆団交形式の全学集会を求める方向へと連なり、結果的には一九七〇年三月の全校集会開催で実現した。この全校集会の評価についてはあとで詳しく触れようと思う。

(3) 一九七〇年三月末まで

この時期は校長室すわり込み事件と自主活動の自由・授業改革の二つのための全校集会の開催によって特徴づけられる。(2)と同様、MAHグループの日録にもとづいて、事実経過をまとめる。

一九七〇年一月一〇日　全闘委が正門前で始業式を討論会に考えることを呼びかけるビラを配る。反戦高協と反戦高連とのトラブルがある。恐らくこのあたりで全闘委は分裂し、反戦高協系の全闘委と反戦高連系の全中闘(全学中央闘争委員会)となったともわれる(このトラブルは上部組織である中核派と革マル派との内ゲバにもとづいていた)。

一九七〇年一月一二日　全闘委主催の「全学討論集会」が開かれる。全闘委の討論資料が配られる。

一九七〇年一月一七日　高執委、「評価・成績表の改革案」をだす。第四回授業改革協議会で高執委の改革案を討議。

一九七〇年一月一九日　中生協にて中執委が改選。

一九七〇年一月二一日　有志の教師の作成した試験及び教育評価についての試案が職員会議に提出された。

一九七〇年一月二二日　第五回授業改革協議会

一九七〇年一月二六日　二・一一粉砕闘争統一実行委員会(統実委)のビラが配られる(統実委は、最初、高一のノンセクトが二月一一日の紀元節復活反対の抗議行動をしようということで結成。のちに全闘委及び全中闘のメンバーも加わった。高執委も当初は接触、のちに分離した)。第六回授業改革協議会。

一九七〇年一月二七日　全中闘の「協議会」(の存在)に対する否定のビラがでる。

一九七〇年一月二八日　反戦高連が反戦高協のメンバーに討論を強要しようとしたが失敗した。青山高校全共闘・麻布全闘委連帯集会が開かれる。

一九七〇年一月二九日〜三〇日　全闘委(反戦高協が主体)と全中闘(反戦高連が主体)の討論集会が開かれる。

一九七〇年一月三一日　授業改革協議会流会。

一九七〇年二月一日〜二日　麻布学園中学校入試。

一九七〇年二月六日　高執委がビラ「執行委からのおしらせ」に

よって二月一一日自主登校・自主授業を呼びかける（ＭＡＨグループの日録とは別の資料では、この日、高一ノンセクトからの二月一一日への抗議行動の呼びかけがあったという）。

一九七〇年二月七日　藤瀬校長より統実委に対して二月一一日に中庭を街頭デモの出発点として使用しないでほしいとの強い要望がだされた（別の資料では二月八日に二・一一統実委の結成とあわせて校長への交渉と校長の拒否があったとされている）。

一九七〇年二月九日　高執委主催の二・九討論集会。

一九七〇年二月一〇日　統実委主催の校長追及集会（第一回）が昼休みに中庭講堂前にて開催される。生徒一〇〇人程度が参加した。

一九七〇年二月一一日　紀元節反対の自主登校の生徒約一五〇名（別の資料では二〇〇名）。教員は一〇名の参加。午前一一時から学内統一集会と学内デモがあった。

一九七〇年二月一六日　統実委が二月一七日に二月一〇日の集会の続きを行ないたいと校長に申し入れ。集会は結局二月一九日に延期される。

一九七〇年二月一七日　授業改革協議会流会。麻布ベ平連が二月二一日のベ平連定期集会に出席するため麻布署にデモを申請。麻布署はこれを許可せず。

一九七〇年二月一七日あるいは二月一八日　全校生徒の問題であるから一部有志の生徒の主催する集会に校長が出席し討論することはできないとして、二月一九日の集会に校長が出席することを拒否。

一九七〇年二月一八日　麻布ベ平連は再度デモの許可を求めに麻布署に行ったが、責任者が未成年という理由で許可されなかった。

一九七〇年二月一九日　統実委の校長追及集会（第二回）。生徒の参加者が少なく流会。

一九七〇年二月二〇日　統実委は昼休みに再度校長追及集会を企画。統実委は二項目の要求を提出。二月二一日午後五時にそれに対し回答すると学校側は約束した（二項目の要求の内容は、Ａ．二月二〇日の追及集会に出なかったことについての自己批判、Ｂ．統実委と学校との共催で全学集会を開くこと。その集会では、①二月一〇日集会における諸教師の暴言・校長の態度の自己批判、②二月一一日街頭デモ圧殺に対する自己批判、③生徒の主体的活動の自由の三点の要求を提出し、学校側及び生徒会等の一般議題の提出も認めるというもの）。

一九七〇年二月二一日　二月二〇日の二項目要求に対し学校側はいずれも拒否、しかし全校集会は生徒会との共催ならば開いてもよいと回答。統実委は代表団の教員たちと討論をしようとしたが拒否される。統実委は、Ａ．二項目要求に対し拒否の回答をした事、Ｂ．代表団が討論を拒否した事、の二点に抗議してすわり込みを開始。すわり込み後改めて職員会議が開かれ、Ａ．二三日からも授業を続行する、Ｂ．すわり込みについては二三日まで様子をみて二三日に再検討する等を決定。

一九七〇年二月二二日　山内一郎理事は第一ホテルで藤瀬校長に会いロックアウトを強く要請した（山内氏自身の談話）。

一九七〇年二月二三日　始業前から職員会議。校長はロックアウトを提案。多数の教職員は反対。午前中クラスタイム。午後は帰宅させ、職員会議。ロックアウト案は否決。校長は授業継続を決定（二四日以降、授業は午前中で打ち切られ、午後にクラス討論。職員会議が連日ひらかれる）。

一九七〇年二月二四日　学校側は「全校生徒諸君へ」というプリントにより、二月二〇日の二項目要求の拒否の理由を説明し、学校と生徒会との共催による全校集会を逆提案。統実委はこれを拒否。保護者への手紙もこの日付でだされた。

〔全校生徒諸君へ／麻布学園／二月二〇日「二・一一統一実行委」から、つぎの二項目の要求に対する回答を求められた。

・二・二〇の二・一一統一実行委主催の集会に出席しなかった事の自己批判
・二・一一統一実行委と学校側の共催で全学討論集会を開く。／但し、この議題は統一実行委として
　一、二・一〇集会における諸教師の暴言、校長の態度の自己批判。
　二、二・一一街頭デモ圧殺に対する自己批判。
　三、故に生徒の主体的活動の自由を認めろ！
　といった要求を提出する。／学校側、生徒会のｅｔｃ．一般議題の提出も認める。

この二つの要求に対し、学校は次のような考え方に立って拒否した。／二・一一統一実行委員会から出されている問題は、いくつかの自己批判要求というかたちをとっているものも含めて、結局「高校生の政治活動」、「自治活動」についての問題に帰着する。／しかし、これらの問題はそれについての関心の有無、見解の相違とは関係なく全校生徒の権利にかかわっているものであって、それは全校生徒を含む組織である生徒会との間で解決されてゆくべきものであると考える。／二・一一デモについて「統一実行委員会」はたしかに当事者ではあるが、そこから提起されたこれらの問題は「統一実行委員会」だけにかかわる問題ではない。／「統一実行委員会」であれ、その他の誰であれ、種々の問題について自由に提起することができるのは当然である。／しかし、全校生徒の権利にかかわる問題については生徒会との間で原則的に処理する方法がつくられないままに「統一実行委員会」との間で討論あるいは解決してゆくことは、生徒会ではなく「統一実行委員会」を事実上全生徒の代表とみなすことになるので応じることはできない。／ただし、生徒会との間で原則的に処理してゆく道がひらかれれば、その過程で、必要に応じて、統一実行委とであれ、その他の誰とであれ討論することはあり得る。／学校は次のように提案する。

提案　学校と生徒会との共催で全校集会をひらく。具体的な会議のひらき方については、学校、生徒会および当事者である統一実行委の三者で予備交渉を行う。

〕

一九七〇年二月二五日　高校生徒会会則改正発議（問題となった

のは、前文「学校長によって認められた範囲内に於て」の部分や第一五条（学校側への諒解）及び第一六条（学校側の決定）の条項であった）。

一九七〇年二月二六日　高校執行委員長選挙（投票率四八・五％）。学校側は「全校生徒諸君へ（2）」によって統実委の校長室からの立ちのきを要求。また、学校側は生徒会が全校集会を生徒会の単独主催で行ないたいとの申し入れに対し、これを了承したことを知らせる。

一九七〇年二月二七日　高生協で「三者共催の全校集会」を可決。職員会議において、A．生徒会は三者共催が統実委の発言権を強化することになるということを認識しているのか、B．統実委に対しては、生徒会を生徒の代表として認めるか――ということを確認したうえで三者共催に賛成することを決定。

一九七〇年二月二八日　学校側は交渉に関しては全権委任の予備交渉代表団を作る。

一九七〇年三月二日～三月五日　全校集会の予備交渉が、統実委・生徒会・学校の三者で行なわれる。

一九七〇年三月三日　中学生協において中執委主催の「質問会」を開催することを決定。

一九七〇年三月四日　中執委主催「質問会」。中二の担任教員、統実委、中学生全員が参加。第七回授業改革協議会。

一九七〇年三月七日　三月五日に妥結した全校集会予備交渉の結果を報告する「全校集会開催について」というビラが出され、統実委は校長室から立ちのく。

〔全校集会開催について／――麻布学園、麻布学園生徒会（中・高）、二・一一闘争統一実行委員会――／一九七〇年三月九日、生徒会・学校・二・一一闘争統一実行委員会（以下「統実委」と略します）の三者共催で全校集会を開くことになりました。／三者共催という形をとったのは、生徒会・学校および当事者としての統実委とも、それぞれ問題を解決する方向を求めて全力を尽さなければならないと判断したからです。／学校は、生徒との間に起っている問題（政治活動・自治活動の問題）を解決する方向を見出すために、生徒会の「三者共催」の決定を尊重して参加します。／生徒会は、その内部で生徒会会則、集会届出制、政治活動などを討論しているが、これら学校・生徒間で不明確ないしは未解決の問題を解決すべきメドをつけるために参加します。／統実委は二月七日より校長室すわり込みに至る問題とその背景をなす「自主活動」などについての問題を全校的な場において解決する方向をとることを主張して参加します。／そこで三者は三月二日より三月五日に及ぶ予備交渉を重ねた結果、全校の問題として、これを集中的に討論し、解決の方向を求めるために、下記の通り全校集会を開催することになりました。／学校全体にとってきわめて重要なこの集会に、生徒・教職員全員が出席する（よう――著者補足）強く要望します。

①日時　三月九日（月）午前九時二〇分より午後六時。当日帰宅時間がおくれることを予め自宅に連絡の上登校のこと。

②会場　講堂。九時より入場。

③議題　⑴生徒の「自主活動」についての問題。

(2)一九七〇年二月七日以後の一連の事実経過に関する確認と総括

④議長団　三者それぞれ二名ずつで構成する。

⑤当日は生徒（四〜五字分判読できず―著者）午前八時二〇分までに登校。

⑥八時三〇分（八〜一二字分判読できず―著者）三者よりの資料配布。（以下判読できず）」

一九七〇年三月九日〜三月一二日　全校集会。

一九七〇年三月一〇日　同窓会理事会。議題「学園紛争収拾方策について」。

一九七〇年三月一三日以後「全校集会（三／九〜一二）における意志の集約」が配布される。

「全校集会（三／九〜一二）における意志の集約／一九七〇・三・一二　全校集会議長団（生徒会・学校・統実委各二名により構成）

第一議題「生徒の『自主活動』について」

1 生徒の自主活動は基本的に自由である。

これは教育というものが生徒の主体性を尊重し育てていくという事に基づくものである。

2 自主活動に於ける生徒と教師の関係は一方の他方に対する命令、従属、拒否等のかたちで結ばれるものでなく、指導・助言という形で行なわれるべきである。

3 自主活動の自由を実現（保証）するために全構成員によって何らかのルールを作り、それを生徒教師相方とも守っていく。具体的な細かいルールの検討は後日、以上の基本的態度に沿って決めてゆく。

集会、デモ等の届出先については

①〃事務上の問題として校長もしくはA先生〃

②〃生徒・教師両者の関係を維持していくためにも生徒会指導部〃

という二案が出されたが、後者の賛成者が多数を占めた。

4 自主活動（政治活動・自治活動）の自由を実現するために作られたルールは正当な問題提起などの努力をしないで一方的に破ることは許されない、すなわちルールは守られることを前提にし、当然みなが守っていくべきものである。

①全構成員によって決められたルールが、何らかの形で破られた場合、その責任は追及されるべきである。

②その責任追及は、その破った者と破らない者という関係で行なわれるべきであり、教師対生徒といった関係で行なわれるべきではない。

③責任追及は、その人の人格を認める故のものである限りルールを破った背景といったものも考察されるべきであり、又、一方的に行なわれるべきものではない。

④以上の精神からいって、責任追及は学校から生徒への一方的な力即ち処分という形では行なわれるべきではない。

⑤ルールは永久不変のものではなく、あくまで自主活動の自由を実現するという精神に沿ってよりよいものへと作りかえていくべきものである。

⑥自主活動の自由という事を実現する為に生徒会は、会則の前文の中の学校長の認める範囲内に於て」という字句、一五条（高校）二七条（中学）を廃止する方向に努力すべきである。

第二議題　二月七日以降の一連の事実経過の確認と総括

1　二・七集会の届出に関しては

○校長先生の保護者への手紙には〃認められなかった〃と書いてあった点からみても校長先生の方に届出制に関する認識が欠如していた。

○二・一一闘争統一実行委員会（以下「統実委」と略す）も集会の届出が極めて不明確であって、又、届出制への認識が欠如していた。

以上の事を反省し、今後届出制が完全に実施される様に努力していこう。又、保護者への手紙の件については後日何らかの形で補足することを校長先生が約束した。

2　二・一〇の追及集会について

○校長の身体を拘束した事は個人の人権の問題として反省すべきである（この点についてはA君から反省するという発言があった。

○しかし、そういった状況に至るもととなった校長の非教育者的態度（A個人への中傷、〃好ましくない〃の一点張りであった事）は反省すべきである。（この点については校長先生の方から反省しているとの発言があった。）

○又、集会に於て諸教師の暴言があったという事に関しては、もしあったとしたら深く反省すべきであり、今後そういった態度を取らない様にする。

○生徒の方の暴言も同様に慎しむべきである。

3　二・一九以降　二・二一までの経過

まず一般論として疑問をもっている生徒がいた場合、それに対して教師は教育者として答えるべきであり、又生徒間でも話し合われるべきであるということが確認された上で次のようなことが具体的事実に即して明らかにされた。

①教育者はたとい一人の生徒であっても疑問があったら既成の方針について説明してゆくべきである。そのために学校は基本点に関しては意志の統一をはかっていくべきである。

②誰が問題提起を行なっても我々は真剣に討論し、問題を解決してゆくべきである。その最後的決定に関しては生徒会を使って行なうべきであり、我々はその様な意見を反映できるような生徒会を作っていくべきである。（例：一五条、生徒総会の問題、生徒の意識改革の問題など）

③二・一九、二〇の集会の議題としては統実委より

○二・七デモ圧殺の自己批判

○政治活動は好ましくないという理由としてあげているが／ビラに〃校長追及集会〃〃自主活動の自由を獲得するため〃という表現もあり、その点が不明確であったという点で学校側の一方的討論拒否とはいえない。両者この点に行き違いがあったことを反省すべきである。尚校長の発言（出たくない、いやだ等）はまずかった（説明しなかった事）を校長は反省している。

④二・二〇に要求された集会については／その集会の性格として統実委は何ら新しい取り決めをするものではないと主張してい

るが、明らかにその二項目要求の中に自主活動の自由を認めよという要求が掲げられてあり、その点誤解をまねいた点に統実委は反省すべきである。しかし、その点をよく確める事もなく拒否した点は学校も反省すべきである。従って今後に反省すべき点として、両者の話し合いを強化してゆく。

⑤二・二一の統一代表団については／学校は回答を伝え説明するもの／統実委は回答を伝え納得がいくまで説明し、そこでくいちがいがおきた時は何らかの新しい対応が可能なもの（正式決定は後）と考え／ここにくいちがいがおこっている。／そして、学校側の代表団が代表団として十分であったかについては、十分ではなかったという者の方がやや多数を占めた。

⑥全学集会の主催者については（決定集約する）／統実委は現在の生徒会が生徒の意見を代表しうるものではないと考え、自らの立場を平等にするため、二者共催を拒否し、学校は生徒会が生徒の意見を代表するものと考え、二者共催を提唱した。／従って今後我々の進むべき道は、生徒の意見の代表しうる生徒会を我々の力で作っていくことであり（具体的には前文、一五条、生徒会総会ｅｔｃ）、又こういった問題の生じた時は、生徒会、学校、当事者でよく話し合い解決の方向にむかって努力すべきである。

4 すわりこみという抗議行動に関して

①いかなる場合にも物理的行動にでることはできないということはできない。しかし、そういった物理的行動にでる前に言論ｅｔｃを使っての十分な働きかけをつくすべきであった。

②統実委がすわりこみという抗議の手段をとったが、その抗議することと自体には一面の理由があった。

③しかし、全生徒への働きかけが十分であったかについては

○統実委はＣ・Ｔ、ビラ等情宣活動は積極的に行なった。

○しかし、統実委が多くの生徒の支持を得られなかったこと、無関心な生徒の多かった事も事実である。

○それは、統実委が麻布生の無関心主義をかえるほどの力量をもちえなかった事、その活動方法によるものである。

④二・七以降の経過そして、麻布生の対応こういった諸々の事情を考えた上すわりこみという抗議手段は適切であったかという事については、適切でないという者が多数を占めた。

⑤電話連絡について／学校と父兄が生徒の事に関して事情を伝える連絡を保っていくことは必要であるが、そこには父兄から徐々に独立していくべき生徒としての一定の慎重さ（生徒への承諾等）をもつべきである。今度の事に関しては学校全体としての態度が不明確であり、教師によってはその様な慎重さを欠き、又、すわりこみをやめさせようとの電話をしたことは反省すべきである。

⑥中高でのクラスタイム（Ｃ・Ｔ）における教師の参加態度について／中学にも今度Ｃ・Ｔが設けられたが、この民主的運営によって学校内の諸出来事に関する事実経過はたとえ中一といえども正確に伝えていくべきである。今度の事に関しては、教師の影響力の強い中学に於て一方的先入観を植えつける様な諸教師の暴言があった事は反省すべきである。（この点について反省しているという内容の発言が何人かの先生からあった。）

学校は生徒の主体的判断を失わせる様なことのないよう慎重に配慮し、生徒の主体性を育てていくべきである。」

一九七〇年三月一四日　生徒会会則改定案可決。（明確な日付のついた資料ではない「生協議題説明」というタイトルの高執委からのビラでは、この生徒会会則の改正として、①生徒総会立法化、②前文・一五条削除の二点をあげている。①では生徒協議会よりも上位に位置する最重要意志決定機関としての生徒総会の立法化をはかり、②では全校集会でも問題となった生徒会会則の前文の「学校長によって認められた範囲内に於て校内の民主的な秩序の確立を目指し」の文中の傍点部分の削除と第一五条（学校側への諒解）の削除が目的であった。）

一九七〇年三月一八日〜三月二〇日　授業改革のための全校集会。生徒は三〇〇人程度しか集まらなかった。一八日は一〇時から一二時まで講堂で各教科からカリキュラム案が提出され、その説明があった。午後は一時から三時まで分科会に分かれて討論。そののち再び講堂で討論。一九日、二〇日は分科会ごとに討論。

「全校生徒諸君へ　No.4　I　まえがき／近年学校内における生活が種々の意味で乱れてきているということは、生徒諸君も認めるところだと考える。特に、教師と生徒の関係、生徒同士の関係がギスギスしたものとなってきていることは目を向けなければならない事実である。これは、クラス単位に考えなければならない面を多分に含んでいる。が、同時に実際に学校内の生活の大部分をしめる授業が一番大きな問題として考えられ、それを改革しなければならないと思う。以下に今までの問題点をいくつか検討してみたい。

(1)　a　入学前からの生活史の所産として背負ってきている生徒の学習観

b　「麻布は進学率の高い名門校である」などの世評から醸し出される雰囲気や学習観

といった問題に教師の指導がどのようにかかわりあってきたかが問題である。

①これらを変える方向でか。②これらによりかかり野放しにする方向でか。③この傾向を一層助長する方向でか。

(2)　a　授業と自主性の問題　少なくとも現在の授業が、生徒の自主性をそこなっていることは、中一の授業で発言を求めれば即座に其の反応があるが、〇〇の授業では其の反応〇緊張の度合が薄くなってきていることにも〇〇れている。問題は、講義形式を生徒発表に改めれば良いというような単純な問題ではない。生徒の学習意欲は尊重されなければならない。とともに其れは教師の授業における要求によって変革されなければならない。現在の授業は、生徒の学習意欲と教師の要求がかみあっておらず、しばしば知識の一方的流し込みに終っている。

b　授業の内容　aと関連して授業の内容が最も問題となる。従来しばしば見られたように、授業の内容が指導要領〇過去の慣習に〇〇によりかかってなされているとすればそれは生徒に感動を与えるものとはなり得ず、aの要請から程遠いものになってしまう。授業の内容が生徒に感動を与えるためには、まず教師自身が教材の中に新たなものを発見していくことが必要であり、そのための研究活動が、学校における教師の活動として保証されていなければならない。従来この学校の教師たちは授業の内容や教材の研究においてつながっていくという側面は比較的薄かったといえよう。従ってこの側面を、今後一層強化していきたいと考える。

　c　試験や評価の本来の意味からの離反　　本来授業あっての試験であり評価であるはずである。極論すれば、試験・評価を切りすてても授業はなりたつはずであるが、決してその逆ではない。a・bをめぐっての授業の実情は、試験や点数によって支えられていたという側面はなかったかどうか。この点については、上に述べた「授業があっての試験であり評価である」ということを再確認し、一層の充実を期したいと考えている。

このように論を進めると、

㋑生徒が積極的に学習意欲をもちうるように授業の内容をあらため、

㋺生徒の学習意欲のありかた（学習観）の変革を迫り、

㋩試験や評価については、本来の意味に立ちかえって改めることが必要であり、そうすることによって(1)でふれたような問題に対しても学校の主体的な立場をつくりあげていくことが必要な事である。（「親の期待」や生徒の「進学したい」という希望を無視するということではない）――・――」

一九七〇年三月二三日　　終業式。式後、四月以降の授業の方法についての説明会が行なわれた。（全校集会三月九日～三月一二日）終了後の三者の意志決定の報告がなされる。藤瀬校長、理事会に辞表提出。理事会はこれを受理。

一九七〇年三月二四日　　校長から教職員に対して辞任の通知があった。

一九七〇年三月二七日　　父兄への校長辞任の手紙が発送される。

一九七〇年三月二八日　　学園理事会にて山内理事長代行・校長代行が選出される。「ともかく理事長（代行）・校長代行を山内つとめろ」（代行の後日談による。）（別資料によれば四月四日とされている。）

一九七〇年一月～三月の出来事をある程度まとめながらコメントを付け加えていこう。

　A　一九六九年のおわりの授業改革運動の盛り上りの中でつくりだされたのが、教員と生徒で構成した授業改革協議会であった。しかし、冬休みがあけた一九七〇年一月には、この授業改革協議会を中心とした運動は次第に沈滞の方向に向っていった。その沈滞を象徴するものに、同年一月三一日の協議会の流会があげられよう。また、生徒内の行動的な部分（全中闘など）から協議会を否定するビラがだされ、協議会が単に一般の生徒から注目をあびなくなっただけでなく、学校生活を積極的にとらえようとする生徒からも批判されるようになってきたことがうかがえる。この後は主に高執委を中心とした生徒と学校側との対話だけがつづけられていったように思われる。

　B　生徒のうちの行動的な部分は**A**で述べた授業改革運動の沈滞に対し、今後の学内での運動――学校と生徒との間にある問題全般について提起し解決していこうという運動（特に自主活動の自由を求める運動）――の持続、発展に危惧を感じたと思われる。一方、一月の時点で全闘委と全中闘との間に亀裂が生じ、行動的部分の内部分裂がみられ、このことも、運動の持続、発展に対してブレーキをかけることになるであろうとの考え方も存在していたと思われる。この二つの危惧が、超党派よりなる統実委の結成をうみだした原因であるかどうかはわからないが、統実委のその後の活動は、新しい問題の設定（自主活動の自由）をひきだし、かつ、少なくともその活動中に党派的な対立を回避することになった事は注目に値する。しかも、統実委の結成において多くのノンセクトの生徒の関与があり、この事が結果的には運動の幅を広げ、行動的生徒への潜在的な支持層をひきつけることにも成功したという点で、運動の持続と発展という観点からみて評価できる。

C 結果からみると、統実委は二月一一日当日の街頭デモの出発点として学園の内庭を使用しようとした事で、学校側のもつ「生徒の主体的活動」についての「制限」の存在をあきらかにした。この事は、Bで述べたノンセクトの生徒の運動への関与による支持層の広がりとは別に、学校及び自分の問題を考えていた生徒を運動にひきつけることになった。校長追及集会への参加者や二月一一日当日の自主登校者の数からみて、こうした統実委への潜在的な支持者（シンパ層）や統実委の行動に興味を示す者はかなりの数にのぼったと思われる（少なくみつもって五〇〜一〇〇名）。そしてBとの関連から、二月一一日をめぐっての統実委を中心とした行動的な生徒は、党派・無党派・シンパ層・興味を示している者の四つの部分により構成されていると考えられる。もし、全校集会及びそれに到る過程で統実委の運動をささえた者を求めるとすると、この四つの部分が、それにあたるであろう。こうして全校集会で得られた「生徒の主体的活動の自由」の原則は、この四つの部分によって構成された生徒たち、特にシンパ層や興味を示していた者たちを抜きにして論じる事はできない。

D 校長追及集会が開かれ、回を重ねるに従って、行動的生徒側の要求は生徒の主体的活動の自由を認めさせようとする方向性が強くなってきた。そして全校集会の開催という具体的な方向をもちつつ、統実委による「すわり込み」がなされる。この「すわり込み」という事件は次の二点において学校全体に大きな影響を与えた。

① 授業が半日、討論が半日という変則的な学校の生活をうみだしたことで、全校生徒を巻きこんだ点。この「すわり込み」に対する評価はともかく、この「すわり込み」によって全校生徒は関心をもたざるをえなくなった。これは、沈静化の傾向をたどっていた生徒の学校への関心――すなわち授業・クラブ・受験以外の学校での出来事への関心――に火をつけたかっこうとなった。

② 学校当局と生徒会に「すわり込み」の収拾策についての具体的な決定や選択をせまった点。校長の提案したロックアウト案が職員会議で否決されたことで、基本的には全校集会の開催によって収拾がはかられることになった点も、教職員の対応の仕方として注目すべき点である。

E 全校集会は、統実委側が学校当局との二者共催、学校当局側が生徒会との二者共催をそれぞれ主張したが、最終的には生徒会において、統実委、生徒会、学校の三者共催の全校集会の開催が可決され、学校当局側も統実委が生徒会を生徒の代表として認めるならばということで三者共催をのんだ。生徒会が三者共催を決めた背景には、学校の正常化を望む生徒のいらだちや、逆に、統実委の行動の問題提起としての評価等、様々な要因が考えられよう、いずれにせよ、現状打開の方策として「とにかく全校集会を開こう」という考え方がうまれこの考え方は多くの生徒に支持された。したがって、統実委が打ちだした全校集会開催の要求に学校当局や生徒会が押しきられた形で事が運んでいったとする考え方は誤りであろう。統実委と学校当局は、提起された問題について全学で考えねばならないという認識において一致しており、生徒会によって代表される「生徒」の考え方も、この提起された問題と「すわり込み」に対する手段の是否を問うことは全学的な問題であるとの認識にたっているのであるから、だれの主催にするかの問題さえ解決されれば、三者にとって全校集会の開催それ自体は議論の対象とはならなかったのである。さらにその上で指摘しておきたいのは、次の二点である。

① 全学にかかわる問題の解決として全校集会の開催という選択を学校側も生徒側も選択したという重要な事実は、生徒協議会を生徒の意志の最高決定機関であるとしていた従来の様式に決定的な変革を要求した点。生徒協議会の決定それ自体は、生徒会会則により学校側の決定に対しては最終的には無力であった。しかし、生徒協議会をこえた新しい意志決定機関――全校集会――をおくことで、潜在的には、生徒の主体的活動の基本的な自由を内包することになったのである。このことは全校集会以降に行なわれた生徒会会則の改正点と完全に一致している(一九七〇年三月一四日に生徒会会則の改定が行なわれている)。

② 三者共催という形で統実委は行動的生徒の一つの代表として生徒会と肩をならべることにはなった。そして、この形式は、おそらくは、その後の生徒協議会の生徒に対する影響の減少を導く遠因ともなったと思われる。しかし同時に、その三者共催という形がむしろ統実委を「特殊な集団」として生徒が認識することにも貢献したという皮肉な結果をうみだした。統実委に理解を示したり興味をもったりしていた生徒のなかにも、山内代行登場後、行動的部分として彼らと行動を共にすることを避ける者があった。またこれがために全校集会で得られた集約を自分のものとして考えることができなかった生徒さえうみだした可能性がある。こうした見解はネガティブなものであるが、山内代行登場後「みなで決めた」全校集会集約を守ろうとする声の一方で、それを代行批判の論理とせず何も発言しない生徒がいたという事実を理解するためには必要であると思われる(したがって代行の「異常事態」論理をふりかざしての収拾策を否定することができなかったと考えられる)。

F Eで述べた点から「全校集会」をどのように開催することになったのかの経過そのものが重要だというよりも、結果的に開かれた「全校集会」がどのような意味をもっていたのかが重要であることを理解されたと思う。すなわち、結果的に開かれることになった「全校集会」に、学校当局や様々な生徒の層が、どのように自らの「全校集会」のイメージを結実させていき、そこで得られた結果をどのように自らに内在させていったのかが、今後の展開にとってもっとも重要な点なのである。

開催された全校集会についてはここではこれ以上くわしく触れない。読者は、事件の経過を述べた日録にあげておいた資料「全校集会(三/九〜一二)における意志の集約」及び「全校生徒諸君へNo.４」を熟読されて先にすすまれたい。この資料以上の全校集会についての考察は全校集会のイメージの形成過程とともに本論の以降の節の中で改めて論じたい。

この時期の論評をおえるにあたり、書き残こした点をいくつかここに記す。一つは、統実委のすわり込みにはじまった一連の出来事の中学生への影響の問題である。この中学生への影響は、六九年後半の主として高校生の間で起こった授業改革運動によるものにくらべ、比較にならないほど大きな力をもったと思われる。彼ら中学生は全校集会への参加こそ少なかったが、クラブでの先輩との交流などから何らかの情報をえていたはずである。このことからうまれる一つの推測は、中学生にとってのこの時期の一連の動きが、おそらく自主活動の問題に対して何らかの関心をいだかせたであろうが、授業改革の問題にはあまり関心をいだかせなかったのではないかというものである。しかしこの推測の当否はともかく、山内代行登場後、彼らがどのように情況をみすえたかに関して、我々は今のところ知るすべがない。もう一つは統実委が授業改革運動にほとんど加わらなかったという事実を今後の展開をふまえてどうとらえるかという問題である。自主活動の自由なくして、根本的な授業改革はありえないとする考え方ゆえに、一九七〇年一月からの彼らの行動の戦略がとられたことは理解できる。しかし、自主活動の自由のための全校集会後に行なわれた「授業改革のための全校集会」に彼らの積極的参加がなかったことは、授業改革を実質的に担っていた高執委が三月末に交代し、さらに代行登場による四月の生徒会凍結がなされたことによって、一時的にしろ今まで引き継がれていた授業改革運動の積極的担い手を失なったことを意味する。又、統実委が授業改革運動を積極的に担おうとはしていなかったのではないかと推測できる。このことは同時に一九七〇年四月以降の運動の性質の一部を決定することになったと思われるが、授業改革運動を失なった効果が運動全体にどのような形であらわれたかについては明確でない。

2 幻想期——一九七〇年四月から九月

(1) 概　要

A 前期(一九七〇年三月末まで)の全校集会の盛り上りに危機感をもった理事会は山内代行を学園に送り込み、まず「全校集会集約」を破棄し、続いて生協凍結、行動的生徒への処分恫喝、集会の禁止と次々に生徒への政策を打ち出し、生徒の行動を統制下においた。これに対する生徒の活動は前期の基本的なパターンである「CT—合同(学年)CT—(生協)—全校集会」という段階発展式の道筋をとろうとしていたが、強力な統制策の前に展開しえなかった。生徒の多くは代行が麻布を「異常事態」と「誤解」しているから「お願い」をすればわかってもらえると初めのうち考えていた。一部の生徒は早いうちから「お願い」ではダメではっきりと「体制打倒」を打ち出して行かねば代行に対抗していくことは不可能であると考えていた。多くの生徒がはっきりと「お願い」ではダメだと考えたのは九月の終わりの説明会であったが、「体制打倒」を打ち出すまでにはいたらなかった。

B　前期において教員は当局の一部として機能し、全校集会に対処した。また教員の一部は授業改革の積極的な推進者であった。全校集会後、集約や授業改革の実施を四月より取り組んでいこうとした教員の大部分は、代行登場後には代行と対立していく。一方代行も、全校集会の盛り上がりの原因を一部の「活動家」教員のせいと考え、盛んに父兄に宣伝し、当局の中から自分と意見の異なる教員を排除していった（あるいは教員の方から出ていったとも考えられる）。そして、教職員会議を統率し、教員の行動をその統制下におこうとした。このような対立の中、教員の一部は分会を結成し、具体的な対応を開始する。また別の一部は代行側の教員として、積極的に代行と活動を共にし、分会と対立する。

C　代行は、いままでの教員と父兄の直接的な関係の間に当局を介在させてその結びつきを希薄にさせると同時に、自己の正当性と反分会のキャンペーンをはった。父兄の一部には代行の行動に「奇妙なもの」を感じるものもあったが、前期にみられた不安定さを代行が安定させる力をもっていると考え、代行に好意的な反応を示すものが少なくなかった。

D　生徒（特に高執委）と教員（特に授業改革推進派）とは四月から全校集会を通じてきめられた「集約」と授業改革の実施を具体的に行なおうとしていたが、突然の代行の登場により、実施できなくなったばかりか両者の意志疎通の場が失なわれることとなった。前期において信頼関係が保たれていた両者の関係は次第にきまづくなり、代行派教員と反代行派教員とを生徒が区別し、代行派教員に対しては「いじめ」行動がなされていった。この期間中に意志疎通の場がなくなったことから、一部の教員（分会）の中では生徒へ伝達したい自分たちの意見や気持ち（代行への生徒の行動の暴発へのいさめや、自分達の意見の表明）がふえてきつつあったと思われる。彼らは同時に代行によってきりはなされた父兄に対しても伝えたい意見や気持ちがふえてきたと考えられる。

E　生徒間の関係については次の二点をあげることができる。

①　生協を中心としたクラス単位の討論の中で、相互の意見を知り自己を主張していったのが前期であるならば、この期間においてはその中心が凍結されることでクラス単位での討論の持って行く先がなくなった。前期において要求実現集団として生協とは別に統実委があらわれたが、このような集団はこの期に体制打倒をめざす集団に変質していった。この集団の一部の生徒は、もっていき先のなくなったクラス単位の討論の方向性を前期の段階発展型のパターンで全校集会へもって行こうとしたが、合同クラスタイムの形成以降はそれより先にすすめず挫折していった。この挫折が体制打倒集団へあたえた影響は明確ではないが、五〜六月にかけての署名簿や中庭での合同生協が運動の盛り上がりを作り出せない中で、この集団と生徒の多くとは互いにだんだんと離れていった感がある。その分離に関係があったのが六月政治闘争のさなかや九月の初めに起きたいくつかの内ゲバ発生であると思われる。このようにして九月までに少なくとも高二の中では体制打倒集団はその他の生徒集団と分離されてきたと考えられる。

② 一方、六月や九月に授業をめぐって教員（代行派）とのトラブルが発生し、七月には授業改革の試みの一つが代行から阻止され、この問題をめぐるビラが生徒から発行された。このことは生徒がそれらについて一時的にせよ関心をもっていたことが示されている。これらの関心は持続しなかったものの、多くの参加のあった抗議をはじめとした行動の発生そのものは困難な状況を考えると高く評価されねばならない。これに対し、生徒会会則の前文削除と、三月以前への会則の差戻しが九月に行なわれたことに関しては個人的な抗議のみあっただけで明確な抵抗を生徒は示さなかった。生協は機構としての意味を失なっただけでなくそれを支えるはずの生徒の関心をも失なったことがこのことを通じて露呈された。

（2）日　録

一九七〇年四月四日　学園理事会は山内一郎氏を麻布学園の校長代行兼理事長代行に選任した（＃0.5）。

一九七〇年四月九日　山内校長代行は始業式の場で全校生徒の前に初めて姿を現わした。彼は「三学期の全校集会で決定したことは一切白紙に戻す」、「学内における政治活動・集会は一切認めない」、「問題を起こした者は即時退学とする」、「暴力をもってくる場合、警官隊を入れる」（＃22C）等の発言をし、生徒を驚かせた。

一九七〇年四月一〇日　生徒は生協を開催し、一連の代行の発言に対する公開質問状の審議を行なった（＃1）。

一九七〇年四月一一日　代行は始業式においてビラまきをした生徒に対し、「今後そのような行動はとらない」との誓約書を強要した。

一九七〇年四月一三日　代行は生徒会の凍結及び文化祭自主管理の不認可を発表（＃3）。

一九七〇年四月一八日　代行は父兄を学校に集め、自己紹介（略歴の説明）・事実経過・教育方針を話した（＃13.5）。この際、集まった父兄に対し、生徒から見た事実経過や現在の状況についての解説のビラが、複数の生徒有志から手渡された（＃6、＃7）。

一九七〇年四月二二日　代行は文化祭パンフレットの一部削除、ポスターの破棄、および政治的討論・集会・展示の禁止を発表した（＃8）。

一九七〇年四月　これら一連の山内代行の施策に対し、高執委、全共闘（準）、有志連合、クラス闘争会議などの名前で、代行方針に反対し三月全校集会決定事項の実施を要求する趣旨の多数のビラがだされた（＃2、＃4、＃5、＃11）。また四月下旬より実力テストボイコット・文化祭自主管理の運動のよびかけがあった。

一九七〇年五月三日〜五日　文化祭。文化祭最終日の五月五日、中庭での「自由討論」（当初「反戦集会」の予定であったが代行の方針により内容を変更させられていた）の中で「山内体制打倒」が叫ばれ、討論内容を「政治的なもの」と判断した学校側から中止命令が出され、これに抗議した参加者の一部が責任者である代行との討論を求めてデモを行ない、文化祭は混乱した（このほかにもヘルメット部隊による散発的なデモがあった）。

一九七〇年五月六日　五月五日のデモに参加していた生徒に対し、さっそく処分が発表され生徒六名が登校停止となった（#17, #18, #19）。

一九七〇年五月九日　高二で秘密裡に合同ＣＴが開かれ対策が協議された（#20）。またこの頃より「三月全校集会の集約を認めよ」「校長代行の一方的独断的処分反対」などの四項目の要求を掲げた署名運動（発案者不明、この署名は未提出）が行なわれた（#26）。

一九七〇年五月一三日　〔教職員の権利、人格をないがしろにし〕〔生徒への教育効果を度外視したひとりよがりな学校運営に対して深い憤りを感じ〕た教職員の集団は、〔教育の確立と学園の民主化をめざし〕東京私学労働組合麻布学園分会を発足させた（#90）。

一九七〇年五月中頃以降　全校集会での集約（第一議題）を要約したビラが父兄・中学生（三月全校集会にはその多数が参加していない）に対し発行された（#22, #24）。

一九七〇年五月二八日〜三〇日　中間考査。

一九七〇年六月一〇日　代行の生協凍結命令にもかかわらず、一八クラス中一〇クラスの決議によって第二回高生協が中庭で開かれた。校長代行の方針について討議するための「全校集会開催要求の決議」の提案理由が説明された（#31）。同日、高三では、体育の授業をめぐってクラスタイムが開かれた。

一九七〇年六月二〇日　保護者会総会。「学園紛争の経過」「文化祭最終日の混乱」および「一部教員による組合の結成」を内容とする付録を含む二二ページにわたる小冊子「保護者の皆様へ」が配布された（#32）。

一九七〇年六月　六月の安保闘争をひかえて街頭闘争を訴えかけるビラが目立ちはじめた（#25, #27, #28, #29, #33, #34, #35, #36, #37）。六月一五日には渋谷街頭において麻布生二名が逮捕された。六月二三日のある集会では「麻布闘争への熱烈なる支援」を訴えかけ、山内代行へ抗議のはがきをだすことを呼びかけたビラが配られた（#34）。

一九七〇年七月六日〜一一日　期末考査。

一九七〇年七月一一日　「保護者の皆様へ」について、山内代行に対し、私学労組麻布分会の組合員一同の連名で抗議文が提出された（#90）。

一九七〇年七月一三日　代行は高三・高二の授業の一環として予定されていた映画会（「八月の砲声」）に対し中止を命令した（#39, #90）。

一九七〇年七月二〇日　一学期終業式。

一九七〇年九月五日　二学期始業式。

一九七〇年九月七日頃　九月七日以降およそ一週間にわたり反戦高連と反戦高協との内ゲバが活発であった（#42）。

一九七〇年九月上旬　生徒会会則の前文の削除や三日の全校集会決定をうけて改正された生徒総会の規定などが削除された上で、三月以前の会則にもどされた。

一九七〇年九月一四日　凍結の解かれた生協は、合同生協を開催し、運動会開催等の議題を各クラスに提案した。

一九七〇年九月一八日　　実力考査。
一九七〇年九月二二日頃　　九月二二日から数日間、美術の授業（高二）に関して担当教員との討論が授業中に行なわれた（♯46）。
一九七〇年九月二八日　　合同生協において運動会開催が否決され、スポーツ大会、芸術祭・秋休みなどの代替案がクラスに持ちかえられた。
一九七〇年九月三〇日　　代行出席の下で合同生協が開催された（代行説明会と呼ばれる）（♯49, ♯52）。九月二八日の代替案のクラス持ちかえりについて校長代行は「芸術祭・スポーツ大会」に関しては議論する必要がないとし、高執委がこれに抗議したことから代行が生協の場で説明することとなり、この日の代行出席となった。代行は〔君たちには法律用語である権利はない〕や〔諸君らワカラナイならばあしたからひとりずつ順番に来い！〕（♯52）と発言しそれに対し生徒は驚き、怒り、困惑した（♯49）。

(3) 詳　論

① 幻想期中の時期区分

この時期の全体の流れは、すでに（1）の概要でおさえた。概要では代行及び学校当局・教員・生徒・父兄のそれぞれのこの時期の相互関係を述べた。これらの関係を時間的に追ってみると大きくは二つにこの時期を区分することができそうである。第一の時期は山内代行の登場から五月文化祭までの時期で、山内代行の登場とその登場がひき起こした混乱の時期である。詳論で述べる②〜⑥までがこれにあたる。この時期に目立つのは代行のやつぎばやの政策の発表と実行で、教員・生徒はそれに圧倒され受身であった点である。第二の時期は文化祭以降、九月の代行出席の合同生協までの時期で、教員と生徒による代行への新たな対応の模索の時期である。詳論の⑦以降がこの期に含まれる。しかし、概論にも述べたように、本格的な対応を考えていくのは第二期の「退廃期」以降であり、ここでの「新たな対応への模索」とは、教員・生徒に一方的な受身からの脱却をはかろうという姿勢がみられてきたことを意味している点に注意すべきである。

ここでの細かな時期区分にはそれほど重きをおかない。むしろこの二つの時期区分は、事実経過をとらえていく上での見出しとして考えていただきたい。また五月文化祭以降代行出席の合同生協（代行説明会）の間は、考え方によってはさらに二つに分けてみた方がよいのかもしれない。つまり、夏休みをはさんでそれ以前を新たな対応の時期、それ以降を新たな混乱の時期とするのである。文化祭以降夏休みまでは、生徒は合同ＣＴや生協の開催と署名活動、また教員は分会を結成するなど確かに新たな対応の方向をみることができる一方、夏休み以降は内ゲバや合同生協での代行の発言等、新しい混乱がうまれた時期といえるだろう。しかしここでは指摘だけにとどめ細分化はしないでおく。

この時期の背景として忘れてはならないものとして七〇年安保（日米安全保障条約の一九七〇年時の自動延長に対する運動）がある。この安保をめぐる多くの政治的運動が高まって行くなかで山内代行をむかえたことは、山内代行に一つの政治的な象徴をあたえることになったと考えることができる。生徒の多くは別として、六〇年安保を経験してきた多くの大人たち、教員や父兄の一部は、そうした視点からも山内代行の登場をとらえていたのかもしれない。

「幻想期」というこの期の名称は代行登場に際してみせた多くの生徒の代行に対する「幻想」に由来している。「代行は誤解している」「急にこられたのでよく事情がのみこめていない」云々の生徒の「幻想」にとどまらず、「あの先生なら麻布をたてなおしてくれだろう」「子供を紛争からまもってくれる人である」云々の別の立場の考え方もまた「幻想」であったことに歴史のアイロニカルな様相を感じとることができる。

② **山内代行の登場と生徒の反応**　前年度まで校長であった藤瀬五郎校長は、三月末突然辞任し、新人事は四月四日に決定された。この新人事決定までの経過は不明であるが、四月八日に同窓会理事会が「理事会申合せ」(＃0.5)という形で、極めて異例な新校長代行支持を表明していることが注目できる。

〔申し合わせ〈同窓会理事会〉／前校長辞任のあと、新校長の選任に、学園理事会、同窓会理事会は大変な憂慮とご苦労をした。紆余曲折のあげく、山内氏がやっと校長代行就任を受諾した時、就任校長の背負い込む苦労が、並大抵のものではないという事を知悉していた同窓会理事会では直ちに全理事の発意で新校長支援のための決意を表明する事になり、次のような申し合わせ文を採択発表した。／理事会申合わせ／昭和四十五年四月八日麻布学園同窓会は、同窓会々議室に、臨時理事会を開き、今回本会常任理事山内一郎君(同時に麻布学園理事、昭和一〇年卒)が前理事長並に校長藤瀬五郎君(大正一四年卒)の辞任に伴い四月四日麻布学園理事会に於て、理事長並に校長職務代行者に選任されたので、同君を全面的に応援し、同君がその権限を存分に行使出来るよう、あらゆる協力をする事を申し合わせた／昭和四十五年四月八日／麻布学園同窓会理事会〕(＃0.5)

現在、山内代行の責任が問われるなかで、＃0.5の学園同窓会理事会の申し合わせの意味するものは大きい。

さて、大部分の教員と生徒はそれぞれ四月八日の職員会議、同一〇日の始業式で正式に通知を受けた。しかし新校長代行の経歴等詳細が判明するのは同一八日に開かれた父兄総会の場である(＃13.5)。

四月一〇日、新学期始業式で山内一郎校長代行は、以下に代表される発言を行なった(＃22C)。

A1　(前年度)三学期の全校集会で決定したことは一切白紙に戻す。
A2　学内における政治活動、集会は一切認められない。
A3　問題を起こしたものは即時退学とする。
A4　暴力をもってくる場合、警官隊を入れる。
A5　盗難が起きた場合、教員は捜査の専門でないので専門である警察官を入れる。
A6　三学期の「すわり込み」をした者に対しては処分する。しかし当分の間は様子をみる。
A7　中間・期末考査は実施する。
A8　制服・制帽は着用させる。
A9　私は教育者ではない。(順不同)

この発言のあった始業式は騒然として終ったが、その後の生徒の反応は二段階で表出する。まず直後のものとして

B１　〈代行は何者か？　何をするつもりなのか？〉

〔あなたは管理者なのか、教育者なのか、少なくとも教育者になろうとしているのか〕（#1 Ⅳ⑤）

B２　〈代行は誤解している〉

〔何よりもまず、我々の事をご存じにならない我が校長代行先生に、我々の真の姿、先学期までの何であったかをお知らせするため—・—〕（#2）

上記引用はさらに続けて、その知らせる方法として〔日常的でしかも極めて堅実なクラスタイムを基礎とした生徒会活動を行ない組織的強化をはかる〕（#2）と述べているが、四月一三日、その生徒会の半年間の凍結及び文化祭自主管理の不認可が発表される。これ以降、それまでの楽観的反応は姿を消し、怒りと冷めた反応の両極へと移行した。

B３　〈代行への怒り〉

〔このような学園内に於て、本当の意味での真の教育というものがなされる訳がないではないか。この一方的、非人間的な校長代行の方針を許すわけにはいかない〕（#7）

B４　〈代行を無視する〉

〔いままでの（著者注：三月までの）方向をつらぬこう。それが今とるべき最大の手段であり最大の批判である〕（#115）

B３の怒りやB４の無視の姿勢の根拠としては次のような事が考えられる。

C１　全校の構成員の意志の集約である三月全校集会の意志の集約を一方的に白紙に戻した。

C２　一方的命令又は拒否を行なわないという三月全校集会の精神を破った。

C３　高圧的姿勢（大声でどなる、教室に勝手にふみこむなどのマナーの悪さを含む）を示したり行動的な生徒に対する処分恫喝を行なった。

これらの根拠、C１やC２からわかるように、代行への怒りや代行の無視の基礎になっている考え方の中心には三月の全校集会をよしとする考え方がある。このような根拠をもって闘う方向性を以降全校集会回帰志向とよぶ。この志向は幻想期から退廃期にいたる過程で次第に影をひそめたが、爆発期に再び現われる。この全校集会回帰志向をめぐって次の三つの問題に触れなくてはなるまい。すなわち、運動の「段階発展」説、「手続違反」批判、「異常事態」をめぐる問題の三つである。

③　全校集会回帰志向をめぐって

A　運動の「段階発展」説　全校集会回帰志向の持つ大きな特徴は、その運動の展開形態に一つの固定したイメージを与えた点である。例えば、「クラスタイムにおけるクラスの団結→圧倒的な昂揚による決議→他のクラスを動かす→全麻布生の決起」といったパターン（#9等）は様々な生徒の立場からのビラに繰り返し叫ばれるのである。しかしながら、ここで注目しなければならないのは、この発展形態をとって広がっていったのは「授業改革」運動の方であり、三月に多くの生徒を集め、「集約」をつくりあげる発端となった「自主活動」運動（政治活動等の自主活動の自由を認めよ！）の方ではなかった。後者はむしろ授業改革運動に限界を感じていたセクト、ノンセクトの行動的な生徒が、ある程度の運動の牽引を行ない、最終的には多くの生徒と共通した認識をつくりだしていったものである。

しかし〈第3章**1**　前史〉で述べたように、「授業改革」運動はその歴史からみて「自主活動」運動と平行して行なわれてきたものであり、前者のみでは限界があることは確かであった。だからその点では行動的な生徒の自主活動の自由を求める運動への焦点の絞り込みは評価できる。では、何故、このような運動の「段階発展」説に多くの生徒がこだわったのであろうか。一つには、「全校集会は麻布の構成員に共有されている」という考え方を持ってしまった事、もう一つには「クラス—生協は圧制に対抗する組織（例えば自立した自治会）へと変化した」と考えてしまった事のどちらかあるいはこの両方が考えられる。

だが、この二つとも幻想であった事は明らかである。この時期は幻想期とよばれるが、まさしく、生徒の論理が代行に対する「幻想」（彼は話せばわかるんだ）と、それに対抗するべくつくりあげた論理に内在する「幻想」（みんなは全校集会を大切なものと思っているし、それを守ろうとしている）の二つの幻想を特徴としている点が重要である。

しかし、形態的な側面からみると、爆発期には「授業改革」運動のパターンと「自主活動」運動のパターンが織り混ざりながら進行していたことに注目しなくてはならない。しかもこの時は、「自主活動」型パターンが先行し、「授業改革」型パターンが後行していた。

B　「手続違反」批判　②のC2の「一方的命令又は拒否を行なわないという三月全校集会の精神を破った」とする代行への怒りの根拠のうちの一つは、「手続違反」批判型とよばれる代行への対抗論理の一つを形成した。無論、代行は三月全校集会を全面的に否定したわけだから、この論理は代行の論理とそのまま対決するものではない。だからこの論理のもつ本当の意味は、生徒の三月全校集会の経験を②のC2の形に純化し、全校集会に至った過程を大切なものとしてとらえかえし、その上でこうした過程を無視し、こわしたという代行の暴挙を批判するという、生徒に内在した怒りの組織化にあると思われる。この論理は生徒にとってタテマエとしてもホンネとしても受け入れやすいものであった。生協凍結、集会の禁止といった代行の異常な強圧的姿勢もこの論理への生徒の傾斜を強めたといえる。けれども後の爆発期においては、この「手続違反」批判は、生徒のホンネを代表するものであったといいがたい。幻想期から退廃期への移行に従い、代行の正体が明確になるにつれ、タテマエの部分のみが生き残ったといえる。だが、一方でこの「手続違反」批判はタテマエだけでも充分意味をもつものであった。一つは、**A**で述べた運動の「段階発展」説と共に「全校集会」のイメージを完成させたこと、同時に自らに「手続き」を課し、「段階発展」型の運動に固執させる働きをもっていたことである。また一つには代行の強圧的姿勢（恫喝を含む物理的おどし）とあいまって「一方的命令とは悪であり、一方的命令をするものは教育者ではない」という図式が形成され、「代行＝悪者」観に拍車がかけられたことである。

C　「異常事態」をめぐって　代行はその就任以来、自分の登場の理由を麻布の異常事態を憂うるが故とし、自分の目標を早くこの麻布を正常なものにすることにおいている旨を何度となく公言してきた。この「異常事態」をめぐってはいくつかのビラ（#11、#13.5）がだされており、ことに異常・正常の価値観としての性質をあるビラは次のように述べている。「我々は今の事態を正常だと思うような「なれ」の感覚に厳戒しなければならないでしょう」(註11)。ここでは、代行のいう「異常」と、生徒のいう「異常」とのくい違いを整理してみたいと思う。

今までに自分が経験したある時期の状態を現在の自分がおかれている状態と比較して大切なもの・良いもの・守るものという価値が付与されない限り、ふつう使われる意味での正常事態・異常事態という区別はほとんどあり得ない。したがって代行のいう「異常事態」とは三月全校集会に到る何カ月かの学校の状態をさし、回帰すべき「正常事態」とは、彼の時代の、あるいは現在の彼が描いた理想上の麻布学園の状態をさすのであろう。しかし、かなり多くの部分の生徒にとって、三月全校集会に到る過程は、代行のいう意味での「異常事態」ではなかった。価値をおびない意味での「異常」ではあったかもしれないが、それは自分が守る対象としての「正常事態」と比較されるような「異常」ではなかった。生徒にとって三月までの一連の過程は麻布というシステム内部からうみだされた矛盾による「異常」ととらえられていたと思われる。この「異常」はそのシステムの内部に一つの変化(全校集会)をうみだし、その変化が新しい機構をシステム内部につくりだすことで正常状態に帰した。つまり、燃料警告灯の点滅のようにシステムにとって必要な「異常」(信号)であり、あらかじめ正常状態への復帰の意志をもったものであった。

一方、生徒にとって代行登場後の「異常事態」はどのように映っていたかというと、これこそ代行のいう意味での「異常事態」――いいかえれば、三月全校集会を「正常事態」とする価値的にマイナスな「事態」であったのである。この違いは、異常の発生原因が、麻布というシステムの外部にあった点にあった。生徒にとっては代行は意識的にも無意識的にも麻布システム外のものととらえられていたのであった。「異常事態」という言葉をもちだしたのは代行であった。ということは、代行も(そして代行を支持した理事会のメンバーも)自分のシステム外のものとして麻布での一連の事件をとらえていたということであろう。こうして四月の代行登場以降は、さきほどのビラが語るように、二つの違うシステムのぶつかりあいとなったわけである。

一般論からいえば、システム外部からシステムにもちこまれた「異常」と、システム内部に起きた矛盾の発生による「異常」とを比較し、どちらの「異常」がより正常な状態へ復帰しやすいかを問うことは難しい。前者では矛盾の深さが問題になろうし、後者では外圧の強さが問題となるからである。しかしここでは結果的に後者の「異常事態」は、なかなか「正常事態」に移行しなかった。その理由には次のような点があげられよう。

C1　代行はシステム外部のものであるという認識(平易には「彼はよそ者である」という認識)が代行の行動についての好意的な見方をうみださなかった。

C2　代行の極端な言行や政策が、代行＝システム外部という認識をより一層つよめていった。

C3　生徒は代行にとって「異常」な行動パターンを持っていたために代行に「異常」なことをさせてしまう傾向があった。

C4　代行は自分のいう「異常事態」の内容を明確にしなかったた

めに異常事態が維持された(それは、代行の存在理由を失なわせないためであったかもしれない)。

しかし、代行はよそ者という感覚だけで、多くの生徒が「代行＝システム外部」という認識をもったとするのは難かしい。むしろ生徒のもっていた「正常事態」の感覚の源泉が、いわゆる麻布的自由(前史の「答辞」に述べられているような、しなくてよい自由という「負」の自由の側面)にあり、代行の政策は不必要にこの麻布的自由を制限したが故に、生徒に強力な「代行＝システム外部」という認識をつくりだしたと考えた方が理解しやすいであろう。この考え方を支持するものとして、制服制帽の強制、長髪禁止といった代行の学生生活への介入に対して多くの生徒の根強い反抗があげられる。こうして、次のようにまとめられる。生徒は麻布的自由とそれを認めた上での自主活動の自由を承認していた。後者は前者ほど根強いものとはなっていなかったが、代行は後者だけでなく前者をも「異常事態」の中に含め、両者を否定する政策をうちだしてきた。それは感覚的には前者(麻布的自由の伝統)にもとづき、論理的には後者(自主活動の自由の決定過程)にもとづく判断によって「代行＝システム外部」という認識をつくりだし、C1〜C4の理由により生徒にとっての「異常事態」が持続した。しかも、この「異常事態」は「正常事態」へと解消される機会をもちえなかった。

④ **四月一八日父兄会とそこでの代行発言について**　四月一八日、父兄会が行なわれる。例年、この時期に父兄会はなく、又、この連絡(#3.5)も四月一五日付で送付していることから、異例でかつ極めて緊急な話であることがわかる。父兄会とはいうものの、代行の「私の考え方とこれからの教育方針、諸計画について」(# 13.5)と後日、題目付けられた挨拶であった。要旨は以下A1〜A5の通りである。

A1　略歴

A2　代行就任経緯

A3　就任前後の印象と決意

A4　教育方針①江原先生の建学の精神を継承し、自由は常に規律と責任の上にあり、自主と自律の上に立つ秩序ある学園のなかで学園の使命である学問の研究と人間の形成に向って生徒に勉学を激励し、身心の鍛練を強く指導し、そして国の次代を担うにふさわしい少年を世に送り出したい。②教員が生徒に対し特定の政治思想を支持せしめたり、又はこれに反対するための政治教育を行なうことを禁じる。③学園の内外における生徒の政治活動を禁じる。④従来よりまさる試験方法が考え出されるまでは、これまで行なわれていた試験制度をそのまま続行する。⑤互いに礼儀を重んずる風習の確立を強くすすめる。⑥正規の服装を守ることを励行させる。⑦登校時間を厳守させ、又、欠課・欠席の場合には届書を出すことを励行させる。

A5　学園施設についての諸計画について

この父兄会について考察すべき点の第一は、父兄を動員したということである。これまでの麻布の父兄会は年二回行なわれていたが、それは名ばかりのPTAの活動経過報告と、担任教員による成績を中心とした面談が行なわれていたに過ぎない。それを、異例ともいえる時期に緊急招集したということは、代行が父兄の存在に注目し、彼らを掌握する必要性を強く感じたためと考えられる。従来、父兄への学園内の動向に関する情報の大半は生徒からの伝聞であったし、又、父兄もその程度に無関心でもあったと考えられる。代行は、今までの生徒―学校―教員という三極の構造に父兄という、生徒へ与える影響の最も大きい極を代行の掌握下で加えることにより、代行方針の浸透を考えたのではないかと思われる。また、今までのように父兄に対し教員や生徒を介して学校当局から伝達していたのでは、父兄は生徒からの情報のみで判断する存在となりやすく彼にとっては不利になる。だから早い時期に接触を持ち、生徒からの非好意的な風聞を断ち切る必要があったとも考えられる。代行はこれ以後しばしば郵送という「子供の手」を経ることのない方法で父兄に情報を流すようになる。

　第二の点は「秩序」という意味である。代行は〔「私はしばらくの間、この秩序のない、礼儀を弁えない生徒諸君とは対話はいたしません。――・――多少の秩序が恢復されるまでは、私は特定の生徒諸君とは話をいたしません」〕(#13.5)と発言している。そしてこの「秩序」のない状態を異常事態とし、以後の学園の諸活動に様々の制約を加えてゆく。ただし、さきに述べたように(③C)、この「秩序」あるいは「異常事態」の中身が何であるかは最後まではっきりしていない。この文脈から判断する限りでは、秩序と礼儀とは同じ意味のように思える。一方、三月全校集会の意志の集約では「秩序」ではなく「ルール」という言葉を用いて、〔自主活動の自由を実現(保証)するために、全構成員によって何らかのルールを作り、それを生徒・教師相方とも守っていく〕(全校集会(三月九日―一二日)における意志の集約、一九七〇・三・一二、前出三〇頁)とある。そして、この「ルール」は代行の登場により作られることなく宙に浮いたものとなり、実体を伴なわなかった。こうして、代行も生徒・教員も「秩序を回復」したり「ルールを守ってゆく」ことでは同じ方向性を持っていたが、ついに代行のいう貧弱な秩序も、生徒等が固執しようとした実体のないルールも一度として検討すらされず「異常事態」が続き、双方の「秩序回復」のみが叫ばれることになったのである。さらに、父兄にとっての学園の秩序とは、礼儀でも自主活動の自由を保証するためのものでもなく、有名大学へ進学できる環境が整っていることではなかったのだろうか。そう考えると、代行流でも生徒・教員のいう三月全校集会流でも、父兄にとっての「秩序」が回復されればどちらでもよく、だからこそ、一九七一年一〇月に学園が騒然となった時に秩序を乱すものとして、その原因である代行への批判を父兄が公然と始めたのも理解可能となる。

　第三の問題点として「受験」がある。代行はこの時の発言の中で大学受験については触くふれていない。少なくとも、麻布高校のような進学名門校の新学期の父兄会で、春の大学進学状況について一言も触れていないというのは奇妙ではないか。父兄の関心の一つには必ず学園紛争の大学受験への影響があるはずである。代行がこれを考慮にいれていなかったとするならば、父兄懐柔策を誤ったと指摘できるだけでなく、彼の教育方針である「江原先生建学の精神を継承し」云々が、極めて非現実的プランであったということになる。逆にこのことを知りながら、あえて上記の発言をしたのなら、それはそれでユニークかつラディカルな方針だともいえるが、その後の彼の施策から判断すると、時代錯誤的な、はなはだ状況認識を欠いた前者の方であったと思われる。単に自分の正統性の根拠として「江原先生建学の精神の継承」があったようだ。

第四にA5の「学園施設についての諸計画について」で設備、グラウンド、教室の増・改築および改造と校外不動産の処分の計画を明らかにしている点があげられる。就任二週間にして次年度を含める施設増改築計画を発表することは、紛争解決者として乗り込んできた校長代行にしては、手まわしがよすぎるとも関心の向け方が奇妙だとも指摘できるし、また、校長として長期間留任する覚悟と読むこともできる。これらから代行は教育という外部からはわかりづらい面での業績よりも、確実に業績のあげられる施設面を重視したと考えられる。

この父兄会への参加数は明らかではないが、この時、欠席した父兄には、当日配布したとする資料が後日郵送されている(#16)。生徒のこの父兄会への反応は#11、#12においてみられるが、両者とも代行が当日配布した資料(# 16)中の理事名のリストについて言及しており、麻布学園の母体が「支配階級」と直結していると指摘している。確かに真に問題にしなければならないのは、山内代行を選出した理事会であり、その点で彼らの指摘は正しい方向性をもってはいるが、上に指摘した四点についてはは前半の二点についてのわずかなコメントのみでおわっていた。なお#11は、本節③で触れた三月全校集会をめぐる論理でもって当日の代行発言の不当性を主張している。むしろ、生徒のビラについて注目したいのは、父兄会開催日に配布された父兄向けのビラであり、こうした生徒から父兄への働きかけを別の時期にだされたものを含め次の項でまとめて論じてみたい。

⑤　生徒から父兄への働きかけ　　この時期に出された生徒から父兄への働きかけといえるビラは、四月一八日の父兄会に向けてだされたビラ(#3, #6, #7)のほか、五月中旬に出されたビラ(# 22)があった。注目すべき点は、このような生徒から父兄へのビラは、これ以降爆発期にはいるまでほぼとだえてしまうという点である(#89にのみ父兄への呼びかけがある)。

#3、#6、#7、#22の四つのビラの共通点をまとめると次のようになろう。

A1　ともに父兄宛であり、「三月までの正当性を主張すること」と「四月からの山内代行の言行の批判」とを主題としている。

A2　三月全校集会の成果の中で政治活動・自主活動の問題よりも、生徒・教員の相互理解でうまれたという「教育の場」での集約そのものを強調している。

A3　二学期から全校集会へといたる過程の分析があいまいである。さらに三月全校集会の集約に対する批判はなく、あたかもすべての生徒・教員が集約を受け入れているとの前提にたって「三月までの正当性」を主張している。ここには、本節③で述べた「幻想」をはっきりと認めることができる。

A4　「三月までの正当性」の主張そのものは、代行の集約白紙撤回への反論を一応構成している。一方、それはその他の代行のとった新路線に対する批判にはなっていない。例えば「教育」をめぐる問題については代行の言動をとりあげてコメントするだけにとどまっている。こうして、A3とA4の二つから、三月までの運動の質は、少なくともこの時期までには、三月までにはぐくんできたはずの「教育」の論理を自分たちの自らの力で再構成するには到っていなかったと推論しうる。

A5　父兄の大きな関心の一つと思われる「新路線への不安」には

答えようとしていない。ここでいう「新路線への不安」とは、定期・実力試験の中止や今後の廃止の問題及び平穏な授業がなされるかという問題である。しかし、その中で♯22に被害者が低学年諸君であるとのコメントが載っている点が注目される。

A6　高校教育と受験に関する説明がないため父兄への説得性に欠ける。父兄にとっての異常事態とは受験勉強が行なわれていない事態をさし、彼らにとって山内のいう政治的異常事態はあくまで二次的なものであったと思われるから生徒の異常事態のとらえ方は、代行と同様さらに父兄の考えとはかけはなれていた。

相異点としてあげられるのは三月までの過程についてのそれぞれの発行者たちのとらえ方の違いである。そのとらえ方の中には、比較的、独断・エリート的な発言を感じさせるもの（♯6）や自主活動の自由の問題にまったく触れていないもの（♯7）がみられる。

♯89は一九七一年三月に出されたものであり、呼びかけも「全ての卒業生、父兄、教職員、在学生の皆さん」となっていて、いままで述べた父兄を主な対象とする四つのビラとは異なっている。最も大きく違うのは、社会情勢——日帝のアジア侵略、沖縄、三里塚——と麻布における問題との関連性を説き、その接点を麻布学園理事会においている点である。しかし、「三月全校集会」は、ここでも再び取り上げられている。また、一九七〇年後半に起きたA君の処分問題を通し、「教育」の問題にせまろうとしており、生徒の一部に「教育」の論理を自分たちなりに構築していこうとする動きがあったと考えられる。特に「活動家」（党派・非党派をとわず、行動的な生徒の部分）にかけられた「誓約書」攻撃に触れている点が注目される。

生徒から父兄への呼びかけのビラは以上であるが、いくつかの学級文集（♯93，♯94，♯115）もまとまった体裁で発行されたため、父兄の目にとまったものがあろう。しかしその効果がいかなるものであったかは明確ではない。また、異色なものでは一九七一年二月に受験生の父兄に配布されたビラ（♯81）があるが、内容的には見るべきものはない。

⑥　**一九七〇年五月文化祭**　四月一八日父兄会以降、学園全体は五月三、四、五日に予定されている文化祭の準備へと移っていく。この年の文化祭は代行の方針に従い、

A1　文化祭実行委員会は自主活動の禁止に伴ない、生徒会指導部、生活指導部のもとで動き、

A2　文化祭における政治的討論・集会・展示を禁止する（以上の二点は♯8より）と変更された。

四月二三日、上記方針に基づき、刷り上がってきた文化祭プログラムの修正が行なわれた。文化祭プログラムは表紙の差し替え（白紙に「文化祭」のタイトル及び必要事項のみ印刷されたものとなる）と本文の二八ヵ所の文章及び挿し絵の黒マジックインキでの削除がなされた（♯15）。この削除修正は生徒に行なわせたため、黒マジックで消した部分が微妙に見える奇妙なものとなった。生徒はそこに小さな抵抗を、又、代行は二八ヵ所の削除による自分の方針の徹底の意志を示した（このプログラムの削除修正をもって、この文化祭を生徒の間では「黒ぬりの文化祭」と呼んだ）。以下にいくつかの主な削除例を示す。〔七〇年の安保改定を目前に控え、麻布学園の文化祭も強くその影響を受けずにはおれませんでした。大きく揺れ動く社会の中での文

化祭は、多くの人達の力によって初めて作られたものです」（#15 一頁以下同）〔マルクス主義研究会〕〔ある抵抗……ある敗北〕（二頁）〔七〇年安保改定を目前に控え、我々は意志表示の意を含めてここに研究の成果を発表する。しかし現在既に行動を迫られているのかも知れない〕〔What is the U.S.A. for you, for Japanese, for Vietnamese and Americans themselves? Why don't you come to our room and let's consider it together, shall we!〕（五頁）〔国会で佐藤栄作が決めたのだ。国家権力のはしくれなのだ！〕〔プロレタリア文学運動というのは、大正末期から戦中にかけて興った文芸思潮のことです〕（七頁）〔『日米共同声明』の発表と沖縄の『核ぬき・本土なみ・七二年返還』キャンペーンを通じて衆院三百議席の大台を確保し、より一層の自信をつけた政府支配階級の七〇年代戦略とはいかに？　国内整備・海外進出の内実を分析!!〕〔麻布予備校解体のもとに新たなる共同体の構築を志向する僕ら……〕（八頁）〔何故、あんなに空は青いのか。何故、太陽は輝き続けるのか。……或日突然、彼らは学校を封鎖した。しかし彼らは勝つ事ができなかった、現実に。やがて彼らは封鎖を解く。何故、彼らは負けてしまったのか。何故?〕〔パリの五月以来、流行語の様になった「解放区」ということ言葉。感性が無限に解放されている地区。階級支配の存在しない地区。人間が人間として存在する地区。ゲバルト闘争の代名詞。反代々木系の造った地区。この様に思われている解放区が麻布に出現した〕（九頁）〔反戦集会　文化祭実行委員会主催／現在、我々が平穏に暮らしているうちにも、ヴェトナムで、イスラエルで、そして世界各地で戦争が多くの人々の尊い命を奪っています。この中で、我々は、人間というものが破壊されていく行為を黙ってみすごしてよいのでしょうか。人間は基本的にはみんな平等です。そうであるのに現在、彼等は、戦争といった破壊行為のために抹殺されているのです。もう一度、訴えます。我々はこの様な行動を許してよいのでしょうか〕（二五頁）〔我々が教育について考える時、単に個々人における人間形成の手段としてのみとらえる事なく、学校教育が社会により制度化され、国家権力により中央・地方の政府を通して教育が組織・運営されている現実を認識しなければならない。すなわち、教育政策という形で国家により教育方針がきめられ、その方針決定は時の社会的要因、とくに階級関係、支配的階級の世界観的背景、等に左右され、本質的に現状維持のイデオロギーに支配されるという現実である。我々が今ここに自らが学ぶ教育を語る時、その政治性・権力性をも含めて論じなければならないのではないでしょうか〕〔我々の「生活」する場としての学園、そこに於ける自治とは何か？　教育機関∧学校∨という社会の一サイクルに組み込まれ、そしてただ単に教育過程にあり被教育者であるという理由を以て、多くの憲法的な基本的人権の剝奪が行なわれている我々、その様な中で「自分」をさがし求め主体的に行動しようとする時、そこに待ち受けているものは何か？　そして自治の果たす役割とはいかに？　既成生徒会の限界性等どしどし議論して下さい〕（二七頁）

四月後半から文化祭にかけての状況は三月全校集会を「人民裁判」と考える代行の見解と、極めて民主的な手続によって成立した意志決定機関と考える生徒側の見解とがかみあう機会をもたぬまま、代行側の連続した規制（生徒会凍結、政治活動禁止、集会禁止、印刷物の検閲、文化祭展示の一部中止命令、文化祭パンフレットの検閲・修正、文化祭反戦集会の禁止）に対し、生徒側は混乱とささやかな個人的な抵抗を示すことにとどまった。こうして生徒側は意志統一がないまま、不満だけを増大させつつ文化祭の準備を行なっていった。したがって状況としては文化祭は代行登場後の最初の大きなヤマ場として位置づけえたが、生徒側の動きとしては表面的には大きな動きはみられなかった。

　五月三日四日五日の文化祭開催期間中には私服警官の警戒があったとされている。そして五月五日の文化祭最終日に「混乱」が起こった。この「混乱」の経過を学校側の出した「保護者の皆様へ」（＃32）より引用しよう。〔文化祭実行委員会より提出された「文化祭プログラム」には第三日目（五月五日）は正午から午後二時まで、中庭において「反戦集会」を開催することになっていました。これは明らかに山内先生の示された政治活動禁止の方針に叛くもので、これをプログラムから削除し、代りに自由討論をさせるように山内先生から文化祭実行委員会に指示され委員会もこれを諒承しました。／しかるに、五月五日の当日、午後一時ごろより中庭の江原先生胸像前で開かれた討論会は、文化祭実行委員会（生徒）の指示を無視し、卒業生（今年三月卒業の三名）が中心となり、在校生も交じえて、交互に演壇に立って、携帯マイクで「山内体制打倒」を標榜する演説を始めましたが、そのうち、演説が政治活動の問題に入って来たので、生徒指導部部長A先生から、文化祭実行委員会に連絡し、集会を直ちに中止するよう校内放送を行わせました。／ところが、放送は数回に及びましたが、彼等は一向に中止する様子がなく、かえって集会は熱狂的になって来ました。そこで、山内校長代行先生も、自ら約四十分にわたり、くり返し、卒業生、在校生の氏名まで挙げて集会を中止するようにと放送し、また、A先生外数名の先生も交互に中止の説得に行きましたが、これにも応じませんでした。この時、説得していたB先生が彼等からマイクを取り上げようとしたところ「暴力を振うな」と云って数名の者から蹴られ、左脚に打撲傷を負いました。／午後三時ごろ、本校生、卒業生、外部学生等約三十名が、中庭一周デモを行い、その後再び演壇に戻って、アジ演説を始めました。／三時三十分ごろ、突然、黒ヘルメットをかぶった卒業生、外部学生、および本校生徒の数名（全共闘準備会）がデモを行なって気勢をあげた後、講堂に入りましたが、その直後、彼等を探した時には、ヘルメットをどこに隠したのか、その姿さえ見つけることができませんでした。学園としては、この混乱が、これ以上続く時は、必ず、一般来会者、本校生徒に危険が及ぶであろうと判断し、麻布署に電話を以って警官の出動を要請し、併せて中庭でこの集会を取りまいている一般の人々を分散させるために、予定時間を繰り上げて裏庭のフォークダンスを始めることにしましたので、中庭の人々の過半は、裏庭に移り、後に残ったものは、百名足らずになりました。／しかしながら、集会は相変らず続いており、彼等は、「山内、出て来い」「校長、出て来い」等と叫んでいました。／三時ごろ、三度目のデモを始め、彼等は中庭一周の後、校長室突入の体勢で、事務室前の玄関に向かって来ましたので、直ちに玄関のガラス戸を閉めたところ、彼等は、「開けろ、開けろ」と絶叫して、ガラス戸を腕でたたいたり、足で蹴ったりして、遂に、ガラス戸の一枚を打ち破りましたので、戸を押えていたC、D、E三先生は飛んで来たガラスの破片で、手首、顔面、指等に負傷しました。／その時、生徒の一人が、突然「警官が来た」と叫んだので、デモ隊は、一斉に玄関より退り、講堂入口と玄関との間に、文化祭で使用していた生徒用の椅子、机を持ち出して、警官の進入を防ぐべく、バリケードを構築しまして対決の構えをとっていましたが、その後間もなく退散しました。／しかるに、右の行動に激発されて、それまで参加していなかった別の本校生徒の一団（反戦高協に属するものと考えられる）が、更に演壇に上ってアジ演説を始め、暫らく、これを続けていましたが、やがて、シュプレヒコールをやって、五時過ぎ解散しました。」

この文化祭での様々な立場の集団の行動や行なわれた文化祭の形式的な特徴を列挙すると以下のものがある。

B1　当初、生徒の文化祭実行委員会による自主的開催であったのが、代行により文化祭実行委員会は学校側の生活指導部及び生徒会指導部の傘下に組み込まれた。

B2　代行の規制により文化祭パンフレットの二八ヵ所に及ぶ削除修正、反戦集会の中止及びいくつかの展示が不許可となった。

B3　B1やB2にもかかわらず、生徒側の表面上の反応は平静であり混乱の兆候は見られなかった。

B4　五月五日午後の混乱については一つの集団が演説、デモ、机・椅子によるバリケード化をはかったが、これとは別の集団としてヘルメット部隊があり彼らの行動は前者と全く連関のないものであった。

B5　文化祭期間中、私服警官が校内にいたことを目撃した者は多数に及んだがB4の混乱時においても、実際に制服警官隊の導入はなかった。

B6　B4に記したようにに机・椅子によりバリケードを作ろうとした生徒がいた一方、それを阻止しようとする生徒もいた。

B7　B4に関して教員の一部は、これらバリケード構築や校長室への突入の動きを阻止しようと行動した。

B8　この文化祭はB3に示したように生徒側の反応は準備段階から平静ではあったが、基底には「文化祭への代行の圧力」に対しての怒りがあった。

五月六日に、代行は前日の混乱に対して在校生、卒業生への処置を決めた。その内容は学校側の文書（# 32）によれば次のようなものである。〔この行動に参加した本校生徒のうち、七名（高三生一名、高二生五名、中三生一名）の氏名が明らかになりました。その中の二名は、校内においては一切政治活動は行なわぬ旨の誓約書を、既に提出してあった者でありましたが、この度は、慎重考慮の結果、それぞれの生徒の将来を思い、再考の期間を与えることとし、／四名には、一ヶ月の反省の期間内に、学園内外において、今後は一切政治活動を止めるか、なお続行するかを考えさせ、その回答を待って処置を決めるべく、登校を中止。／三名には、すでに政治活動は行なわぬ旨を確約したので、通学を許可。／と、このように、校長代行先生は処置しました。／また、卒業生三名に対しては、保護者とともに来校させ（ただし、一名は応ぜず）、今後は在校生を指導煽動しないようにと厳重に反省を求めました。／なお、今回の混乱にて、玄関ガラスの破損を初めとする諸被害の総額が、十万円に及びましたが、その賠償を要求する手続を進めています。〕

この一文にも見られるように、学校側は細かい状況報告とその処置について父兄に報告している。ここではこの報告が必要以上に詳しいものであることに注目すべきであろう。特にその処置についての記述は、「みせしめ」としての効果をねらったものだといってもいいすぎではないだろう。

文化祭をめぐってだされた生徒側のビラには麻布学園全学共闘会議準備会によるもの（#13）や麻布学園有志によるもの（#14）があるが両者ともに代行の文化祭への統制を問題としており、前者が麻布を〃教育監獄〃、後者が〃麻布アウシュビッツ〃ととらえている点をも含め、共通性がある。アウシュビッツということばは、これ以降、山内体制の表現の一つとして定着していく。五月六日の処置に対する生徒の行動はまずいくつかのビラによる処分攻撃粉砕の抗議（#17, #18, #19）にはじまり、合同クラスタイムの開催へとつながっていく。

⑦　**新たな対応の模索（一）**　五月九日、秘密裡に合同クラスタイムが開かれ、五日の混乱と六日の処置の発表についての対応が話された（#20）。〔高二の諸君は既に御存じの事と思いますが、五月五日、文化祭の最終日に於る、「自由発言」が発展した集会の為七名の生徒が呼び出されその内六人が強制的に「自主退学」を迫られ、「自主退学しない場合は、こちらから退学させる」というおどしをかけられて、返事ができないうちは学校に来るな、といわれている状態です。彼らは、文化祭自主管理が正常に行なわれていれば全く何の問題も残らない集会を行ない不当にもかけられてきた「立ち退き要求」にもめげず集会を続行したのです。すると山内は何と「警察を呼ぶ」というおどしをかけてきたのです。それに対して、抗議のデモや、機動隊に対する若干の防衛をした事に対して、山内は処分をもって答えたのです。全学集会で生徒と教師全員で確認した事、「物理的抵抗権は必ずしも否定されない」「政治処分はしない」等を一切無視して。／これは一体何という事でしょうか。我々の討論とその成果を彼はその力をもって一切押しつぶしてきたのです。生徒を教師を、一人一人分断して、「退学させられたらお前は生活していけないんだぞ」というおどしをかけ、圧殺してしまう力を、彼はもっています。闘うなら処分、学校にいたければ何もするな――という攻撃を、我々全体にかけてきているのです。奴隷の秩序をつくっていく事を目的にして、処分等々の攻撃をかけてきているのです。／我々に残された武器は、団結しかありません。理事会の力対我々全部の力です。具体的にそれを作り出して行くには、まず各クラスのC・Tを活発に行ない（敵はそれにさえも若干のおどしをかけてきていますが、理事会とはいえ、生徒全員を処分する事はできません）その結合をもって全学の結合を克ちとっていく事でしょう。その第一歩として、本日、二クラス位ずつ、合同クラスタイムを克ち取りましょう。H二―六、三、一から、既に提案が出ています。山内体制打倒、処分攻撃粉砕のために。〕

この合同クラスタイムでは、クラスタイムの活発化（当時、クラスタイムは認められていた）と合同クラスタイム及びタテ割りクラスタイムの積み上げが方針として確認された。ここで、タテ割りクラスタイムとは中学から高校までの、例えば各学年の一組が合同でクラスタイムを開催しようとするもので、学年間の意志疎通を図ろうとする初めての試みであるとともに三月全校集会の経験から生まれたものであったと考えられる。しかしその後、タテ割りクラスタイムが開かれたという記録はない。

五月一三日付けで各生徒の家にあてて「御父兄の皆様へ」「生徒諸君へ」の構成でなるパンフレットが生徒有志から送付される（♯22）。このビラについては本節⑤で既に触れておいたが、ここでは少し詳しく論じてみよう。このビラは、生徒発行のものとしては読み易い字で書かれ、又、わかりやすい内容であった。内容は、前年度の二学期・三学期からはじまり五月の文化祭までの事実経過と解説であり、特に三月全校集会を大きく取り扱っている。そして三月全校集会の集約について〔自主活動は基本的に自由であり、先生、生徒の関係は命令、従属、拒否のような関係で結ばれるべきでなく、指導・忠告・助言という関係で結ばれなければならないという点で合意に達したのです。つまり話し合いによる解決、その為にはいっそう先生と生徒は人間的な結びつきがなくてはならないと確認しました〕と「話し合い」の強調がなされ、代行については〔代行は今迄僕達が先生方と何年もかけて築きあげてきたルールを全てみじんにくだいてしまったのです〕とし、代行登場による最大の被害者は〔低学年諸君〕とした。さらに「生徒諸君へ！」という項では、三月全校集会の感動を述べたあと、〔僕達は君に訴えたい。もう一度自由で生々《ママ》とした麻布を作ろう〕〔お互いにことばを共有化しようではないか〕と訴えている。また、別紙資料として「全校集会（三月九日〜一二日）における意志の集約」と「始業式における校長代行の発言」が添えられている。

このパンフレットは、父兄向けには三月全校集会及びその集約を「話し合い」を至上とする考え方に位置づけて山内代行によるその破壊を批判し、又、生徒向けには、再び「話し合い」をとりもどすための「ことばの共有」を訴えておりそれなりの説得力はもっている。しかし、具体的に再び話し合いを行なう方法と何について話すのかには触れていない。したがってできることは現在のところ話し合うことしかないといった考え以上の展望は持っていなかったようである。

このパンフレットに続く「全校集会（三月）の集約は生きている！総ての中学生諸君!!」（♯24）でも山内代行の処置は正当な討論を経ていないので不当であるとし、話し合い、クラスタイムの強化を呼びかけているがやはり具体性をもっていない。一方「麻布反帝高評結成に向けて／闘う学友は反帝高評南西地区高共闘（準）に結集せよ！」（♯25）に述べられている前年度の運動を改良闘争と位置づけ、山内代行登場以降は改良闘争では限界があり山内打倒は全校集会復活型の闘争では展開できないとした点に注目できるものがある。

これらの諸方法論が具体的な行動に事実上結びつかなかったのに対し、この時期の数少ない行動としてあらわれたのが署名運動であった。この署名簿（♯26）には四項目の要求〔三月全校集会の集約を認めよ!!／生徒会凍結をとけ!!／校長代行の一方的独断的処分反対!!／生徒との話し合い（全校集会を含む）に応ぜよ!!〕があった。この署名簿がどのくらい集まったのか、又、この署名運動の中心が誰なのかは不明であるが、代行には提出されていない。ここで重要なことは、この署名簿が代行に提出されたか否かという点ではなく、むしろクラスタイム→合同クラスタイム→全校集会という話し合い路線を形成するために生徒が何らかの目に見えるものを必要としたのではないかと考えられる点である。それほどまでに、上記の運動の「段階発展」（③A）が困難な状況になっていたと推測できる。

六月一〇日、中庭において第二回生協が凍結中にも関わらず一八クラス中一〇クラスの決議により開催され、全校集会開催提案を各クラス持ち帰りとした(♯31)。この第二回生協報告を見る限りでは実質審議を行なったというよりは生協をともかく開いたという程度のものであり、さらにこの提案のクラス持ち帰りがその後各クラスで討議された形跡も、その結果を持ち寄るべき第三回生協も開催されていない。この事実は上で述べた運動の段階的発展の困難さの存在を裏づけている。そうした意味で、運動の段階的発展に疑問がもたれつつも、実質的手段としてはそれしか考えられなかったという事情のもとでの生協の開催であったと思われる。

⑧ **代行の教員統制策と分会の発足**　一九七〇年五月一三日、〔私たち東京私学労働組合麻布学園分会は、教育の場の確立と学園の民主化をめざし、本日より公然と活動を行います〕(♯90)とのもとに、私学労組分会が活動を開始する。この文章は、一九七一年三月一三日発行の『月刊麻布教育』の創刊号の第一章「東京私学労働組合麻布分会の出発にあたって」の冒頭であり、組合結成にいたる状況認識として以下の諸点をあげている。

A1　四月以降、職員会議は教師が自由に意見を述べ問題を解決する場ではなくなり、現場の教師の意見が尊重されなくなった。

A2　校務分掌組織の一方的改編と、部主任の一方的任命制により、校務運営に教師全体の意向が正しく反映されなくなった。

A3　生徒は事態の急変から動揺し、〔日々の授業の中でも教師に対する一抹の危惧と猜疑心が入り交って素直な学習態度をとることが難しい状態〕となった。

A4　昨年一二月から今年三月に麻布学園が直面した種々の混迷を真剣に受けとめ、三月末にようやく一定の方向を確認したにもかかわらず、〔学校が苦労して決めた方針が何の説明・話し合いもなく一方的に破棄された。〕

A5　〔教職員・生徒の人格を無視した命令・服従・処分という教育の場にふさわしくない関係が強制され、教育の破壊が促進されつつ〕ある。例としては、生徒会凍結、文化祭への私服警官導入、教職員間の相互不信、教師間の差別。

そしてA1〜5に基づき、〔多数の教職員の意志が一致し学園の民主化と教育を守るため団結しなければならないという気運が急速にたかまり、私たちは組合を結成し公然と活動しなければならないことを確認し〕たと述べている。組合員数は♯90に収められている校長代行名の文書「保護者の皆様へ」に対する抗議文(一九七〇年七月一一日付)から二四名程度と推測される。

さて、五月一三日分会発足に到るまでの代行の教員への対応はどのようなものであったのだろうか。♯90にある日録(抄)を参考にまとめてみると以下のようになる。

B1　四月七日、一学期最初の職員会議に代行が前ぶれなく登場し、全校集会の集約はすべて破棄する等の発言とともに、代行専断体制の宣言を行なった。

B2　四月一五日、職員会議にて代行は図書館のA・B両司書教諭に対し今後の職員会議への出席を理由なく停止する。

B3　四月二一日、A・B両司書教諭に対し、C理事(著者注：学園内理事・教員)より研究日と勤務時間について質問と一方的通告があった。また購入図書についてはブックリストを提出させ代行が検閲すると発言した。

B4　四月二二日、職員会議。生徒指導部の設置（生徒会指導部と生活指導部を一本化したもの）と校舎増築の方針を発表する。

B5　四月二四日、代行、生徒会指導部教員に政治活動を行ないそうな生徒のリスト・アップを要求したが、当該教員はこれを実行しなかった。

B6　四月二五日、代行、始業前に教員を集め、四月二五日の集会、デモの対策を指示した。

B7　五月一三日、「東京私学労働組合麻布学園分会」活動開始。「東京私学労働組合麻布学園分会の出発にあたって」を全教職員に配布。「組合ニュース」第一号発行。／分会の団交要求（司書教諭問題他）に対し、代行は回答延期。／職員会議。開会前に、A・B両司書教諭を代行、強引に退去させる。『就業規則』を改定する方針を明らかにする。組合が権利のみを主張するから対抗しなければならないと代行は言う。『就業規則』改定が組合対策を意図していることが明瞭となる。

代行の教員統制策は以上述べたA、Bから明確なように教員の校務運営への参加の禁止（A1、2、5、B1、2、3、4、7）と教員と生徒の分離の促進（A3、4、B4、5、6）との二本立てであった。前者は職員会議のもつ学校運営への決定力を減少させる事と、もっとも弱い部分であると思われる司書教諭への圧力にまず力を注いでいた。後者は教員が生徒への管理の前線となるように組織形態をととのえあるいは生徒についての情報を教員に求めることで進められていった。分会の結成以降、少なくとも表面的にはB7に示されるように代行は分会対策を教員統制のもっとも中心にすえて展開していったように思われる。

なお、A4には全校集会の結果生まれた集約についてその評価はなされていないものの、集約をうみだすまでの過程について分会に属する教員は好意的な受けとめ方をしていたことが読みとれる。したがって生徒側のもっていた全校集会についての幻想のうち、少なくとも代行の行なった「手続き違反」への生徒の怒りとは共約できる部分があったように思われる。

⑨ **授業をめぐる討論**　代行登場後、自主活動の自由をめぐる全校集会の集約については前述のように大きな関心がもたれていたものの、授業改革については、一部生徒・教員を除き、その実現のための努力が四月からほとんどなされなかった。それはそのまま授業改革運動のもっていた質的な弱さを露呈するものであった。しかし前年度からこの運動に大きな関わりをもっていた高三で、まず、六月一〇日に体育の授業をめぐって、クラスタイムで討論が行なわれた。ここでの討論要旨は次の五点である（#30）。

A1　独断に対する反抗。〔そして、そういう生徒を無視した授業、試験、教育を僕らは改革したのであり僕らは奪われつつある体育の授業を、学校生活を取り戻そう！〕

A2　〔A先生は、自分の体育に出席しないことを生徒の方が悪いと決めつけ、一方的に出席を厳しくつけるという仕方でした《ママ》僕らに対していない〕

A3　問題なのは、代行が教師生徒両者の合意の上で授業・試験がつくられるという考えを否定し〃協議会〃を潰したことにある。

A４　代行は学校を僕らのものと考えていない。
A５　A先生の体育をくだらないと知りながら出席する我々自身にも問題がある。

　ここにあげられた五点はいずれも前年度の授業改革運動でみられた生徒側の論理が表現され、改革運動でうまれた認識をふみにじっているA先生への抗議を通して代行の教育への介入に怒りを表明している。この種のクラスタイムの積み重ねが前年度の授業改革運動へと向ったという経験があるからであろうがこれらの論議には原点への回帰傾向と小さな不満を大きな運動の核にしようとする意図が強く感じられる。

　同じような傾向の討論は高二でももちあがった。〔「九月二二日（火）一時間目高二の一教室において高二の一・二の芸術（B先生）の授業が行なわれた。そこでは、生徒側から日頃の授業に対する不満、B先生の教育者としての態度への非難、先生の芸術観への批判、評価撤廃の要求、芸術の公教育本体の問題等々の声があがった。しかしそれに対する先生の解答は非常にあいまいで、又カネがなると、我々がもっと話し合いたいと言うのにもかかわらず、『私用で校長室へ行く』と言って逃げ出すしまつ、結極《ママ》七〇～八〇人で校長室について行ったが、一方的に校長におし帰された。その後、二～三時間目にも他クラスにおいて同じ討論がなされたが、B先生は、生徒の要求に全くこたえず、授業の表面的な改革のみにとどまらせようとしつづけた」〕（＃46）。

　この二つの討論の差はそのまま前年度の授業改革への高三と高二の態度の差を反映しているように思われる。すなわち高三の方がより身近な問題をほりさげ（特にA先生の体育の授業は「受験体操」の指導であった）、そこから受験や代行の姿勢にもってこようとする意図があった。高二は逆に代行派とおぼしきB先生の授業をそのまま代行の姿勢と考え、B先生の授業内容や態度を位置づけようとした。＃46の上記の引用のあと、ビラの内容が〔芸術のみならず、全ての教育の本質に対する討論〕の呼びかけへと「飛躍」している事がこの高二の討論の特徴を示していると考えられる。また両者の討論の差を現実的と観念的ととらえることもできるが、それは上に述べた論理のすじみちの違いをいいかえたことに他ならない。

　しかし注意しなくてはならないのは、この態度の差に戦術的戦略的な良し悪しをつけることはできないという点である。この差はあくまで二つの学年の前年度での経験の差をあらわしているにすぎない。そうした注意点を踏まえた上で高二のとらえ方をみなおしてみると、彼らの視線はすでに直接的に代行に向けられていたと考えるべきであろう。

⑩　**一九七〇年安保闘争**　六月一五日、七〇年安保改定を迎え渋谷で大規模な行動があり麻布生が二名逮捕される。この安保闘争に向けて学内各党派は五月末より大規模なキャンペーンを行なっていた（＃27、＃28、＃29）。

　六月二三日、安保改定。この日学園の外では、多数の集会が開かれ麻布生の参加も多かった（＃33、＃34、＃35、＃36、＃37、＃38）。

　この安保闘争をめぐる生徒の動きについて語ることは、そのまま学内における政治的な各集団について語ることになる。＃27は反戦高連の出したビラであり、この時期の山内代行の姿勢に対抗する闘争を教育学園闘争ととらえ教育の帝国主義的改編と国内体制の整備に対する闘いを主張している。この中で安保は日米共同声明を通じ日本帝国主義の東南アジア進出の契機と位置づけられて前者の教育学園闘争と結びつけようとしているが、明確な関係づけはなされていない。♯28は麻布べ平連によるもので、代行の背後にある理事会を〔現在の日本の支配者階級〕としてとらえ、代行の弾圧にその支配者階級の本質を見、この弾圧をはねのけていくことが我々自身の解放に結びつくだけでなくアジア人民との連帯を通して日米のアジア支配を解体することにつながると考えている。♯29は反帝高評（準）によるもので帝国主義的再編の内容、教育監獄完成への道すじを述べ、そして麻布を高級技術者、官僚の生産のための「一流」大学への予備課程であるとともにエリートの生産・再生産過程の一環としてとらえている。さらにこのビラでは、全闘委運動・統実委運動を総括しながら山内体制下の麻布の教育を麻布教育監獄ととらえ、三月をひきついだレポートや小テスト制の近代化コースを残した上で、その基盤となった「協議会」を破壊し、さらに統実委運動にみられた教育総体・社会総体に対する反乱を階級的視点の下で圧殺したと山内代行を位置づけた。かなり詳細な分析を行なっているが、その分析にのっとった形での方針の提起は♯28同様みられない。♯33は麻布学園民主化行動委（おそらく民青系のものと思われる）によるもので、安保をめぐる統一行動への参加をよびかけるものであった。麻布との関係については触れられていないが、おそらく同組織がだしたものと思われる♯34では代行の行為を学内の民主主義の破壊、教育の破壊ととらえ〔山内一郎校長代行の生徒の人権を無視し教育を破壊する行動に抗議する〕旨の抗議の手紙を出すよう六月二三日の集会参加者にくばっている。♯37は反戦高協・ＦＩＨ（第四インター麻布高校国際主義高校戦線（準））、♯36，♯38は反戦高協によるビラで特にその主張を述べていると思われる♯37ではスローガンとして〔アウシュビッツ粉砕！山内体制打倒！〕をあげて六月二三日に戦闘的に闘ったことの報告と、麻布の闘争を領導しているのが党派であり、これに敵対することは闘争の質を大衆レベルに低下させることであって闘争に敵対することに他ならないといった表現が見られる。♯35は六・二三実行委（高協、高評、べ平連、ＦＩＨ）によるもので日共批判、山内代行の処分攻撃への闘い、代行のロックアウト策動の粉砕、麻布統一集会の開催が述べられている。

　これらについてさらに細かく分析することはしないが、この時期にだされているビラの多くが麻布について語られていながらも街頭闘争との関連が述べられていず（また述べられていても飛躍が大きく）生徒の対応としても麻布での闘争は麻布での闘争として街頭は街頭として、取りあつかわれていたのではないかと思われる。

⑪ **「保護者の皆様へ」をめぐって**　六月二〇日、保護者総会が開かれる。学校側より「保護者の皆様へ」（♯32）という総ページ二二頁、二部（その第二部の方は「別紙」となっている）からなるパンフレットが配られた。その目次は次の通り。

第一部　1・1　江原素六先生の墓参りに行った話
　　　　1・2　教育方針
　　　　1・3　学園施設とその増改築について
第二部　2・1　学園紛争の経過
　　　　2・2　文化祭最終日の混乱

2・3　一部教員による組合の結成

2・4　参考　日本経済新聞昭和四五年六月七日朝刊「特定思想を教えた」と三教師を懲戒免（福岡）

第一部の内容は四月一八日に開かれた臨時父兄会の発言要旨（#13.5）と大きく変わってはいない。第二部は山内一郎名ではなく学園理事兼現職教諭三名の連名となっており、内容は2・1で〔今度の学園紛争の原因はすでに数年前から兆し〕があり、藤瀬氏が校長に就任した時、〔かねてから潜在していた一部活動家教員〕はこの機会に乗じて職員会議の民主化を主張し、又〔「校務分掌制度原案」なるものが成立した〕。この制度の手本は〔もっとも革新的団体の指導する学校にすでに存するもので〕〔本学園のように校長と理事長が同一人で従って人事権と管理権とをゆだねられており、かつ人事の交流ない私立学校において〕〔かかる機構をそのまま採用し〕〔一部の活動家教職員がそれぞれの派閥の政治理念によって純心なる生徒を煽動し〕〔管理者が自身の方針を明確にせず、すべてに消極的であった〕場合、〔どのような結果を招来するかは明白なこととご理解いただけることと存じます〕としている。さらに〔一部教員による組合の結成〕においては、〔分会結成の趣意書の文面によりますと、この東京私学麻布学園分会なるものは組合結成の本来の目的である厚生、給与、労働条件等の問題を逸脱して四月以降新校長代行によってしめされた教育方針、学園運営について批判する意図をもって結成されたものでありまして、この点は甚だ遺憾にたえません〕と続けている。

さらに2・4〔参考「特定思想を教えた」と三教師を懲戒免〕に及ぶと、第二部の意図は明らかに五月一三日に結成された組合への攻撃と受けとることができる。

続いて注目すべきことは三月全校集会を含む前年度の学園紛争が組合構成員となった「教師集団」の画策によるものとすることで、暗に生徒側を免罪していることである。学校側がこのような形で前年度の紛争を総括した意図として考えられることは、

A1　分会活動が活発になってきており、学校側の対応が厳しく迫られてきていた。

A2　学校側はこの対応を強硬な方針をとることで行なおうと考えており、そのために分会と生徒・父兄を分離させる必要があった。

A3　代行は四月登場とともに三月全校集会の意志の集約を白紙撤回したが、この意志の集約はそれなりの手続がとられていたので、白紙撤回のための根拠が必要であった。そのために「全校集会で学校側と名乗っていた教師集団は実は活動家教員である」とすることにより、三月全校集会の構成員の偏向にもってゆくことで自己の方針の正当性を根拠づけようとした。

A4　父兄に対して生徒を免罪し一部教員を分離攻撃する方が説得力が得られる。

A5　組合員を「偏向教師」とオーバーラップさせることで学校側による「組合員の教育」への介入の足がかりとする。

が考えられ、これを代行名ではなく現職理事の連名にしたことで代行個人ではなく学校側の意志としようとしたことが考えられる。

しかし、この「保護者の皆様へ」の反応は組合が自ら記している〔「保護者の皆様へ」は一読三嘆すべき代物であった。そのモチーフが極めて低俗である。あそこには〈一部活動家教師〉という悪玉と

＜前代校長＞という善玉しか登場せず、この二者が学校を乗っとるか否かで抗争しあうという筋立てしかない。他の教師たちは何をしていたのか一切描写されてはいず、ついに善玉が押しまくられてノック・ダウン。そこへ忽然として登場するのが正義の味方＜校長代行＞という仕掛け。この話には、肝腎な一般教師はおろか、生徒も父兄も一顧だにされてはいず、従って教育の問題など、ひとかけらも考えてはいない。かくの如き漫画本的＜勧善懲悪＞思想は、断然排さなければならない」（#90　三八頁）が代表するようにある程度実態を知っている者にとっては珍腐にしか映らず、後の組合の公式反論（#90　三九頁）やコメント〔――・――心ある方がお読みになればその虚構がすぐにあらわれるような貧しい内容と曲った見方で書かれた文書」（#67）以外にはこれといった反応も反響もなかった。

以上の論議より代行名による第一部はたしかに四月一八日の父兄会発言とほとんどかわらないものであり従来からの繰り返しにすぎないと考えられるが、構成から考えると、この第一部が第二部とともに送付されることにより学校当局の意図ははっきりと組合に対する攻撃にあると結論してかまわないだろう。すなわち、就任当時においては、一部教員による生徒の煽動により全校集会が開かれていった程度のことを考えていてそれら教員については無視あるいは懐柔で対応しようとしていたが、ここにいたって組合結成という形で一部教員が立ちあがったことからはっきりと排除の方向性をうちだしていくことに変化したと見るべきであろう。そしてこのように方向性を変えることで、問題を教育的論議から政治的論議に移行させたといえる。

以上、主に代行の組合への攻撃とそれへの反撃を中心に述べてきたが、そのほかに注目される点について以下に簡単に述べたい。

B1　④で述べた四月一八日の父兄会と同じ内容の教育方針を、ここでもまた述べるわけであるが、これらの教育方針と代行の教育経験からいって代行は「教育」とは「修身」に始まると考えていたのではないかと思われる。「教育」に対するビジョンがないがゆえに自分の受けた「教育」経験から彼の「教育方針」はつくられていった。

B2　第二部で藤瀬五郎前校長の辞任が少なくとも引責の意味をもっていることを明らかにしている。

B3　「紛争」の主因をすべて一部教員に帰しているが、その理由の根底には次のような考え方をもっていたと思われる。①生徒自身の自発的な行動によってでは一連の大きな運動は起こりえない。②ある時期まで生徒への社会的影響とはそのまま学校が彼らに与える影響である。③生徒を非難することは父兄の代行への印象を悪くする。

B4　しかし資料#32の2・2にあたる〔文化祭最終日の混乱〕（本節⑥参照）では生徒対教員・学校当局という図式が描かれ、B3で述べた生徒についての考え方と大きくことなる。この事から代行側の教員の中に、「紛争」及び今までの一連の事件の主要因を生徒に求める考え方と一部教師に求める考え方と二つあったのではないかと思われる。

B5　「保護者の皆様へ」が出されることで、この時点では特に「紛争」の原因を現在、組合活動している教員に求めた。したがって代行の秩序回復のための方針は次のようになるはずである。①組合教員の「懲戒免職」を実施し「紛争」の原因をなくすこと（例えばその実現例として服務規程の制定への準備や非常勤講師三名に対する解雇通告がある)。②組合教員と生徒の分断（校務分掌計画により組合教員に担任をもたせない)。しかし、すでに見てきたように③急進派及び一部生徒と「一般」生徒との分断（処分や恫喝)、④生徒間のコミュニケーションの分断（生徒会凍結、集会の禁止など）の生徒への方針も依然つづいていた。

⑫ **新たな対応の模索(二)――学級日誌から**　五月文化祭以降、生徒側は代行に対抗する手段として様々な試みを行なってきた。その背景としては文化祭最終日の混乱とその後の学校側の処置で、学校側と生徒側の力量の差が誰の目にも明確になったことの〔ショックとアセリ」（#115　一八頁）があり、生徒側の組織的な立て直しがせまられていた。しかし合同クラスタイムにしろ、秘密裡に行なわれた生協にしろ、実質的な契機とはならず継続しなかった。一方それまで一定程度の問題提起と活動の刺激を与えていた学内各党派は六月安保を迎え、実質的な活動を学園外に移した。

この時期の生徒が何を考えていたのかその一例を我々は高二―四クラス文集『おわりかはじまりか』（#115）に見出す事ができる。以下、この文集におさめられた学級日誌の抜粋から拾ってみる。

〔五月八日「―・―現在僕達の出来る事は団結だけだろう。―・―僕達は全学的な組織を、その団結を必要をしている。―・―」

五月九日「―・―団結という事がやかましく云われております。―・―しかしその際にある強制が行なわれているのではないでございましょうか?―・―おしつけるのでは、君たちが非難している校長代行と同じではありますまいか?―・―」

五月二六日「―・―だから、麻布を共同体として形成していこうという限り、クラスタイムや高校自治会を無視する事はできないはずです。これを『強制』というのはあたっていません。―・―C・Tに積極的に参加しよう!!」

六月三日「―・―クラスを良くしようという人もいるだろう。そんな人は積極的にやってほしいと思う。何でもいい。自分の考えははっきり人に示すような事が必要なのではないだろうか」

六月二四日「―・―団結っていうの俺でもよくわかんないけど、もっと内部からわき出てくるもんじゃないすか?『団結しよう!』という呼びかけが空々しいのも、我々の中にそのわき出てくる物がないっていう事なんじゃないかなあ―・―」

六月二九日　A:「―・―『クラス』の意識的な『団結』など、決して出来ない、否、出来てはならぬものだと考えます。―・―意識的に『団結』せしめた集団という思想は、どこか『全体主義』的な臭いを嗅げるように思うのです。―・―『クラス』に目的のための『団結』を求めることには反対です。―・―」　B:「―・―団結することとは原理的に不可能であるからです―・―僕達には、ある一つの理念の為に団結するといったような共通理念があるでしょうか―・―」

七月二日「―・―それらの要求を集団的に解決する方法として団結があるのではないだろうか。『代行を追い出さねばならない』という考え方（=思想の意）のもとに団結するのではなく、『代行がいなくなってほしい』という要求のもとに団結すべきだと思う」

七月六日「―・―麻布生の団結力（いわゆるここで述べられてい

る)、行動力そして責任感とクラスタイム自体に疑問をもったのであります。――・――」)

この学級日誌がどれだけクラスの雰囲気を記録しているかは不明だが、少なくとも合同クラスタイムや生協が定着しなかった理由を垣間見ることは出来るし、又、クラスタイム→合同クラスタイム→生協→全校集会という路線が方法論としての支持を全面的には受けていないことと、それに代わるべきものの提示がなされていないことは推測できる。

次にこれらの日誌で述べられている「団結」「共同体」「クラス」「共通理念」「強制」「全体主義」といった問題についての論議がこの状況下でどのような意味をもっていたかについて考えてみよう。論議を引き起こした直接の理由は代行による生協凍結を始めとする一連の強行政策であったことに間違いはない。しかし、この時期にこのような意見表明がなされた理由は何かという問いに代行の強行政策だけをあげて答えとするわけにはいかない。この節の最初にも述べた力量の差からくるショックが特に五月以降の代行の生徒への政策から生みだされたと考えることが、「この時期」の問題への一つの解とすることができる。とするならば、文化祭前と後とでは代行への生徒の見解が異なっていなくてはならない。生徒に力量の差として映ったものは、おそらく今まで表面にでることのなかった学校長の権限の大きさであり、それが具体化された五月の文化祭以降の停学処分の実施に「ショック」を感じたのであろう。代行の繰り出していく政策が生徒の停学や登校停止処分にまで到ったことにより、事態は大きく変わったと生徒は考えたと思われる。それは代行について今までとられていた考え方――代行は誤解している、代行はまだ事情がわかっていない――について修正を求める契機を与えたことになり、生徒自ら防御していかなくてはならないとの発想を生みだして「団結」の論議をうみだしたと考えられる。

しかし、この段階ではまだ代行＝悪人としての考え方には到っていない。おそらく九月三〇日の説明会を経験して退廃期を過すことで代行は悪人であるとの考え方がうまれたようである。ここでは代行はまだ怖い人である程度のレベルであろう。

生徒によって創り出された「団結」論議は、しかし、このクラスではまもなく終わってしまう。その時の状況とその状況におかれた生徒の二つの間の関係は決して団結を必要とするものではなかったのかもしれない。「団結」をめぐる論理はやがてカラ回りし、一度この種の論議が終止したあと夏休み中のクラス合宿を経て今度は政治的(代行や学校に関した)論議をヌキにした「おたのしみのためのなかよし団結」(退廃期でいうところの「おともだち」集団の一つ)がこのクラスではうまれることになった。しかしこうした変質した「団結」が山内代行への政治的批判の姿勢にかけているからという理由だけでネガティブに評価されてしまうべきかについては著者は今のところ明確な答えを持っていない。ここでは単に生徒の自己表現の持続やスポーツ・新聞発行の作業を通じての仲間意識の生成をこの団結のプラスの面とすれば、クラスとしての一体感の強さと裏腹に存在する他クラスへの閉鎖性がマイナスの面と考えられることだけを指摘するにとどめて次に移りたい。

⑬ **「八月の砲声」の中止**　七月一三日、高二の世界史と高三の日

本史・世界史の授業として予定されていた映画「八月の砲声」の鑑賞会が当日の朝になって突然代行の命令で中止となった。中止理由は代行によれば、〔高二、高三の全生徒を対象とし、しかも費用（金一〇〇円也）まで生徒より徴収して、講堂を使用しての授業が当日の朝まで校長に知らされなかった〕（＃41）点が問題で〔学園の秩序維持のため中止〕（＃41）したとなっている。中止理由は管理上の問題となっているが、この「八月の砲声」鑑賞会が三月までの授業改革運動の所産の一つとして視聴覚をとり入れた授業の初めての試みであり、又、授業改革運動の実践として残ったものの一つ（他に試験後の答え合わせ期間の設置や評価方法上の工夫がある）であったことから中止のもつ大きな意味が生じてくる。すなわち、三月までに了解された路線の実践によって代行への闘いを組んだ分会と、おそらくはそれを承知の上であえて当日の朝に管理上の理由で中止命令を出した代行といった図式がそこに浮かび上がってくる。したがって分会もこの問題を代行の授業計画への介入としてとらえ（＃90 二六頁）、一部生徒もこの視点で〔よりよい教育をめざす姿勢が圧殺された〕（＃39）とした。

一方、代行の中止理由を上記とは別のところに求めることも可能である。多少うがった見方との非難はまぬがれないが、この「八月の砲声」の上映を機会に、最も「危険な」学年である高二高三の生徒が一堂に会することを代行が恐れたのではないかという考え方である。代行は就任以来、ひたすら教員・生徒それぞれ及び両者間の分断政策を遂行してきた点からみると、この考え方も捨てがたい。また他に山内代行の教育内容への介入とみられるものとしては、国語の夏休みの宿題用の参考図書リストから野間宏『真空地帯』の削除を命じた事件があげられるが、くわしい経過については、はっきりしない。

⑭ **夏季休暇中の代行文書について**　七月二〇日終業式の後、夏季休暇に入ったが、その期間中に保護者宛に代行より封書が郵送された（＃41）。内容は以下の通り。

A1　一学期は一応平静に授業も行なわれ、無事終業式を行なった。

A2　七月一三日からの授業に山内一郎の〔まったく関知しない〕社会科の映画があったので中止した。

A3　至急課題として〔乱れきった規律〕の回復がある。これは教職員・生徒すべてにいえる。

A4　前述の七月一三日映画中止の理由

A5　第二学期からの授業料増額の承認についてのお礼

A6　学園の経理は赤字経営

A7　授業料増額による今後の納入金の指示

A8　夏期休暇中の特別支出の内容、及びこれに合計三五〇〇万ほどかかったこと、この支出をめぐって寄付をあおがないこと。

一つの主題である「八月の砲声」の上映中止については前に述べたのでここではくわしく触れない。A4での理由とは、繰り返しになるが、〔高二高三の全生徒を対象とし、しかも費用（金一〇〇円也）まで生徒より徴収して、講堂を使用しての授業が当日の朝まで校長に知らされなかった〕ため〔学園の秩序維持のため中止〕したというものであった。生徒や教員による代行の教育への介入という批判に対して、あくまで管理者としての秩序維持の方策であるとの態度で対応している。

第二の主題である特別支出に対して、A6の赤字経営の表明との対比に触れた批判がこの当時なされなかった理由についてはよくわからない。

⑮ **夏休みあけの生徒の状況**　九月五日の始業式から九月末までの生徒をとりまく状況の変化と生徒の様子について、ここで簡単にまとめておきたい。九月七日頃より反戦高連と反戦高協の内ゲバが始まる。この内ゲバをどのようにまわりの生徒がみていたかについては、次節**3**(**3**)③で触れられているので、参照されたい。九月一四日に生協の凍結後初の合同生協が開かれ、秋の運動会開催の是非等の問題が各クラスにもち帰りとなった。この問題の討議は九月二五日、二八日の合同生協を経、九月三〇日、代行出席のもとでの合同生協の開催につながっていく。しかし九月二八日に発行された高生協中央執行委員会のビラ(# 47)によれば〔二五日に行なわれた合同生協に於ても各クラスの討論の不充分さ、出席率の悪さ等が目立った〕とあり、凍結解除後の生協がうまく動いていないことを示している。その原因はビラに指摘があるように各クラスのクラスタイムの機能低下にあり、これについてはすぐあとで再び触れよう。

また、この頃(九月上旬〜中旬)にかけ、生徒会会則の前文削除、新聞委員会の新聞部への格下げが行なわれている。前文削除についてはほとんどの生徒が重大な関心を寄せていないことが注目される。この前文削除がおこなわれたことに唯一強い関心を示した文章が、『おわりかはじまりか』(#115)の九月二二日付(二一頁)のものに見られる。〔山内校長代行の麻布高等学校生徒会会則の前文削除は無効である。なぜなら、同会則第七章第三七条の条文には、「此の会則の改正は、生徒協議会を開き全協議会の三分の二以上の賛成を得ることが必要である」とあるからである。ではなぜ校長代行は前文を削除したいのか、まさに前文を読んでみればわかるのである。／我々麻布高等学校生徒は、学校生活を貫くものは、『上からの強制による秩序ではなく』我儘勝手を許す無秩序でもなく、『先生と生徒の間の人間としての責任と愛情を基礎とする民主的秩序でなければならない』と確信する。そしてこの信念に基き、我々は〝学校長によって認められた範囲内に於て〟校内の民主的な秩序の確立を目指し、生徒の自治を通じて学校生活の向上を図ろうとするものである。その為に我々はここに生徒会会則を規定し、麻布高等学校生徒の名誉にかけて、全力をあげてその目的を達成するように努力する(校長は多分〝……〟部分が学校の根本原則(?)と重なるため、削除するんだ、と言ったつもりらしいけれども、『……』部分を見ると校長の真意がよくわかりますね)。〕(なお会則前文は、〔 〕内の後半部より『 』と〝 〟の記号をとりのぞいたものとなっている)。

状況の変化をめぐる生徒の様子がこの頃、どうであったかを示す例として、一枚のビラ(# 43)をあげてみたい。このビラは表裏二ページで、表裏とも題目、署名のないものだが、表裏の内容から察して別々の著者によるものと考えられる。

〔クラスタイムの低迷さに象徴される対話の拒否は一体何の証拠か?　―・―ある者は勉強にある者は政治活動にある者は虚無的な遊びに身を置くことによって、どーしようもないと意識しているものへの闘いを拒否する。そして俗に言う〝殻にとじこもる〟

奴しか居ない。一体現状は何の証拠なのか？　自然な現象ではないのだ。―・―対話を拒否する事はその者を偏見でかため、発展を拒否する事だ。主体性云々生きがい云々などと言ってもそんな物ははじめからあるわけではない。行為の中に常に自己を発展させるべく変革の契機を求めていかなければならない。状況へと自己を投企する事によって燃えつきる事のない闘いの炎を点火しなくてはならない。待っていても何も成らない。―・―日常への埋没により惰落《ママ》した生活をおくる者の単に裏返しでしかなかった全共闘運動への裏切りにより僕らは社会的歴史的に体系化された理論に生理的に反発する。―・―今の沈黙を受験勉強への埋没の必然としてはいけない。一七歳のみなぎるファイトで最後のひとりが残っている限りがんばろう。―・―」

〔遠足、話し合いを行なおう。クラスタイムの停滞に象徴される話し合いの拒否を打ち破るために新たな自己を求めて日々の惰落《ママ》を打破すべく、エネルギー源に点火すべく！　内容はともあれ全校集会という名の結果を裏返しにされても特に不満があるわけでもなく、クラスタイムで学校や教育の話しを試みても「しらける」という状態を生み出す事しか出来ず、遊びにふけるには受験が気になり、革命ごっこはアウトサイダーとしての存在をのり越えられない事を知った僕は思った。―・―僕らが問うべき事は、今を生み出している他者との内的有機的結合を忘れ感動することを忘れ、保守、革新云々の前に思考する事を忘れ去り、日常に埋没しているところの僕である、と。―・―全体の中としての自分の存在を見ないことは、すなわち、自己の喪失に他ならない。―・―今や君ひとりが何を考えているかなどは何ら問題にならなくなってしまっている事に気付くべきである。その自らを疎外した、与えられたところの状況と共に、それを許していた、それに埋没《ママ》しまっていた自らの加害者の犯罪性を告発してゆこうではないか！」〕

ここで長文の引用を行なったのは、九月の始めより起こってきた内ゲバと合わせ二学期当初の生徒の雰囲気が整理できると考えたからである。すなわち、九月中旬においては、

A1　クラスタイムは低迷し、話し合いができる状況ではなかった。

A2　一方で一部の者の他者への暴力をも含んだ議論が行なわれていた。

A3　自らを足場として、状況へ投企する事を含めて、対話を開始しなければならないと考えている者がいた。

A4　しかし、いずれにせよ「山内」について語ろうとはしていない。

という生徒の状況をおさえておいた方がよいであろう。特にA4は一学期の状況と大きく異なる点であり、本節⑫の新たな対応の模索(二)で触れた生徒の「ショック」が、自己の中に次第に沈潜していき、対代行への積極的な行動にブレーキをかけていくように自己を変質していった過程を見ることができるのではないだろうか。そしてこの自己の変質過程を決定づけた象徴的な事件が次に述べる「代行説明会」であり、これを機に「幻想期」は「退廃期」へと移行する。

⑯　「代行説明会」　九月三〇日、代行による合同生協の議事運営

について説明会（以下代行説明会と呼ぶ）が開かれた。これは九月二五日、二八日の両合同生協でとりあげられた議題「運動会開催について」及び「運動会に限定されない秋の行事について」が、生協の議題としてふさわしくないとの代行の指摘に対して、生協側が公開説明を要求していたものが実現されたものである。

代行が四月就任以来、公式に複数の生徒と話し合いをするのは初めてであり注目を集めた。この説明会についてのビラは二つだされている。#49では、のちに述べる代行の発言をひろいながら、〔我々は自らの生活の場である麻布に繁栄《ママ》させることさえできないのだ。この事態の異常性はすでに明白であろう〕と結語し、麻布生の決起をうながしている。この期にあらわれた「無展望」グループの主張と似た「生活の場としての麻布に自分たちの意志を反映させることの重要性の指摘」がみられるが、全体の調子は、プロパガンダとしての性格が色濃くでている。#52は、説明会の記録となっており、ここでは、この資料にもとづいて、代行の発言の主なものをひろってみることにする。

Ａ1　①決められたことを守れ。手続、けじめをきちんとしなさい。②処罰するといえば守るではないか。

Ａ2　礼儀をわきまえろ。又、自習時間にうるさいなど他人への思いやりに欠けている。

Ａ3　生協は伝達機関である。

Ａ4　生徒の人間性は認めるが、自由・基本的人権については以下の制約がある。①内在的制約（他人にめいわくをかけないようにすること）、②自発的制約（麻布学園を選択したことによる制約）、③法律による制約、④未成年者であることの制約、⑤被教育者であることの制約、⑥集団の場にいることの制約（①とほぼ同義）。

Ａ5　①秋休みを要求する権利はない。②権利は法律用語であり、その意味では生徒に権利はない。

Ａ6　麻布を変えるんじゃない。いやなら麻布を出ていけばよいし、それは自由である。

Ａ7　麻布に問題があったら私（代行）のところに来なさい。こういうところを変えてみたい思うがどうかと相談にきたまえ。

Ａ8　君たちは紛争でスポイルされている。

こうした代行の発言に対する生徒の論理は発言者が全部で十二人に及ぶため統一されたものを見出しにくい。そのやりとりをみてみるともっぱら代行が自由に制約があると主張するのに対し、生徒は自由・権利を対置し、代行は「それについてはひとりで来い」で話しを終えてしまう。さらに人間性・授業の本質を追求すると、さらっと逃げられるかまたは「態度が悪い」といって打ち切ってしまう。また高一以下の生徒は一九七〇年三月の全校集会の確認事項をよく理解していないか又は知らないようであった。こうして、公開説明会は代行の一方的な発言に終始した感があった。そして期待されていた代行に対する、生徒による矛盾や問題点の指摘と追及は全く空振りとなった。さらに代行によってなされた発言者の目前に立って威圧する行動や「ひとりで来い」「バカモノ！」などの発言は生徒にとって十分なおどしとなり、代行発言のもつ矛盾、例えばＡ4とＡ5の間の矛盾や奇妙な三段論法——権利はないが責任はありこれを守らせるために処罰が必要——を見抜いて指摘することができないようにしていた。

この企画の失敗は、すでに何度か述べてきたように、代行登場後の混乱から新たな対応策を模索してきた生徒の最後の拠りどころであった（またその一方では具体性を見出せないで二学期にはいりいよいよ混迷の度を深めたクラスタイムの活性化をも期待した）クラスタイム↓合同クラスタイム↓生協↓全校集会へという話し合い路線の決定的な破綻をもたらした。これ以降、およそ一年間にわたり合同クラスタイムや全校集会を開催しようという動きはほとんどなく、代行に対する闘争のための公的な組織づくりは望めなくなってしまう状態となる。

最後に一言付け加えたいのは、この資料（＃52）の発行による生徒への影響の問題である。当時、我々はこの資料をむさぼるように読んだ記憶がある。約九枚に及ぶ莫大な資料は九月三〇日の代行説明会の一部始終をおそらくは録音したテープから起こして再現している。高二の有志によって作られたこの資料は一〇月初旬には既に配布されていた。したがって驚異的なスピードで完成したといえるだろう。その後の経緯をふまえてアイロニカルな言い方をすればこれをつくりだした生徒たちの莫大なエネルギーがこの資料の発行をもって終止したかのようにみえる。また読み手の生徒にしてみれば、怒りを感じながらもこの記録を読みすすむうちに、重く苦しい「やりきれなさ」を再体験することになったようだ。著者の感覚をもって生徒全体の方向とするわけにはいかないが、ここでの心理的な変化はその後の退廃期の生徒の感覚につらなっていく感がしてならない。しかしこの資料はそうした意味で記念碑的なものであるだけでなく、（始業式等での代行発言についての簡単なビラをのぞけば）生徒側の発行した唯一の代行の発言記録であり、この当時高一であった生徒が一九七一年四月からはじまる沈静期に発行した「生徒権宣言」につながっていくものと位置づけられるのである。

3　退廃期——一九七〇年一〇月から一九七一年三月

(1)　概　要

A　「内ゲバ」事件を契機として、生徒内での行動的生徒の集団の分離が進行していた。同時に、代行（学校当局）による処分が日常化しつつあった。この処分は主に行動的生徒＝活動家に向けられたものではあったが、生徒・父兄を呼びつけたり威嚇したりする行動は髪の長さ、服装、態度等に及び生活の細部に到るまで、より具体的に統制をすすめていった。これは、この期の後半に生徒心得という形で明文化が行なわれた。

生徒の方には、ダメになっていた生徒会をどうにかしていこうという動きが見られたが、前期九月の説明会をピークにこの動きは急激に衰退してゆく。行動的生徒の集団は処分恫喝に対抗して、体制打倒集団としての性格を強めたが、その攻撃性は、生徒多数とのミゾを深めることとなった。

B　教員については、この時期の後半から分会の行動が、次第に成果をうみはじめてきたことが注目できる。具体的には、父母への立場表明、ストライキ権の確立、『月刊麻布教育』の発刊があげられる。後者は、父兄・生徒とのコミュニケーションの窓口を意図したものだった。

一方、学校側は、非常勤三講師への退職強要や、分会員を排除した校務分掌等の人事計画や、教員への統制を強く打ち出した就業規則等を対抗策としてたててきた。分会は、これらに完全に対立し、都労委等の公共機関への働きかけを開始した。又、代行の校長資格問題などが報道され、今までとは違う代行の麻布内での行動や施策以外の側面への攻撃もなされはじめた。

C 生徒間のコミニュケーションでは、**A**で述べたようにまず生徒のうちの行動的集団とそれ以外の生徒集団がはっきりわかれていったが、後者においても、高二ではこの期の後半から、受験に没頭していくものが分離してくる。生徒全体に共通しているものとしては、挫折感・焦操感を通しての退廃感と、従来の正式機関への志向性が崩壊する一方で、生徒個人個人が自分の考えや生活パターンの似たもの同士がつくる「おともだち」集団形成への志向性を強めていったことである。

遠足での飲酒喫煙事件は、生徒に、「このままではダメになる」といった危機感を産んだ可能性があり、これが「おともだち」集団への一つの契機となったが、一方で、「おともだち」集団はクラスをこえた広範囲にわたる生徒間のコミュニケーションの分離を促進した。行動的生徒の集団も「おともだち」集団であり、高二の四のスポーツ大会参加者も一つの「おともだち」集団であってそれらの間にはまったく交流はみられない。

D 学校側と父兄との関係は遠足における生徒の飲酒喫煙事件をめぐっての代行による父兄同伴での叱責を最後にほぼ高二に関しては終了する。これ以降、代行は、前期にみられたような、わざわざ父兄を呼び集めることは行なっていない。これで父兄への施策がほぼ完了したと考えられる。一方、分会に属する教員は、父兄に対し『月刊麻布教育』を発刊することで、相対的にその働きかけを強めていったと思われる。

(2) 日　録

一九七〇年一〇月の前半、代行説明会でうけたショックから生徒は個的世界に閉じこもり、エネルギーのはけ口を見失なっていた。

一九七〇年一〇月一四日〜一七日　高二、高三遠足。遠足での飲酒喫煙事件は、この時期の混乱を象徴している。(#115　四〇〜四三頁) この低迷は、一〇月二六日〜二八日、中間テストへと流れ込み、一〇月後半には目立った動きはなかった。

一九七〇年一一月四日　遠足での飲酒・喫煙について、高二、高三全員が、父母と共に講堂に集められ、代行より訓告を受けた。

一九七〇年一一月　入管闘争（出入国者管理法案反対闘争）、伝習館闘争への呼びかけのビラが見られるようになった (#55, #59, #60, #62)。

一九七〇年一一月一二日　分会は都労委に代行の団交拒否について救済を申し立てた (#90)。

一九七〇年一一月一三日　朝日新聞に代行の校長資格問題についての記事が載り、当日の朝、代行はこの記事を否定する発言をした。この前後から、生徒たちの間に単に個的世界に閉じこもってしまうのではなく、何とかそこから脱出して、他者との関わりを求めようとする動きが見られた (#56, #57, #65)。

一九七〇年一一月一六日　山内体制粉砕全学共闘会議が結成さ

れ、以後いくつかのビラをだしたが、具体的な行動はないまま消滅した（#63, #64, #66)。高二のあるクラスでは、この頃からクラス内スポーツ大会が活発になり、ある意味でエネルギーのはけ口として、また、ある意味で他者との関わりを求める場としての役割をはたした（#115　一五一〜一五四頁)。

一九七〇年一一月二五日　高一のA君が、成績及び出席不良の理由により年度内に除籍処分となった。

一九七〇年一一月二七日　分会は、分会の教育姿勢を述べたパンフレットを各家庭に郵送した（#67)。これには、三月全校集会及び山内代行就任前後のいきさつ、分会と学校側との団交問題、代行の校長資格問題なども触れられている。

一九七〇年一二月一〇日〜一五日　期末考査。

一九七〇年一二月一四日　非常勤講師三名の解雇が発表された。

一九七〇年一二月一六日　都労委は、分会の救済申請に対し、第一回の調査を行なった。

一九七〇年一二月二四日　終業式。

一九七一年一月八日　入試面接の担当者が明治大正生まれの教員に限定され、組合員は排除された。

一九七一年一月九日　始業式。

一九七一年一月一三日　代行は、卒業生（浪人生）の内申書について書き換えを命じた。

一九七一年一月一四日　沖縄米軍、第一次毒ガス撤去開始。この前後、沖縄、入管闘争のビラが多数配られた（#70, #71, #72, #73, #74, #77)。

一九七一年一月一六日　実力考査。

一九七一年一月二〇日以降　非常勤講師問題が、高一・中三のクラスタイムで活発に話し合われた。これに対し、代行はクラスタイムに介入し、特に中二は講堂に集められて、説明を受けた（#86)。

一九七一年一月二五日　A君の除籍処分に関する訴訟についての第一回審理が行なわれた（#76, #79, #80)。

一九七一年一月二九日　文化祭春季開催中止決定、これに伴ない特別執行委解散。

一九七一年二月一日〜二日　中学入試。

一九七一年二月三日　生徒心得制定。

一九七一年二月一一日　学校閉鎖（従来、自主登校、自主授業が行なわれていた)。学外で紀元節粉砕の集会が行なわれた（#82, #83, #84, #85)。

一九七一年二月一六日　中三実力テスト（従来は行なわれていなかった)。

一九七一年二月二〇日〜二一日　学内でのコンサートに対して、届出の不備を理由に中止命令などがだされた。

一九七一年二月二三日　代行は、学園の大規模な機構改革と次年度の教育人事案を発表した（多くの組合員が担任等の校務から排除された)。この月、高二のあるクラスでは、学級内の班新聞が活発に出された（延べ三二枚）（#115　一四六頁)。

一九七一年三月一日　分会は四月からの人事校務分掌について代行への抗議文を提出し、都労委に救済を申立てた。

一九七一年三月二日　教員三六名の連名で、「教員室内における分会員の組合活動に反対する」抗議書が分会に対して提出された。

一九七一年三月三日　分会がスト権確立を公表。

一九七一年三月五日　高等学校卒業式。送辞・答辞・卒業証書の授与などのない、代行の式辞のみの騒然とした卒業式であった(#89, #96　一一三頁、#115　五八頁)。

一九七一年三月六日　毎日新聞に「麻布学園の変則紛争、裏で激しい火花」「教師団と校長代行、民主化をめぐり平行線一年」の記事が載る。

一九七一年三月八日〜一三日　学年末考査。

一九七一年三月一三日　分会機関誌『月刊麻布教育』創刊(#90)

一九七一年三月二三日　終業式。分会は終業式の開始後、三講師の解雇撤回、次年度の人事教育計画における組合員への差別廃止、「就業規則(第三次案)」の撤回、労働協約の締結の四項目の要求を掲げて、一〇分間のストライキを行なった(#88, #92)。同日、クラス文集『H二—五　根岸クラス』発行(#93)。

一九七一年三月二七日　クラス文集『犇犇』(高二—三)発行(#94)。

(3) 詳　論

① **退廃期中の時期区分**　我々は一九七〇年一〇月以降を退廃期と規定した。しかし、次の沈静期との明確な境界が設定できない。そこで、七一年三月をターニングポイントと名付け、これを退廃期のおわり、沈静期のはじまりとする。

「退廃期」は、A．一九七〇年一〇月、B．一九七〇年一一月〜七一年一月、C．一九七一年二月〜三月という下位分類ができる。

A　一九七〇年一〇月　代行説明会以降の混乱、低迷の時期であり、「退廃期」の名もこの時期の特徴から付けた。

B　一九七〇年一一月〜一九七一年一月　個的世界に閉じこもっていた生徒達が少しずつ動きはじめた。だが、それは大きな動きにはなっていない。また、分会が次第に活動を広げていったのもこの時期である。

C　一九七一年二月〜三月　前期(上記Bの時期)の動きがひとつの形になるのが、このターニングポイントの時期である。高二におけるクラス内新聞の発行の盛り上りや、一年を振り返っての雑誌の発行と同時に、代行の学園生活への介入がはっきりとしてきたのもまたこの時期である。

② **代行説明会後**　九月三〇日の代行説明会は、話せばわかりあえると考えていた生徒と、生徒との話し合いを完全に拒絶した代行の姿勢との対比を明確にした。〔代行は彼の方針に反対する意見には耳を借さず「自分は最高責任者であり、すべての権限は自分にある」という論理(?)によってそれを正当化している〕〔我々は自らの生活の場である麻布に繁《ママ》栄させることさえできないのだ。この事態の異常性はすでに明白であろう〕〔全麻布生の怒りを組織し、山内体制打倒を勝ちとろう〕(# 49)と、はっきりと怒りを表現したものもいたが、「話しても無駄だ」「話してもわからない」と感じるようになった多くの生徒は、対応の方法を失ないしかも新しい対応の方法を見出せず

にいたと考えられる。

高二―六有志が作成したアンケートにも〔いま君の頭の中をしめている最も大きなものは何ですか？　例、受験、学校、家庭、女の子〕〔学校の去年からの一連の状態をどんなふうに意識していますか？〕〔君は何がしたいのだ。君は何が欲しいのだ。君は何を感じているのだ。君は、タバコを吸っていますか、デモに行ったことがありますか、童貞ですか〕（＃50）などのように、その混乱した状態があらわれている。一方、〔〃何もできない〃俺たちの姿を見るのもいいじゃないか〕（＃51）と厭世的に個的世界に閉じこもる者もいた。

このような怒りとあきらめと混乱に象徴されるように、展望と行動様式を見失なっていたというのが、一〇月前半の生徒の状態だった。
③　**内ゲバへの反応**　これに拍車をかけたのが、七〇年秋に頻発した学内での「内ゲバ事件」であった。とりわけ、麻布のように、中・高が一貫している場での、五年間顔見知りであった人間たちの間で行なわれた「内ゲバ事件」は、理由の如何を問わず他の生徒には必然性が理解できず、悲惨なものと映った。この「内ゲバ事件」により、七〇年全校集会以後の「みんなに愛されるヘルメット部隊」は急速に信頼を失なってゆき、生徒達に混乱からの出口をさらに見えにくくしていった。〔彼等は校内で（或いは校外でもやっていたかもしれない）我がクラスのB君を暴行したらしく、一度目は目のまわりに青あざをつくり、二度目はワイシャツを無残に破かれて教室に戻ってきた。そして数日後より彼とC君は学校に来なくなった。何の理由があるか知らないが暴力は暴力、つまり悪である〕（＃115　八五頁）というのが「内ゲバ事件」に対する一般的な反応であった。

④　**遠足**　出口を失なっていた生徒のエネルギーは遠足の場で爆発した。この年の高二の遠足は紅葉の蔵王、裏磐梯を二泊三日で廻ってくるものだった（＃53.7）。
そもそも、例年の遠足そのものが行儀の良いものとは言えない代物だったが、この年は飲酒喫煙の横行が目立った。〔正直言えば、それ程飲みたくもなかったし、飲んでもうまくはなかった。では、何故飲んだのであろうか。一つは廻りの雰囲気である。皆が町へ出て行く。僕も行く。町には何もない。パチンコ屋と酒屋しかない。皆が酒を飲んでさわぐ。大勢である。何だか飲んでも許される様な気持ちになる。飲む。もう一つは、悪人ぶりたい、或いはいい子ぶりたくない、といった全くクダラナイとしかいい様のない感情（今からいえば）によってであろう〕（＃115　四一頁）。
この時期の生徒達は
A1　代行を恐れていたらしいこと。
A2　生徒達のエネルギーが自己閉塞的に蓄積されていたこと。
A3　上記エネルギーのはけ口が、意識的にしろ無意識的にしろ、代行あるいは学内には向けられていなかったこと。
A4　以上の結果として、退廃的なムードになっていたこと。
が推測される。
前節の幻想期の特徴として、クラスタイム→合同クラスタイム→生協→全校集会と意図した流れ、もしくは「話せばわかる」という善意の積極性が生徒に認められるのに対し、本節以降は、この退廃的なムードを原点として様々な特徴的な動きを見せる。本節の「退廃期」は以上の経緯より命名したものである。

「遠足」で、ある程度エネルギーを発散した生徒達は一〇月末の中間考査を迎えて、目立った動きを見せなくなる。考査後の一一月初め、まずあらわれた動きは遠足をピークとした、九、一〇月の行状の反省であった。それは前に引用した遠足についての反省にはじまり、学校生活への反省へと広がっていった。

〔今の麻布は、それ自身、いわば無法地帯である。そして、それに慣れてしまっている――・――具体的にいえば、公共物を平気でこわす、クツを盗む、体操服を無断で借りる、責任を負わぬ、授業中ギャーギャー騒ぐ、などといった無法地帯を形成し、各々がその無法ぶりを許し合っていること、慣れあい的な関係をもって自らの責任を回避し、人の無責任を許しているところにある〕（#115　四一頁）とする反省や、〔この事は朝日新聞にとりあげられ、代行に対する反撥を意味していると記されていたが、事実はそんな事に全く関係していない事をつけ加えておきます。正体は麻布生の浮附《つ》いた甘さなノダ」（#115　四二頁）とする意見表明等である。

一方、この「遠足」事件に対し、代行・学校当局は、一九七〇年一一月七日付の父兄への手紙（#58）で

B1　遠足に際し、高三、高二の生徒の半数近くが、飲酒、喫煙、麻雀等を学校の禁止指導にもかかわらず、行なったことは遺憾であった。

B2　この不祥事に対し、責任をとるため、理事会は校長代行を二カ月の減俸に処し、校長は担任及び当日引率の教員を含め一六名を一カ月の減棒に処し、高等学校においては、来年以降当分の間、遠足を取り止めることにした。

B3　この件につき、保護者各位ご同席の上で、高三、高二の全員に対し、厳重訓戒して、今後再び、かかることなきようながすとともに、詳細ご報告かたがた注意したい。これらの行為が法律違反であり、家庭の責任も大である。

B4　この会に出席しない生徒は欠席或いは欠課扱いとする。

B5　制服着用、上履使用についても家庭の協力をのぞみ、違反の生徒は入場を差しとめることを諒承されたし。

と、管理側の責任を認めた上で、家庭教育の不足を批判し、さらに生徒管理の徹底をはかろうとした。

又、分会は、一九七〇年一一月二七日付父兄への手紙（#67）の一部で本件に触れており、

C1　生徒の中にも、校長代行への反発を含んだ落ちつかない気分があり、日常の規律の乱れ、なげやりな気分があって憂慮すべきものがある。

C2　このような難しい事態の中でこそ、学園の規律をひとりひとりの心の内側から築き上げるよう生徒に呼びかけてゆきたい。

C3　教師と生徒の信頼のきずなを強め、学問の内容を高め、教室を明るい生き生きとした空気で満たすことが、教育の充実、学園の発展の出発点であることにかわりはない。

と、生徒の退廃的雰囲気と、その打開策を論じた。

再び生徒達に視点を戻すと、彼らは、学校当局、分会あるいは父兄達の規律回復の動きの中で、彼らのエネルギーを自分から抑圧するということもなく、むしろ楽観的とも思える行動の中で、彼らなりの規律回復に向かった。この頃を境として、退廃期は本節(3)①の下位区

分のBとなる。

［先学期に行なわれた、高二の遠足は非常に楽しいものでした。そのために、多くの先生方の御苦心があったことと思います。私も、自分勝手な行動のために、大変御迷惑をかけたことを忘れてはいません。――・――それほど楽しい遠足だったのですが、一つ気になった事があります。それは旅館で多くの生徒が見せた、だらしない酔い方です。嘔吐をもよおした生徒などは数限りなく――・――ある生徒などは、気絶して先生にマッサージをしてもらったり。又あるバカは裸になって便所の中で便器に顔をつっこんでのびてしまったり。――・――その行状たるや友達の私でさえ、目をふさがんばかりのものでした。――・――これは重大な事で、私は原因の追求をしてみました。まずこの問題は、甘やかされたザブ生が、節度を無視して起した事だとすればそれまでなのですが、遠足の件はそれまでとしても、酒を飲んで破廉恥な行動を起こしたことはそれではすまされない。これはザブ生だけの問題ではなく現代の大人にも共通して見られる大きな問題です。］（#94　六二頁）

こうした、遠足からの反省として生じた乱れた規律の回復への動きは、A2で指摘したエネルギーを解放させる試みと平行してあらわれた。高二―四について見るならば、これらは

D1　日常の生活場面（授業中の態度、遅刻、掃除）への注視

D2　クラス内スポーツ大会の開催、班新聞の発行

このD1、2共に⑤「生活の場としてのクラス」へとつながってゆく。

⑤　**生活の場としてのクラス**　　高二―四においては、遠足の反省からの具体的な動きの一つとして、クラスのまとまり、あるいは秩序回復の流れがある。

［この上は、個人々々が大事である。甘えをすて、責任をシッカリ負い、許さず、この無法社会を、悪い意味ではない秩序ある社会にしていこうではないか。それでなければ、あの校長に対抗するということも、全く欺瞞ということになるのではなかろうか］（#115　四一頁）

［先刻御承知のように世界史のA先生は、休み時間にまで入りこむ授業を常にやっている。これに抗議したところ、僕等が授業開始時刻に全員着席していない。つまり、授業が始められない状態であるということを言われて、君等に授業時間の延長をとやかく言う権利はないとさとされた。僕はマサニ然り!!と思った。僕等は口先ばかり達者で、なに一つまともに出来ないではないか。――・――〃授業開始時刻には全員（一人残さず）着席していよう〃――・――そして、はっきりと休み時間が我々のものだということを要求しよう］（#115　三八頁）

［現在のザブ生は割と高次な物――クラスのまとまりとか、授業をいかに改善するとか――についての問題意識はずいぶんあるし、これは良い事であります。――・――一方、「些細な事」です。掃除なんか誰がやったっていい。確かにそうです。理想的には。でも現在の麻布ではそうは行かない。皆がバラバラすぎる。僕達のクラスなんだから皆で掃除をしようじゃないかという姿勢。そんな姿勢がクラスのまとまりへつながっていくんじゃないかな。――・――だから些細な事にも目を向けて欲しいノダ。それを代行が来てヤレヤレなんて言うのは全く気にくわないノダ」（#115　三

五頁）

ここに引用した三つの文章は、いずれもその目的と手段が明確に語られているところに、遠足以前の退廃期、さらには抽象論が主体だった幻想期とも明瞭に一線を画していると考える。又、遠足以降に示された、もう一つの流れである「無展望」グループを代表とする主として高三の動きとも特徴ある対比を示す。なお「無展望」グループ型の動きは次の⑥で触れる。

この三つの引用文の特徴は

A1　目的を明確に述べ、共同行動を具体的に提起したこと。

A2　目的が、代行に対抗するため、あるいは学校・教員に事を要求すること等、生徒達の意識に代行・学校・教員が再登場したこと。

A3　手段として、クラスの秩序回復を主張したこと。これは、七一頁の④A2で指摘した自己閉塞性の解消を、クラスという共同体で実現しようと意図したと考えられる。クラスというまとまりが持つ意味と機能についての考察はここでは詳述せず、第二巻にゆずるが、高二―四がクラスを核として、以後の動きを発展させてゆく点に最大の特徴がある。

以下、高二―四の「クラスのまとまり」の方法と、彼らの自己評価を示す。

〔高校生活もあと半分残っている。この半分で高校生活というものを満足できるように（最終的に大学へ入れば満足だなんていうのはナンセンス）閉じこもっていた殻を破って、何でも色々な事をしてみよう。―・―何でもいいから、行動をおこそう〕（#115　四〇頁）という呼びかけに始まり、それはクラス内スポーツ大会、勉強会、そして、クラス内班新聞の発行へと広がってゆく。

クラス内スポーツ大会の結果については以下のように評価や解説をしている。〔クラス内の対抗試合もかなり楽しく成功を収めたようです。―・―当初は乗り気でなかった人達も、徐々にスポーツ大会を楽しむ傾向が明瞭となり、予想以上の成功を収めたという事実の裏には、それ相応に評価されるべき何ものかがあると思います。―・―まずクラス内の協力意識の高まりという点に、一つの重要な成果が認められると思うのです。―・―てっとり早く言って、クラスの団結意識がクラス内に活動のある状態を喚起し、その中で生活する僕達一人ひとりが行動意識を持ち、充実した生活、（楽しいクラス生活）を送ることができるのなら、これだけで充分、クラスにおける団結意識の必要性は認められると思うのです。その上、団体行動の方法というものに対するいくらかの認識・体験が得られるならば、それで充分ではないですか。―・―最小限度「何もやっていない状態より楽しいじゃないか」という認識があるなら、僕達は行動すべきです。この活発化してきたクラス内の活動については、今の状態に満足することなく、あくまでも次々に新しい企画をもくろみ、それをクラスの団結の力で結実していかねばならぬと思うのです〕（#115　九〇〜九一頁）。

さらに注目すべきクラス内の動きとして、班新聞がある。

高二―四の班新聞とは、四月のクラス編成時期に座席に従って設けた六人単位の班が、それぞれの班単位の独自の判断・企画のもとに発行したガリ版刷りのB4版一枚程度の一種の学級新聞である。この班新聞は、あらゆる発行物、掲示物が代行の許可制のもとに置かれていた中で、無許可発行物の一つであったということを留意した上で、次の特徴がある。なお、班新聞の活発化は、本節⑶（**3**）に従えば退廃期の下位区分Cの顕著な特徴である。

B1　最終的には（一九七一年三月まで）、全ての班から少なくとも一回以上の班新聞が発行された。

B2　発行回数は一学期一〇回、二学期一四回、三学期四八回と増加の傾向を示し、三学期にはある班で、一三日間という短期間ではあるものの、日刊で発行されていた。

B3　無許可発行物であるため、クラス外へ配布されることは稀れであったが、恐らく、この班新聞の影響と思われる事として、クラス文集発行を行なったクラスが、高二の六クラス中三クラス（うち一クラスは高二—四）あった。（八八頁、⑨参照）

B4　班新聞は高三進級時のクラス編成替えと共に終わったが、この学年の高三時の有志による新聞「軌跡」へと流れが伝わった。（一〇六頁　④参照）

さらに、これら班新聞の作成により、「ガリ切り職人」「印刷職人」といわれる生徒が、各班に一〜二名もいたことは、爆発期におけるメディアとしての印刷物の果した意義を論じる上で十分に考慮されるべき点である。

以上のような高二—四の状況を麻布全体はもちろんのこと、高二の学年全体へと一般化することはできない。又、発言したものはクラスの中の一部の積極的な層ではあるが、実質的な動きがクラスのかなりの部分に浸透していた点は注目できる。

⑥　**「無展望」紙の発行**　⑤でとりあげたクラス活動の活発化というものが、④A2に示した退廃期の下位区分**A**での「エネルギーの自己閉塞性」に対する反動としての「他者との関わり」を求めようとした一例であるとするならば、もう一つの動きの例として高三の「無展望」の論調の一部にもそれをみてとることができる。「無展望」とは高三の有志が発行したガリ版刷りのB4版の〃新聞〃の紙名であり、高三の学年に配られていた。もちろん、⑤でとりあげた高二—四の班新聞と同様に、代行及び学校当局に対し、無許可の発行物である。

〔窒息死を逃れるために、右を向いても、左を向いても無表情な——あるいは画一された〃表情〃をした顔、生気のない顔、そしてため息、すれちがいの味気なさを味わうためにあるような学校。—・—状況に埋没しようという人間にとって最良の手段は何も考えなくなること、黙りこんでしまうことだ。—・—今の自分の生活、それを把えることにより、明日の世界を創造していこう。高三になり、分断され、コミュニケーションすら断たれ、窒息しそうな今、考えよう、疑おう〕（#44）という創刊号でのメッセージではじまったこの新聞は、受験を目前とした高三の状況を指摘する一方、その打開策としての「他者とのかかわり」を提案する。

〔麻布での六年間を僕等が単にす通りしてきたのではないならば、その六年間の歴史を背負っていまの自分があるはずだ。その意味で、麻布での六年間を—・—〃今〃の内に表現することは、今後その〃今〃と不断に対話していくことで、明日の自分を形成していく足場となるにちがいない。逆にいうならば、そういうことなくして卒業してゆくということは、単にこの六年間の〃生活〃が〃入試〃に収斂されてしまうことになるのではなかろうか？　となりにすわっている人が何を考えているのかわからないほどこわいことはない。皆、心の中にたまったゴタゴタしたものを一度はき出してみよう！　ひとりで考え込んでいるより……」（♯57）という「無展望」の発行主体の生徒による『卒業文集』作成の呼びかけがそれである。又、「無展望」第二号には、〔からにとじこもるな、俺達はあまりに知らなさすぎるのさ、他人の世界を知り、自分の生活を考えよう、CTを活用しよう。いや、休み時間だって、満員電車の中だって、とにかく話しあおう〕（♯48）と呼びかけている。ジャーナリズムに麻布の「変則紛争」が取りあげられたことに関連して、〔中一、中二にとって運動に接するのが、そのジャーナリズムを通してのみでしかなくなったとき、少なくともぼくたち高三が、特に三学期それぞれに怒り悩み考えたこと――これこそ運動の本質だと思うが――は伝わらないだろう。―・―ぼくはいま中一、中二が何を思っているのか知りたいし、またぼくたちが考えたことを伝えるのが義務であると思う〕（♯65）と寄稿した者もいた。

これらの引用でみられる「他者との関わり」方は、本節(3)⑤A1〜3に示した高二の四のそれとは異質である。すなわち、

A1　関心の対象が「個人」であり、それも不特定の「個人」である。代行でも、教師でも、又クラスでもない。

A2　対象としている「個人」をおそれている、あるいは無気味な存在としてとらえていること、これは、受験期における一つの特徴である可能性がある。

A3　方法としては「話し合い」が唯一提起されていること。

である。これらの特徴を持つ「他者との関わり」方を「無展望」型（もちろん、「無展望」による主張を全て包含しているわけではない）と名付ける。

この「無展望」型は、高二―四をはじめとして高二では目立たない。一方、高三においても、高二―四でみられたクラス単位の結束を基軸とする具体的方法論が見られないが、その理由として彼らが半年後に受験・卒業をひかえているためとも考えられる。しかし、「半年後の受験、卒業」という理由は、一年後の高三（すなわち、現高二）が一〇、一一月に見せた行動を考えると無条件に成立するものではない。したがって、この二つの学年の選択した行動様式の違いには、何らかの理由があってもよい。そこで高二と高三の運動のあり方の違いについて、大胆な推論を試みた。

B1　高三の運動を支えていた人々は、いわゆる「優等生」であり、彼らは自己告発をすることにより従来の授業、試験のあり方を批判してきた。

B2　いわゆる授業改革運動が、一九七〇年四月山内代行登場により挫折したとき、高三の運動を支えてきた「優等生」は自己告発を内部矛盾として残したまま以前の生活に戻らざるをえなかった。

B3　高三の運動を支えてきた「優等生」達は、互いに過去の運動に触れることを恐れ、沈黙した。

B4　高二の運動を支えてきた人々は、高三の「優等生」告発に力を得た「非優等生」ないしは「劣等生」であった。彼らは他者でありエリートである「優等生」を告発し、「優等生」「劣等生」を規定している構造の変革を六九年の授業改革運動に求めた。

B5　授業改革運動が、七〇年山内代行登場により挫折した時、高二の運動を支えてきた「非優等生」あるいは「劣等生」は、元のある

意味で抑圧された「非優等生」に戻っただけのことであった。

B6　山内代行登場後しばらくの間、高二の「非優等生」あるいは「劣等生」は、授業改革運動の余韻から、自らの立場を忘れ、高三の「優等生」達が採った方法（運動の段階発展方式）を再度試みようとしたが、軌道にのらなかった。

B7　高二は「遠足事件」で自ら「非優等生」あるいは「劣等生」であることを暴露しそれを自己認識する。その結果、一方では「非優等生」の問題点を内部告発しつつ、他方では、「非優等生」にとって楽しい学園を築こうとする運動へと収束していった。

B8　高三の「非優等生」は授業改革運動を無縁のものとしてとらえ、例えば卒業後、卒業生文集『像』を通して「優等生」の告発を行なった。

B9　高二の「優等生」については不明な点が多く明確なことはいえないが、逆にそのことが、彼らの沈黙あるいは行動の消極性のあらわれとも考えられる。

以上の推論の可否は議論の余地があるものの、代行登場後の高三の異常な沈黙と、この時期の他者との関わりを求めた時の〔皆、心の中にたまったゴタゴタしたものを一度はき出してみよう！〕あるいは〔からにとじこもるな〕といったアピールを考えたならば、高三の運動が内部に自己告発を有していたことは否定できない。

この時期の「他者との関わり」方として高二―四が、クラスを軸とするいわば「居心地の良いサロン」を形成しようとしたことと、高三の「無展望」型が、個人的ないわば「おともだち」の回復に努めたことは対照的である。この点については「おともだち」集団の形成と発展の分析とともに第4章で展開していきたいと思う。

⑦「処分」攻撃と「おともだち」集団　「他者との関わり」を新しく模索していたのは、上述の高二―四の生徒達や高三の「無展望」型の生徒達だけではなかった。

行動的な生徒のグループは、「幻想期」後期から「退廃期」初期にみせた内ゲバを表面上は少なくとも沈静化させていた。そして、活動も表立ったものが見られなかったが、一一月に入ると伝習館闘争、入管闘争などに参加してゆく。彼らが何故、学内闘争でなく学外に目を向けたのかは議論の余地があるものの、おそらく学内の「一般生徒」の状況が既に述べたように活動基盤とはなり得えないものだった為、彼らなりの「他者との関わり」を学外に求めたものと思われる。

一九七〇年一一月一一日、福岡、伝習館高校闘争の東京における連帯討論集会への参加を呼びかけた例がこれである。参加を呼びかけたグループは〔麻布闘争がつねに提起していた問題は教師―生徒の関係であり、その変革が闘いであった〕と麻布の六九年一二月～七〇年三月の闘争を規定し、一方、当時の学内状況を、〔このような質をもちつつも本質的な問題点と秩序との関係を明確にしえず、学内政治課題への闘争へつき進んでいったところに現在の主体的状況を産んだ一要因があろう〕（共に　#62）と分析している。

このように、「他者への関わり」を学外に求めた彼らは、いままでに見てきた高二―四、あるいは高三「無展望」グループとある意味で同様の「おともだち」を形成していたともいえる。ところが一一月下旬、行動的な生徒の一部のグループは突如として学内闘争宣言をする。〔これ以上処分恫喝を続けるのならば、我々は一切の「郷愁」を捨て、破壊の思想の下、この麻布の徹底的破壊をも辞さない」(#63)、〔食うか食われるかという相互殲滅を賭けた総力戦―・―我々は今勝つか負けるかの淵に立たされているのだ〕(#64)。これらの声高の「闘争宣言」が、彼等自身ですらその状況にないと判断した学内で出さねばならなかった理由は何であったのだろうか。

数日後、〔「A君を断固防衛せよ!」〕(#66)と、行動的生徒の一人の高一のA君が退学処分されたこと及びこれに対する支援闘争を呼びかけるビラが配られても、その背景に気付くものも、又、深く理由を考えようとするものも、当時の状況では少なかったと考えられる。

〔少しビラを批判すると―・―「即ち彼の処分攻撃は名目は『喫煙etc』でありながら、その本質は反動的秩序の構築であり、極めて政治的である!」この文章はまったく変である。今度の処分(?)が政治的なものであるとは思えない。タバコをすったり、酒を飲むことはいけないことであり、いけないことをいうのは、おそらく、やっている者自身も自覚しているであろう。自身が悪いことをしていながら、それを処分されたといって「政治的」という名のもとに、自分の悪を否定しようとするのは卑怯である。政治的(?)処分をされたくないのなら、タバコをすわねばよい。―・―また、ビラのすぐあと、校舎中に「全共闘は闘うぞ!」とヘタな字を書きつける―・―愚劣である。彼らは校長代行と同じである。そして、それに気づかない。もし今度彼らが行動をおこしても、俺は絶対それについてゆかないであろう」(#115)という高二―四の生徒の批判は、⑤のA3で述べた彼ら高二―四の胎動の基盤である「秩序」回復にもとづいて行なわれている。彼らはまだ自分達の体勢の立て直しで手一杯の状態であり、他のグループの胎動も自分達の論理の中でしか評価できなかったと考えられる。

このことは、高二―四のクラスなり、行動的生徒の集団なりの「おともだち」集団が、この時期に排他性をみせたともいえる。さらに、排他性が生じた根拠としてこれら「おともだち」集団間をむすびつける人間が、〝見えない〟ことにもよる。

一方、行動的な生徒のグループの声高で性急な〝闘争宣言〟はA君救援の為だけだったのだろうか。むしろ、A君のみならず、彼らのグループ(一つではない)がそれぞれようやく活動の端についた時、代行あるいは学校当局から相当な圧力を受けたのではないか。それは学内の闘争を断念せざるを得ないほどの圧力であり、その結果として彼らは学外へ「関わり」を持とうとした。そして学外闘争が軌道に乗る直前に、代行からそれまでの〝処分〟にはなかった「退学」という処分攻撃を具体的に受けたのではないか。彼らにとって初めての「退学」という処分攻撃は、まさしく危機的であり、そのため彼らは、十分理解しているはずの学内状況の中で彼らの論理を用いて危機を訴え、闘争を「宣言」しなくてはならなかったと考えられる。

彼らも含めて、この時期の「おともだち」集団が各々の内在論理でしか主張にしろ状況報告にしろ表現できなかった点と、個々の内在論理が他の内在論理と共通性を持ち得なかった点が、この退廃期中期の特徴であり、それゆえに行動的生徒の集団への代行の圧力は、他の「おともだち」集団に何らのインパクトも与えなかった。これは爆発期における行動的生徒の集団と一般生徒との関係とを比較して、大きく異なる点である。

代行の「処分」攻撃は行動的な生徒の集団だけに対してではなく次節で述べる分会に対してもあった。それは永年慣行となっていた非常勤講師の契約の自動更新を拒否するという形で生じた。契約更新を拒否されたのは分会の非公開組合員であった三人の講師であったため、「三講師問題」と呼ばれている。

分会のこの時期の活動は次で触れるとして、ここでは、この「三講師問題」に対する生徒側の反応を検討する。生徒側から出された発行物は、我々が入手できたのは唯一つであり、その発行日も一九七一年二月上旬と、「三講師問題」が公然となってからおよそ二ヵ月後である。発行者不明の「三講師問題討論資料」(♯86)によると、それまでの事実経過として

A1　生徒側から代行に公開質問状が出され、この質問状への回答がよせられた。

A2　代行は高一各クラスタイムに介入し、「三講師の問題は校長の持つ人事権に属する問題であり、生徒が口出しをする権利はない。この問題に関して例え陳情という形でも口を出してきた生徒は処分する」と発言した。

A3　代行は、中二を講堂に集めA2と同様の事を言明した。

ここで注目すべき事は、第一にそれまで麻布における運動をそれなりに担ってきたはずの高三あるいは高二の学年もしくは有志グループが、この「問題」には表だって関わっていないことである。第二に、この「問題」にかかわっている生徒が、高一と中二の生徒であり、特に中二においては代行に講堂に呼ばれて注意される程度に広く関わっていたということである。高二、高三の表だっての参加が見られない理由として

B1　問題となった「三講師」が担当していた学年が中二と高一であり、高二、高三にとっては名染みが薄いため、関心がなかった。

B2　これまで度々触れてきたように、高二、高三の一一月下旬からのしばらくの時期は、「おともだち」集団が形成されつつあり、各々の内在論理による各々の集団の結束強化の時期であった。そして、彼らの方法論の中には、代行と対決する姿勢が見られず、又、途中から対決姿勢を見せた行動的生徒の集団はその目的が彼らの集団の防衛であったため、「三講師問題」には関与できる余裕がなかった。

B3　分会と生徒の関係は、これまで触れてきていないが、分会は生徒に対して、分会発足(一九七〇年五月)以降、繰り返し、代行に関する問題は教職員に任かせなさい、生徒は早く正常な授業を受ける体制になりなさいと呼びかけていた。分会は独自に代行との対決姿勢をとっていたが、この事を生徒に知らせることがなかったため、生徒側との関係は距離をおいたものとなっていた。

一方、この問題に関心をもった中二、高一のうち、高一については高二、高三との歴史的経緯の違いを明らかにする必要がある。

六九年末からの授業改革運動、そして、七〇年三月の全校集会、及びこれに到る様々な運動過程において、彼らは中学生であった(当時中三)という理由により、公式には完全に対象外に置かれていた。「公式には対象外」という意味は、そもそも建物、グランド等を高校生と共有し、又教職員の多くは中高にまたがって担当していたため、関心を持とうとすればいつでも持てる状況にはあったということである。当時中学生であった彼らは、六九年一二月の期末考査の中止をめ

ぐる議論は全く出来なかったし、又、全校集会への積極的な参画も出来る状態ではなかった。したがって、彼ら高一（当時中三）は、一部の例外を除いて、これらの出来事にほとんど関心を持っていなかったと考えられる。

このため、一九七〇年四月、山内代行登場に対する反応としては大きな怒りを示したものの、その後の過程は、高二や高三と異なるものと考えられる。山内代行の全校集会の「意志の集約」白紙撤回に対する彼らの怒りは、彼らがこの「意志の集約」を体得したものではなかっただけに観念的な怒りではなかったかと推察できる。観念的な怒りは時間と共にその内容を変化していき易いとすれば、彼らは高二が示したような「幻想期」から「退廃期」へと移行する過程をとらず、別な過程を経験していたと考えられるが、我々は彼らに関する資料を持たないので、残念ながら彼らの経験した過程については論議を続けることができない。しかし、高一が、一九七一年に高二となって行なった大きな仕事の一つである「生徒権宣言」のおいたちをみるならば、彼らの世代の新しい歩みは、代行の登場とともに始まっており、「代行説明会」を経て、この「三講師問題」につらなっていると考えられる。したがって、「三講師問題」に彼らが強く関心を示し代行との一応の軋轢を生じたのは、単に講師が彼らの担当学年であったというだけでなく、この高一の学年特有の変化過程での行動の一つのあらわれとして位置づけることが必要であろう。

「三講師問題」は、分会の活動が軌道にのり、実質的に学内に「力」を持ちはじめたと思われる時期の、代行からの「処分」攻撃として、「行動的生徒」の集団への処分攻撃の場合と同様に、位置づけられる。

分会を以上のコンテクストで示された「おともだち」集団の一つとするのは全くの誤りである。にもかかわらず、高二、高三の生徒達の「おともだち」集団から、分会への対応を考えたとき、それはあたかも「おともだち」集団のひとつとして、扱かわれていたと見なしうる。

以上に述べてきた「おともだち」集団の特徴を整理してみる。

C1　行動様式を軸に自然発生的な集団形成をしている。

C2　この行動様式は、集団を形成している各人の個人史、環境等により重みづけられた生活時間でとられる行動様式を核としてその最大公約数をとっている。したがって日常性からの連続であり、意図的な方法論にまで昇華した例は少ないと思われる。

C3　目的という明確なものが示される例は少ない。ただし、重みづけられた生活時間の中で構成員が合意に達した、あるいは暗黙の合意となり得る概念が志向性を持つ場合があり、これを目的と見なせる場合もある、例：学校・教員に要求事項を正当化させる(高二—四)。

C4　問題意識が偏っている。学園内に起こる様々な問題に対して、多くは無関心とも思われる対応を示している。

C5　他の集団との意志の疎通が少ない。

このような特徴をもつ「おともだち」集団が形成された背景には、生徒側が幻想期、退廃期を通して山内代行に対して何らの反撃もできず、実生活面においても、精神面においても後退と分断を余議なくされていたこと、そして、バラバラになり、余裕をなくした生徒側個々人が、彼らの持つ生活時間の中で重要と考える部分にこだわったとき——この契機として、遠足あるいは内ゲバ等の事件があった——その生活時間で行動をいつにしている人間達が、その時間でとられる行動様式を核として自然発生的に集まったと考えられる。そして、生活時間の充実という志向性のもとに集団的な行動あるいは対応を示していたものと推定できる。したがって、他の「おともだち」集団や、学園内の出来事に対する反応は、保守的であったり、無関心であったり、又時にはヒステリックでさえある。

この「おともだち」集団については、第4章でさらに触れようと思う。

⑧ 代行—分会—父兄　ここでは、これまで論じることの少なかった分会の、この期の活動を中心に、代行・父兄と分会のかかわり方まで論じてみたい。なお、分会と生徒の関係は前項⑦で触れているので、簡単なものとする。

A 退廃期における分会活動の概要　第一に、この時期の全般にわたり、分会は学園外部の機関、組織と積極的な接触を行なったこと。例えば団体交渉促進のため、都労委に斡旋を申請したことなど。第二は、特に後半に、分会内部の結束を示し得る成果をあげたこと。例えば機関誌『月刊麻布教育』の創刊、ストライキの実施など。第三に、組合員である非常勤講師三名の退職通告に対し、反代行キャンペーンとも思われる強い態度に出たこと、例えば、校長資格問題、縁故入学等の問題提起を行なったこと等が注目でき、これで明らかなように分会はこの期の後半に組織整備をほぼ完了したと思われる。これとほぼ同時に『月刊麻布教育』創刊を始めとする、父兄を中心とした外部への分会の意見表明活動が開始された。さらに、これらに前後して、代行側の組合攻撃と見なせる「三講師問題」が表出した。「三講師問題」は⑦で触れた「A君退学」と時を同じくして起こったので、代行側からのこれら二つの集団の活動の活発化に対する先制攻撃とも考えられるが、結果として、分会側のみがこの攻撃を防ぐことができた。

以上、分会のこの時期の特徴は、幻想期のそれを「胎動期」とするならば「活動期」といえ、生徒側の退廃期とは明白な相違を示している。

B 分会の全校集会「意志の集約」の解釈と生徒への対応　一九七〇年一一月二七日付で分会は父兄宛に文書を送付した(#67)。この文書は分会の初めての父兄・生徒向けの文書であるとともに、分会の当時の方針ないしは状況把握を考える上で重要な意味をもつ。この文書は資料という形で代行と立場を異にする意見表明を行なっている。その二番目にあたる「教育に対する私達の基本的姿勢」と題した文がある。一部要約してまとめると

B1　教育の問題についての考え方

① 学校は本来、授業、生徒会活動その他の学校で行なわれる一切の事柄を含めて、学習の場である。

② 学校は成長の途上にある青少年期の生徒にとって人間形成の上で重要な意義をもっている。

③ 私達教職員は、学校における全ての学習が秩序ある安定した環境の中で生き生きと創造的に営まれるよう適切な指導と助言とを行なう責務を負っている。

B2　いわゆる「高校紛争」への対処

① 昨年秋以来学園では、生徒の自主活動と、授業改革の問題をめぐり、生徒と学校（教師）との間に対立する空気が強まり、いわゆる「紛争」状況の中で大きな困難を経験。この二つは、学園内に以前か

ら存在していたものであり、「紛争」を待ってはじめてあらわれたわけでもなければ、「紛争」という形を経なければ解決できない性質のものでもない。

② 自分たちも以前から自主活動の問題については、生徒との間に一つ一つルールを作って学園秩序をこわさぬように指導、授業改革については各教科会で研究を開始していた。

③ しかし力量不足から二度にわたる「テスト中止」や「校長室すわり込み」などの事態が生じ「紛争校」としても注目されるに到ったことは残念である。

④ 一旦問題が起こった以上、困難をさけず問題に積極的に取り組もうとした(これを最上の方法と考えた)。

⑤ この時期以来今日に到るまでの基本的姿勢はまとめると次のようになる。(i)生徒の中にあらわれてきた極端に「闘争」的な動きに対してはまず学校の規則、慣行を守ることを厳しく求める一方、教師を「敵」とするような誤った認識を改めるようねばり強く説得し、対立的状況の中にあっても、教師と生徒の信頼関係を大切にしてゆく。(ii)少数の急進的生徒だけに目をうばわれるのでなく、常に生徒全体の問題に目を向け、教職員、生徒全体が協力しつつ現実的に話し合う中で解決の方向を探ってゆく。(iii)問題を「すわり込み」行動、あるいは「テスト中止」要求など表面にあらわれたところだけで考えず、それらが出てきた根源を学園の教育の中に探り求めることによって安易に紛争が繰り返されることのないよう問題の根本的解決をはかる。(iv)学園―教育の意味、試験を行なう理由など根本的な問題で生徒と討議することを避けないが、あくまでも問題を現実に即して具体的に解決する。そして、その解決の過程そのものにおいて教師は受身でなく自らの力をつくして積極的に生徒に働きかけてゆく。

⑥ 「自主活動」「授業改革」の問題についての改革の方針の概略

(i)自主活動について…1.生徒の自主活動は自由であることが基本である。2.しかし、学校は学ぶ場であり、自主活動はその自由実現の条件として、学園内の秩序―学ぶ環境を壊すようなものであってはならない。3.自主活動は生徒自身の責任において行なわれるものである。しかし、教師の指導助言は中学生・高校生にとって重要な意義をもっており、教師との関係を断ち切って指導助言を拒否するようなものであってはならない。4.以上のような認識の上に立って自主活動の自由を実現するためのルールを作り、それを守ることを通じて学園の秩序を全教職員、全生徒が協力して築きあげてゆく。(ii)授業改革について…1.カリキュラム(教科課程)の欠点、学力不振者の存在、規律の欠如、授業内容の欠陥等の問題を卒直に認識した上で積極的に改革に着手する。2.生徒の学習意欲を尊重しなければならないが、同時に授業における教師の側からの要求によってその学習意欲そのものをより積極的なものに変えて行く必要がある。3.授業の水準を高めるため、教師自身が積極的な態度で教育内容の研究を行なって行くよう努力する。4.このような考え方に基いて各学年のカリキュラム、定期試験、成績評価の方法、進級査定方法などを改善する。5.以上の結果として、実行に移されたこととしては、(イ)各教科会の時間の常設、(ロ)全教員が自分の昭和四五年度の授業計画について作成した解説のプリントの全生徒への配布、(ハ)従来なかった高校における必修科目「政治経済」の授業の設置、(ニ)高校「現代国語」における二時間連続授業の設置、(ホ)数学における「演習」の時間の設置、(ヘ)平均点制の廃止、(ト)進級査定基準の決定などがある。

という内容であった。

ここで注目されることは、一九七〇年三月全校集会の所謂「意志の集約」に対する取り組み方と、考え方である。生徒側が退廃期の間も分会側は「意志の集約」に固執し、これを論理としている。この論理は、「意志の集約」作成当時のものと同一かどうかは不明であるが、分会側の考え方を知る上で重要である。

分会側の「意志の集約」に対する考え方で、留意すべき点として——誤った解釈かもしれないが——、「生徒を守る」「生徒を管理する」という両刀使いはなかったのか、この二つの方向での山内代行への対抗の図式はなかったのかということがある。このビラが父兄に向けられている以上、「集約」での内容にくみこまれている「新しい芽」＝「生徒の自己主張」は、教員の側から触れられていないと思われ、又「集約」という形式のみが表へ出ているように思われるが、この文書を一つの基本方針として公的に採択したならば、こうした「新しい芽」への注目よりも、形式だけへの注目という骨抜きが行なわれる危険性をもつ。なおかつ、生徒がこの時期に「集約」から離れ、「集約」よりも代行の打ち出してきた個々の政策に直接的に反応する形で動いていった中で、組合側はむしろ、「集約」に根拠をおき、かつ具体的な対応を試みている。したがって、生徒達にとっては一度形骸化した「集約」が再び意味を持ったと思われる一九七一年一〇月〜一一月の爆発期の終局場面において生徒達の「集約」への解釈が具体的イメージをもち得、かつそれが「集約」の形式的側面を強調していたという「集約」の意味の再変質の遠因はここにあったとは考えられまいか。

「集約」の形式的側面での解釈とは、「集約」の〔3自主活動の自由を実現（保証）するため全構成員によって何らかのルールを作り、それを生徒教師相方《ママ》ともに守っていく」という文を基に「新しいルール作り」を第一に強調する解釈のことである。この解釈は、〔1生徒の自主活動は基本的に自由である／これは教育というものが生徒の主体性を尊重し育てていくという事に基づくものである」という文の解釈を追求せずに、むしろ〔4自主活動（政治活動・自治活動）の自由を実現するために作られたルールは正当な問題提起などの努力をしないで一方的に破ることは許されない。すなわちルールは守られることを前提にし、当然みなが守っていくべきものである」とする秩序の側面を強調し、結果として規律・秩序の中に「集約」を閉じ込めてしまうことを意味している。

C　分会と代行　分会と代行の対立関係は生徒に直接関わりがある教育現場では顕在化することは稀で、むしろ、管理・運営面で頻発していた。このことは、分会側の生徒との教育現場に出来るだけ山内問題をもちこまないという方針によるためか、あるいは代行の「学園における本質的な問題は分会にあり」として生徒を特に問題にしていなかったことによるとも考えられる。分会と代行の主な対立事項は以下の諸点である

C1　団体交渉

C2　就業規則改訂

C3　校務分掌

C4　女性司書教諭の職員会議参加停止問題
C5　「八月の砲声」上映中止事件
C6　三講師問題
C7　山内一郎校長資格問題
以下これらの概略に触れる。
C1　団体交渉……分会結成日（一九七〇年五月一三日）に、分会は代行に対して、団体交渉を要求するが、代行は回答を延期する。その後数度にわたる団交要求に対し、一九七〇年五月二八日、代行より校内での団交は一切拒否する旨の回答がある。同二九日、私学教組本部執行委員を交えて、分会再度団交要求をするが代行は拒否。九月五日、分会は文書で団交要求書を提出、一〇月二日、代行の拒否回答。一〇月一二日、分会は東京都地方労働委員会（都労委）に団交促進の斡旋を申請する。一〇月一五日、代行は都労委に出頭し、団交拒否を回答。一〇月三一日、代行、都労委へ団交に関する見解を文書で提出。一一月六日、都労委職権をもって、分会申請の団交促進の斡旋を打ち切る。一一月一二日、分会、都労委に対し学園側の団交拒否について救済申し立てを行なう。一二月一六日、都労委、第一回調査。一九七一年一月七日、都労委、第二回調査。一月二六日、都労委第三回調査。二月二〇日、団交開催のための準備交渉を行なうことに決定。二月二〇日、都労委において団交開催のための準備会。三月一一日、団交開催の確認書をとりかわす。三月一一日、第一回団体交渉。三月二四日、第二回団体交渉。三月二五日、第三回団体交渉。三月三〇日、都労委において予定されていた第四回団体交渉を行なわず、都労委が和解の斡旋を開始、労使双方とも応諾した。

C2　就業規則改訂……一九七〇年五月一三日（分会結成日）、代行は「就業規則」を改訂する方針を明らかにする。七月一五日、代行「学校法人麻布学園服務規定案」発表。七月二〇日、分会、抗議文を発表。一二月一九日、「学校法人麻布学園就業規則（第二次案）」を教職員に配布。一九七一年一月一六日、第二次案に対する教職員の意見提出期限日。三月一二日、「学校法人麻布学園就業規則（第三次案）」が教職員に配布される。三月二三日、分会一〇分間ストライキ決行。四月六日、「学校法人麻布学園就業規則（第三次案）」制定に先立ち職員会議開催。代行は、新「就業規則」の労働基準監督署への届出にあたっては、賛成、反対意見を添付すると発言。
C3　校務分掌……一九七〇年四月七日、職員会議の席上と思われる代行発言の要旨「組担任、校務分掌については時間もないので、これだけは藤瀬前校長の決めたことで行く」。「職員会議は私山内が主催し、私が議長をする。先生方の意見は聴くが採決、議決は行なわない。決定は全て私が一人で行なう」。四月一五日、代行、図書館部主任の異動を通告。九月四日、代行、「給与委員会」の解散を宣言。一〇月二日、代行、「ベースアップ調整委員会」を設け、委員を任命すると発言。一九七一年二月二四日、代行、学園の大がかりな機構改革と来年度の教育・人事案を発表。担任、校務分掌から多くの組合員を排除。三月一日、分会、次年度の人事・校務分掌について、山内代行に対し「抗議文」を提出。東京都地方労働委員会に、代行発表の来年度校務分掌に関する人事の撤回と、組合の希望を尊重し昨年度まで完全に実施されていた「校務分掌規定」に則って来年度人事を決定するように求める救済申し立てを行なう。三月二三日、分会一〇分間ストライキ決行。

C4　女性司書教諭の職員会議参加停止問題……一九七〇年四月一五日、職員会議。代行は図書館のA・B両司書教諭に対し、今後の職員会議出席を理由なく突然停止する。又、A教諭は図書館主任を解任される。四月二一日、購入図書についてはブックリストを提出させ代行が検閲すると発言。四月三〇日、代行「女性はすなおであれ。すなおにしなさい。ことば尻をとらえず、何か理由があるのだなあと思ってやりなさい。そんなに理屈をいうなら、事務員より悪い。それに従えないなら出て行ってほしい」(校長室で)。六月一日、分会、司書教諭問題で代行に「抗議文」を提出。七月一日、代行、A・B両司書教諭の職員会議への出席を禁止する。一〇月二一日代行、「司書教諭は図書館の番人だ」。一一月二五日、A・B両司書教諭、分会長とともに代行に対し職員会議への出席を要求する。代行、図書館閉館(四時三〇分)後、なお職員会議続行時のみ出席を許可すると答える。一九七一年一月一八日両司書教諭、退職願いを代行に提出。一月三〇日、両司書教諭退職。

C5　「八月の砲声」上映中止事件……一九七〇年七月一三日、代行、高三・高二の世界史・日本史の授業の一環としてこの日予定していた映画会(第一次大戦の記録映画「八月の砲声」)の中止命令を出す。代行は「管理権の立場から自分の許可なしに映画を企画したのは許せない。二学期以後に上映を許すかどうかは、わからない」と発言した。

C6　「三講師問題」……一九七〇年一二月一四日までに化学のC講師、世界史・政経のD講師、日本史のE講師がそれぞれ個別に代行に呼ばれ翌三月でやめてほしいと通告される。一九七一年一月二一日、退職を強要されている三講師、代行に公開質問状を提出。二月五日、分会、代行のD講師宛公開質問状への回答を公表。二月二二日、三講師の組合加盟を公然化する。三月九日、東京私教南部地区協議会議長より団体交渉開催要求の文書が提出され、その中の人事政策の不当性の例として三講師に対する退職強要問題をあげる。三月一〇日、C講師、代行に「要求書」を手渡そうとして紛糾。職員会議流会。三月一一日、第一回団体交渉、次のことが労使双方に確認された。①三講師以外の非常勤講師の処遇、身分問題については組合と相談してゆく。②三講師の退職強要に対する組合の撤回要求を含めて、団交を重ねる。さしあたって次回は三月二四・二五日の両日ときめる。③専任教員については三月一〇日以前も現在も解雇することは考えなかったし、しないことを確認する。三月一六日、E講師退職届け。三月二三日、分会、一〇分間ストライキ。この要求項目の第一項に三講師の解雇撤回がある。三月二四日、第二回団体交渉、特に進展なし。三月二五日、第三回団体交渉、進展なし。三月三〇日、第四回団体交渉、都労委は和解の斡旋に入り、労使双方これを応諾する。和解交渉に入るにあたって、組合側が山内代行に要求した条件「C・D講師については、和解交渉の継続中は身分を保証する。その間の給与も支払う。時間割には組まないが、出勤は認める」が認められる。

C7　山内一郎校長資格問題……七〇年一一月一三日、朝日新聞に「名門校の〝武断政策〟——麻布学園の校長代行」と題して次のような記事が掲載された。〔学校教育法施行規則では、私学の校長も「教育に関する職、または教育学術に関する業務に五年以上従事した者」

との資格がいり、山内氏が就任する際、都学事部に「校長にしたい」という相談があったが、条件に欠けるため代行にとどめられた。同部では、代行としても長期間とどまるのは好ましくないと、早く正式校長を選任するよう麻布学園に指導してきたという。」一一月一四日、分会、東京都大西学事部長に、山内氏の校長資格問題についての見解をもとめる。「山内一郎氏の校長資格については、学校教育法施行規則第九条に照らして問題がでている。履歴上有資格の条件として主張されているのは、『政治経済について研究してきた山内研究所』というものであるが、すでに消滅していて定款等を検討することも不可能であり、これによって有資格であるということは、監督官庁としてはいえない。この点は一応文部省の見解もきいて見たが、同じ見解であった」。一九七一年一月八日、代行、年頭の職員会議で「社会科の高校一級、中学一級、外国語の高校二級・中学二級の四枚の免許状を取得した」と発表。

このように七つの事例より、代行と分会は教育現場というよりは、労使関係を軸にしのぎを削っていたことがわかる。そして、団体交渉、司書教諭問題、三講師問題とも、一〜二学期前半（あえて、分会関係は従来の区分を用いない）は代行側の圧倒的な攻勢に終始しており、二学期後半から徐々に分会側が力をつけはじめ、一九七一年三月の一〇分間ストライキ及び和解勧告の応諾に到って、ようやく、代行—分会の関係に分会側が橋頭保を設けたという展開になっている。又興味深いことは、一九七一年四月以降、代行—分会間の、特に労使関係の問題がなくなっていることである。この点は、一九七一年四月以降に開催されたはずの和解交渉の結果によっていると思われるが、この和解交渉の記録は入手できなかったため不明である。

又、これら代行—分会の関係は明らかに代行—生徒のそれに比べ緊迫したものであり、特に初期の山内代行の分会に対する姿勢は敵視に近いもので、これは「保護者の皆様へ」（# 32）の内容と合せて、代行の一九六九年から一九七〇年にかけての紛争の原因を一部「活動家」教師の仕業としたことが、単に生徒を悪者にしないことで父兄の反感をさけたというだけでなく、代行自身の強い政治的意図であったとすでに指摘しておいた。代行自身の生徒観は、いくつかの傍証のもとに、生徒は基本的に無力であり、適当な恫喝と懐柔により十分に彼の影響下へおくことができるものと考えていたようであり、麻布の問題を早期解決するためには、生徒ではなく一部「活動家」教員の集団とみなした分会に的をしぼったと考えられる。

D　分会と父兄　山内代行が一九七〇年四月に登場して以来の一つの特徴は、麻布学園をとりまく様々な人間あるいは組織・集団の関係の中に、明確な形で「父兄」の存在を位置付けたことである。すなわち、従来の年二回の形式的な父兄会とは質的に異なる一九七〇年四月一八日の（臨時）父兄会、六月二〇日の保護者総会及びこれに伴う「保護者の皆様へ」というパンフレットの配布、遠足の飲酒・喫煙問題を全高二高三生徒を父兄同伴のもとで講堂に集めての叱責等の公式な形での学園問題への父兄参加、又、一九七〇年五月文化祭後の特定生徒に対する父兄の呼び出し、そして、一九七一年四月以降の生徒手帳上に保護者通信欄を設定したことなどである。

これに対し、生徒側はいち早く、すなわち、一九七〇年四月一八日、父兄会において父兄向のビラを用意し配布するなどの行動をとったが、分会は父兄に対する行動をなかなかとらなかった。この理由は、資料を見る限り明確ではない。ただ、分会の活動当初の内容が、団体交渉及び服務規定案に集中していることから、直接父兄と接触をもつだけの余力がなかったとも考えられる。

この分会が、活動が活発になってきた二学期後半、すなわち、一九七〇年一一月二七日、全保護者宛に「資料」を送付する（♯ 67）。この内容は、「山内代行の団体交渉拒否および校長資格問題」（A）「教育に対する私達の基本姿勢」（B）であり、ここで初めて六月の「保護者の皆様へ」（♯ 32）の反論を含め、分会としての代行に対する意見を明確にする。

一九七一年三月四日、分会、高三を除く全生徒の保護者に文書を郵送（♯ 88）。主な内容は、二月二四日に代行が発表した来年度人事の問題点とそれへの批判、組合のスト権確立の報告である。

三月二四日、生徒経由で保護者宛のビラ「本日の一〇分間ストライキについて」（♯ 92）が出される。こうして分会は、一九七〇年一一月までは、代行―分会の図式の中で活動を行ない、それがある程度順調になってきた一一月からは、代行―分会―父兄という図式を築きはじめたと思われる。そして、分会―父兄の関係をより親密に、より太くすることを意図したと思われる分会機関誌『月刊麻布教育』を七一年三月に発刊する（♯ 90）。〔『月刊麻布教育』の創刊にあたって―・―この私達の声は教職員・生徒・父母などの多くの声なき声に包まれていることを私達は確信している〕とあるが、実際、分会が七一年一〇月まで生徒との接触には消極的であったことを考えるとこの機関誌は父兄を対象としていると考えてよい。そして、この『月刊麻布教育』の創刊の意図は、当時の分会の活動力と相まって、かなり達成できたと思われ、四月二三日に発行された第二号（♯ 96）では「父母同志のつながりを求めて」という項を設け〔特に、『月刊麻布教育』はその編集方針から言っても、父母・同窓生に学園の内部に起るどんなことも細大洩らさずありのままに伝達し、まず正確に認識してもらうということに今後も怠りなく励んでゆくつもりでいるので、役に立てるところは多いと思う。今号の内容でもおわかりのように誌名にふさわしく、父母のもっとも関心を寄せられておられる、教場での実際の教育のあり方、進学指導の問題などについて、麻布の内外を問わず、積極的に意見や現場報告を掲載してゆくことになっているので、この一冊をもってしても、父母の集まりに関する貢献は充分できると思う。さらに近い将来、父母の有志の方々にも編集に参加していただき、父母のページを企画してゆくことも既に検討に入っている〕と編集方針を述べ、又、『月刊麻布教育』によせる期待として〔この雑誌を媒介にしながらの、父母同志の横のつながりをつくり、深めてゆくという作業は、決して実現不可能のことではないと思う。われわれは雑誌の内容を押しつけるのではなく、父母の方々が数人ぐらいずつでもグループでこの雑誌を批評し、その結果を送り届けていただき―・―そこで話された内容が雑誌に発表の場をえ、組合にも代行にも意志を伝達し続けることができれば、そのことが必然的に組合をも代行をも監視し、父母独自の立場を作りあげてゆくことになるにちがいない〕と記している。そして〔雑誌を媒介にしての父母の横のつながりが、現状ではもっとも実現しやすいことと思う〕とその可能性を示す。

分会が父兄との関係を密にしようとした理由は、代行の父兄対策への対抗手段であったはずであり、このことは『月刊麻布教育』の創刊号発刊が、団体交渉の大詰を迎えた一九七一年三月であることからも推定できる。そして、何よりも、創刊号、二号と連続して発刊した後、すなわち、分会と代行の緊張関係が一応、一時的にせよ緩和された一九七一年五月から「月刊」が維持できなくなり、第三号が七一年九月になったことが、これを示している。第二号での、父兄との関係強化の抱負は、第三号へと継続はしなかった。第三号は上記のように五ヶ月の間隔をおいて、発刊され、一応「読者のページ」を新設したが、そこへの寄稿者は六人中五人までが卒業生であり、残る一人も他校の私学労組組合員であった。したがって、資料をみる限り、分会と父兄のつながりが、つよめられた跡は認められない。第二号での分会の期待と抱負はそれだけで終ってしまったのか、あるいは記録に残らない形で徐々に活動していたのかは不明であるが、推定では、分会としてではなく、分会員が担任あるいは元担任として、父兄と接触していたように考えられる。

⑨ **文集発行と受験**　退廃期から沈静期へのターニングポイント、具体的には、七一年二月頃から、文集発行の動きが顕在化してくる。これらの文集は、当時高三の卒業文集的な『像』(#95)、高二のクラス文集的な、すなわち、高二—三『犇犇(ひしひし)』(#94)、高二—四『おわりかはじまりか』(#115)、高二—五『昭和四五年四月〜昭和四六年三月　高二の五根岸クラス』(#93)であり、実際の発行は、一九七一年三月〜六月となるが、作成、編集時期がほぼ同じなので、この章でとりあげる。

文集をこの章でとりあげる理由は二つある。一つは、高三の卒業文集的な『像』を除いた高二の文集が、この学年の麻布六年間を通して唯一発行されたものであり、又、それが高二の六クラス中三クラスにも及んでいること。これは明らかに特殊事情と考えられる。二つ目は、高二—四の『おわりかはじまりか』は既に何度か引用を行ない、又高二—四は班新聞というものを発行していたため、我々の分析対象として広く用いられていたが、他のクラスについては、クラス内の動きを判断できる適当な資料がなく、この文集が、それを提供しうる貴重な資料であることによる。

以下、文集のプロフィールの特徴を抽出してみたい。

A1　発行主体と編集方針　『犇犇』、『おわりかはじまりか』は、クラスで選抜されたと思われる編集委員会的なものがまとめている。一方、『像』、『根岸クラス』は一部有志発起人グループが、原稿依頼から、編集、印刷、発行までも行なっているようである。『像』の製作呼びかけを行なったビラ(#57)では〔「自分にとって今を麻布を促える為に卒業文集の作成を！——一九七〇年一一月六日のいま、君は何を思って生活しているのか」〕と題して〔麻布での六年間を僕らが単に素通りしてきたのでないならば、その六年間の歴史を背負って今の自分があるはずだ。—・—逆にいうならば、そういうことなくして卒業してゆくという事は単にこの六年間の〝生活〟が〝入試〟に収斂されてしまうことになるのではなかろうか？　となりにすわっている人が何を考えているのかわからないという事程こわいことはない。皆、心の内にたまったゴタゴタしたものを一度吐き出してみよう！ひとりで考え込んでいるより〕と文集製作意図を述べている。この意図は、通常の卒業記念文集のそれとは異質であり、又、予定行事の一つでないことも明らかである。さらに、時期的な問題もあろうが、文集をどういうものにするかといった議論がクラス等で話し合われた形跡もなく、したがって、発行は、有志個人名で行なわれている。

『根岸クラス』は編集者自ら述べているように、「一部の人には、この原稿が文集に掲載するということを伝え忘れた」(＃93) 場合があるように、クラス討議はおろか、文集が作成されることすら徹底されないまま、有志グループの手で完成されたことを推測させる。

『おわりかはじまりか』は、文集というより記録といった冊子だが、クラス代表の編集委員で作成されている。

『犇犇』は、文集への寄稿者が多いだけでなく、製作者としてガリキリ二一名、印刷一四名の参加が目立つ。又、巻頭に教員四名からの寄稿があることが特徴である。そして最大の特徴は、編集方針であり、巻頭言で編集委員一同として述べるには「何の思い出も無い学年に比べて、何かしらあった方が―・―それが何であれ―・―その学年に対して爽やかな気分になれるのではないでしょうか？　この文集には思い出に類するものはほとんどありません。しかし、ここにある一つ一つの作品からその作者のパーソナリティが髣髴と滲み出て来ていると思います。―・―少なくともこの文集は過去に対してではなく、未来に対して意義をもっていると思います」である。すなわち、この文集は、他の三つの文集と異なり、編集方針として、意図的に現在及び過去の麻布（山内問題を含めて）に触れないようにしたと思われる。そして、このことが、印刷等の大動員をも可能にしていると考えられる。では、彼等は、何故にあえて、ここで「未来に対して意義」をもつような文集を作る必要があったのか？　又、未来とはどの時点をイメージしているのか。この答えは容易ではない。ヒントとなり得るのは文集の題『犇犇』の意味を説明した後の編集子がもつ「犇犇」への感想「キシキシと、物が圧されて鳴るような満員電車につみこまれ、すきまなくぴったりとよりそって、すしづめ教室に入りこみ、てきびしくゆるみないテストを受け、及落査定とかいう鞭などにかられ、あげくのはては、たのまれもしないのに某旧帝国大学のさして広くもない門へ押し合いひしめいて、奔走する我々にとって、涙なくして見られる表紙ではないではなかろうか」である。これから推測すれば、『犇犇』発行主体の危機意識は、高三になれば始まるであろう受験勉強に対してであり、『像』の言う「となりにすわっている人が何を考えているのかわからない」(＃57) 状態を未然に防ぐことを最大の目的としていると考えられる。しかし、そうだとするならば、『像』が本音の吐露「皆、心の内にたまったゴタゴタしたものを一度吐き出してみよう！」(＃57) をせまったのに比べ、キレイゴトすぎるような気はする。

A2　寄稿者とその署名　『おわりかはじまりか』はそれまでの学級日誌、班新聞をまとめたものであり、最後にクラス全員からの二行寄稿があるだけである。署名は、本文はニックネーム、二行寄稿は本名である。『根岸クラス』はクラス五三名中一八名の寄稿でペンネーム又はイニシャルで署名してある。編集子は「一部不適当と思われるものを独断で除いた」としている。『像』は全部で七七名の寄稿で巻頭論文と投稿文の五名のみ名前（本名）がのっている。『犇犇』は五三名中四四名の寄稿であり、最大の特徴は、全員本名である。

A3　内容　内容を以下の四つに大別した。

①　一九七〇年全校集会及びそれ以前（授業改革等）
②　山内代行あるいは当時の麻布学園
③　クラス
④　受験
①　一九七〇年全校集会及びそれ以前（授業改革等）……具体的に当時を論じているものは一つもない。ただし、全校集会当時の中心学年であった高三の『像』では、全校集会あるいはそれ以前の授業改革への様々な思い入れがみられる。その中で〔＜ある劣等生の心理＞〕と題した投稿文に、授業改革は優等生が中心であり、劣等生はこれに参加できなかったという批判があるのは注目される。
高二の文集では『おわりかはじまりか』が「前史」として簡単にまとめているのにとどまる。
②　山内代行あるいは当時の麻布学園……当時発行した文集にとって、立場上最も微妙なのが、この問題であり、『犇犇』は前述のように、この問題を意識的に避けた。『根岸クラス』でも、具体的に代行を取り扱ってはいない。『犇犇』の中ではっきりと代行と当時の麻布学園に触れたものは一例だけある。〔「無題」／高二も三学期になると、皆大学、受験への準備がいそがしくなって、教室の中の空気も以前より、はりつめたものと感じるようである。しかし、我々はしっかりと自分というものの、存在を考えて、現在を生活しているであろうか。学校の問題にしても正しくとらえて考えてきたであろうか、クラスタイムで云われたように、「見ザル、言わザル、聞かザル」というような態度ではなかったか、と自分自身で考えた時に、疑問が生じるのではないかと思う。／代行が来てから麻布の中には、何か不安定な空気が流れているように思われる。それは大部分の生徒が彼のやり方に、少なからずとも疑問、不安、不満をもっているからであろう。それらのわだかまりを、我々はどうして表面に出すことができないのか…。それは、外からの圧力もあるが、多分に我々生徒一人一人の責任であると思って、いつでもそれではいけないと思いつつも、僕は決して十分な態度で日々の学校生活を行なって来たとは思えない。ともあれ、これから我々が麻布にいるのは一年だけであるが麻布が現在の状態から生徒の意見を十分反映して前進するように願い、又そうなるようにして行きたいと思う〕。又『根岸クラス』の例としては〔学校は大きく変わりました。右に曲り、左に曲りして変わりました。いや、今現在変わっているかもしれません。そうした中で、僕は完全にふりまわされ、踏み迷っていたみたいです。毎日毎日に充実感というものがない。気がついたら歳月のみが着実に着実に過ぎ去っていてあとには何も残っていなかったのです〕。あるいは〔山内體制なる語が言はれるようになってから久しい。僕等にとって昨年の四月は正に晴天の霹靂であったが、果してその驚きは僕等の尋常な心の働の成す所だったのだろうか。―・―僕等がその瞬間持った決意とは平常心に歸らう、といふ最も當り前な気持ちの非常にはっきりとした認識であった。―・―轉向といふ言葉が聞かれなくなって随分経った様に思ふ。―・―我々が黒い大きな物に對して恭順を示す姿は此彼処に見られるし、その基本的な手順は些かも變っていないのだ。唯その恭順のさせ方がより巧妙になり、時によっては自分が屈服した事實もそう思へば避けて通れる程である。―・―僕等の心の中で體制を否定するのが何にならう。否定するのは力をもってである。僕

等が自覚するかしないかを問はず體制は包合し、利用する。—・—だが、不幸な時代等意味のない言葉である。唯、時代に生きるひとりひとりが不幸な、それだけだ」。又、「考えて欲しい事」と題された文では〔正義・力／正しいものについて行くのは正しいことであり、いちばん強いものについてゆくのは、しかたのないことである。しかし、力のない正義は無力であり、正義のない力は暴力である」という虚脱感、敗北感を述べる例があるにとどまる。又、このように、代行批判が見あたらない理由は、(i)文集を意識することで、率先して代行批判を控えた。(ii)『おわりかはじまりか』が文集を意識してかかれていないことも理由の一つだが、比較的素直に代行批判をしていることから、「書く」ことに対する慣れが、代行批判をこわいものと考えなくなる風潮を作ったのに対し、『根岸クラス』にはその慣れがなく、代行批判を文章にすることが恐しいもののようになっていたのではないか、の二つが考えられ、この後者は、『犇犇』があえて避けた理由でもあると考えられる。

　これらに対し、『おわりかはじまりか』は、前述のようにかなり卒直な代行批判を載せている。これは、学級日誌や、班新聞から記事を集めたため、特別に文集というものを意識しなかったという理由があることは前に述べたとおりである。しかし、『犇犇』や『根岸クラス』と比較すると次の点で質を異にする。(i)クラス構成員内で代行批判の共通言語が形成されていた。例えば代行を「タイコウオ」と称する等。(ii)代行批判の観点が、それなりに出来ていた。例えば校舎改築や、検閲等。(iii)これらが頻繁ではないにしろ、継続して話題になっていた。(iv)代行批判に限らず共通言語が多数形成されていたため、独白型ではなく、読み手を意識した文章が書けた。

　『像』には、この学年が、一九七〇年三月全校集会後、高三として受験体制に入ったこともあり、山内代行あるいは代行登場後の麻布学園への積極的な関心を示すものはない。あるいは、彼ら高三が卒業するにあたっての「思い出」とはなりえなかったのかもしれない。山内代行あるいは代行登場後の記述としては、〔オレは将来校長になるのだ。今の校長先生のような立派な人に。オレが気にくわない生徒はどんどん退学にするのだ。他人が自由になろうとするのが気にくわない校長になるのだ。生徒となんか話し合いをしないのだ。下手にしようものならたちまち自分の誤りを、発見してしまうからだ。そして生徒の云うことを認めてしまったらクビになるではないか。低学年の父兄はまるめこむのだ。高学年になれば受験で頭がいっぱいになるからかまわないのだ。日本人の怒りは長く続かないのだ。だからオレは総理大臣にもなろう。その為には東大にはいらねばならないのだ。だから受験勉強を一生懸命するのだ。だから学園の異常事には目をつぶるのだ。校長であるオレにとっては都合が良いではないか。しかし金沢嘉一校長——彼はオレの母校の校長だったが——は云っていたなあ。「校長というものは教員、生徒と向いあってはいけない。スクラムをくむのだ。信頼されなければいけないのだ。もし、信頼を失なったら、その校長はすぐやめるべきだ—・—」」の他数例を数えるしかない。そして、この例については、その論理はともかくとして、醒めた眼で代行・受験をよく見ていると思われ、これがこの学年の卒業を前にしての本音に近いものであったと思われる。

③　クラス……注目をすべき点は『犇犇』である。各自の座席配置

図、時間割が目次の次に大きく掲載されている。これは他の文集にはない。ただしクラスについては『おわりかはじまりか』もこれを主題として十分に述べている。しかし、この二つは大きな違いがある。『犇犇』は、座席表、時間割、そして実名の原稿、といったクラスの物理的構成に主眼をおいたが、原稿の内容にはクラスに関するものがない。『おわりかはじまりか』は、学級日誌、班新聞、そしてクラスで行なった行事の内容を中心に述べ、名前は、クラスで通用していたニックネームである。

ここに「未来のため」と断り、あえて過去を残そうとしなかった『犇犇』のクラス観と、逆に過去の実績を残すことで未来をつなごうとした『おわりかはじまりか』の考え方の違いを見ることができよう。

『根岸クラス』、『像』にはクラスについての記述が少ない。『像』はクラスというより友人についての記述となるのは性質上やむを得ないとも言える。『根岸クラス』では、クラスの記述は、部分的に触れるに留まっている。これは、ある意味で当然で通常、クラスというものは媒体にすぎず、クラスを通じての友人はありえてもそれ自身が目的化されるものではない。一方、一九六九年から七〇年にかけての授業改革運動から全校集会の期間に存在したクラス決議を代表例とする「クラス」は、この高二―五においても幻想期においてクラスタイム→合同クラスタイム→生協→全校集会という志向をみせており、その「クラス」は単なる媒体以上の力と実体、すなわち政治的単位ないしは象徴としての意味をもっていたように思われる。とすれば、退廃期においてこのクラスは実体を失なったことになる。これは『犇犇』の高二―三にもいえることである。

④ 受験……この年、高二の六クラス中三クラスまでが形こそ違え、クラス文集を発行した。過去にこのような事例があるかどうかは不明だが、少なくとも、この学年の中一から高三までを通しては、文集発行はこの年だけであり（この年の高三が卒業文集『像』を発行したことも考え合せるならば）、この時期に何か表現したいもの、あるいは何かを結実させたいという気運が高まっていたのではないかと思われる。特に高二では「クラス」文集（高三は学年全体である）という形式をとったことに留意したいと思う。先に述べたように、この時期の高二の学年では、既に政治的単位としての「クラス」の機能はなく、その意味での結束はあり得ない。又、『犇犇』を例にとれば自ら記しているようにその意味での「クラス」の記録としての価値も少く、教室と人間の物理的存在を記録しただけとすら言える。ではなぜ、それでも「クラス」を意識したのか。

唯一、クラスの記録誌的性格をもつ『おわりかはじまりか』には、クラスの活動としての「勉強会」の登場とともに、高三＝受験＝予備校化の不安を訴える文がいくつか見られる。

〔―・―今年いっぱいで卓球部の現役をおりる。トントンと高三になるのである。それをむかえるにあたって、僕はこんなふうに考える。僕にとって新たなスタートだ。今まで時間的には週約八〜一〇時間、精神的には大部分を占めていた部活動というものが、全てではないにしろ、とり除かれてしまうと、高三になる前に僕にとっては想像もできないような生活が始まるのだ！・―」（八九頁、「無題」一一月一七日）〔僕は、僕が予備校へ来ているなどとは思いたくないのです。つまり、学園生活に何らかの魅力を見出す〃義務〃が、学園に通う僕達にはあるのだと思うのです」（九〇頁、「クラス活動の活発化」一一月二一日）〔「愛国会テーマ討論会「受験」」（一一月二一日）〔俺たちは結局、受験という巨大な現実のうずに巻き込まれてしまう。あと何ヶ月か立てば、今いろいろ楽しくやっている俺たちも、やがてバラバラになってしまう」（九五頁、「寂陽」一二月二三日）〔受験についてもう一こと。受験というものが、俺たちの行動を促す一つの原因となっているのではないか、という事を最近考えるようになった。俺たちが受験を意識することが、ある程度日頃の行動（今までやってきたようなもの）の原動力になっているのかも知れない」（九六頁、「寂陽」（前出とは別稿）一二月二三日）〔友人のH・Iが「良い大学へ入らなければだめさ。結局良い大学へ入ってから高校生活を振り返った時、充実していたなあっていう感慨が湧くんだよ」と言った。――・――僕等が大学受験の幻影におびやかされていないとは、あえて云うまい。しかし、大学へ入ってから高校が本当に充実していたかそうでないかが判明するなどというたわけた話には賛成できない。それは受験体制にはまり込んでいる自分を意識しつつ開き直っているに過ぎないのだ」（九七頁「無題」一一月二三日）〔僕等はもう気分的には完全に受験に縛られてしまっているようである。僕は、最近ぐんぐんと自分の頭の中で大きな比重を占めてくる〃受験〃について、明らかに逃げてしまっている。――・――僕は口では「没頭すりゃ当然受験なんて平ちゃらさ。没頭するなんて無意味だ」といいながら、自分が没頭することをせねば受験に失敗するのではないかとびくびくしている」（一〇〇頁「『意識と行動』について」（受験意識恐怖症）一月二八日）〔高二もう三学期、『受験』ということが本格的に問題となる。今、生活に直接かかわっているかどうかは別としても、頭の中ではかなりの部分を、この『受験』という考えが占めている。――・――しかし、僕は『受験』なんていうものを深刻になって重要なものと考える必要もないし、『受験』でノイローゼになってもバカらしい」（一〇三頁「ちょっと受験というのを考えてみたノダ」一月二九日）〔昨年の高二は一一月頃まで、盛んに連帯を求めておきながら受験勉強を始める頃には、全くバラバラになってしまいました。また昨年の高二に限らず、今年も、他のクラスはその徴候をあらわしています」（一〇四頁「創刊号巻頭言」一月二九日）〔――・――我々に最も身近な問題である受験に関しても然り。受験勉強というものに、何の疑問も持たず、猪突猛進して行くのである。疑問を持ってはT君がF君に言うように「受験戦線から脱落するよ」てな事になる。僕とて異論はない」（一〇六頁「憎まれっ子世にはばかる」二月五日）〔受験体制をもっと素直に見つめれば、「高校生活なんて大学への梯段」……といった考えは起ってこないはずです。いやさらに、もっと学校での今の生活を活動的にしたいという欲求が起ってくるはずです」（一〇七頁「日刊宣言」二月六日）〔先号で、受験で悩む必要などないなどと書いたが、これはほとんど空論なのである。――・――今回は先号の楽天さとは正反対に受験の深刻な面を書いてきたが、この自己内にどんどん蓄積される悩みはどう解消したらいいのか、高三になると生活の基準が学校から自己、自分の学習に移行し始める。――・――学校というものを今まで通りまではいかなくても無味乾燥なものとは自らしたくない」（一〇八頁「『ちょっと受験というものを考えてみたノダ』というこの前の文はチョットナンセンスではなかったか？」二月八日）〔他の人はどうであれ僕は自分が可愛いので大学へ行く」（一二二頁「正当化拒否へのお誘い」二月一七日）〔いよいよ、例の〝受験〟なるものをほぼ一年後に控え、皆さん大層お忙がしいことでしょう。本年の今頃……何を思い何をしていることやら?〕（一二四頁「たわごと」二月一七日）〔この頃の我がクラスの新聞を読んでみると、だいぶ受験について意識されているようだ。実際、筆者も人ごとじゃなく、受験については不安なのだ〕（一三〇頁「何かが不在の高二の四」二月二〇日）。

退廃期の後半から沈静期へのターニングポイントにかけての『おわりかはじまりか』に掲載された「受験」に関する様々な意見を列挙した。ここで気付くことは、例の前半と後半で意見の内容に変化が見られることだ。すなわち、前半は、「受験」を極めて特異なものと受けとめ、その制度への疑問と、未体験なるがゆえの誇張された不安を訴えており、後半はそれが解決されぬまま惰性と居直りとで覚悟を決めてゆく過程である。そして、これらの内に一貫して流れているものが「高三」＝「受験」＝特異性という図式である。そして〔受験を意識することが、ある程度日頃の行動の原動力になっている〕（前出）という指摘を「受験」＝「高三」と置き換えることにより、「高二」末期の彼らの行動の具体的な原点とすることができる。しかし、これだけならばこの学年に限らず毎年高二で必ず繰り返される光景の一つに過ぎない。

繰り返すことになるが、問題の設定は、この年の高二が既に政治的意味を失なってしまったクラスという単位で、なぜ多数のクラス文集を発行したかということであったはずである。

〔僕は、僕が予備校へ来ているなどとは思いたくないのです。つまり、学園生活に何らかの魅力を見出す〝義務〟が、学園に通う僕達にはあるのだと思うのです〕（前出）が象徴している矛盾を考えてみたい。すなわち、矛盾とは、「高三」＝「受験」＝「予備校」＝「魅力がない」という図式を、いわゆるマスコミ的なセンセーショナルないい方でなく、実感として予期していることと、「魅力」を見出すことを「高三」ではなく、「高二」の時点で主張していることである。推測をすれば、「高二」の時点で既に「学園生活」に魅力を感じなくなっていた。それを指摘せずに、「高三」＝「受験」という一般的な危機感を原動力に、魅力の回復を図ろうとしていたのではないか。

次に考慮すべきは「予備校」という概念である。高三の受験生活を予備校と同一視することは、麻布高校の慣例から言えばそれほど飛躍とも言えない。すなわち、麻布高校の高三は、生徒協議会に事実上不参加であり、又各クラブ活動からも「引退」していた。したがって、内容はともあれ、形式的には高二を含めた外部からは予備校的であったと思われる。

しかし、この年の状況を考えてみると、生徒協議会は秋に凍結解除となっていたものの、活動は停滞しておりこれへの参加・不参加という形式上の議論が意味をなすとは考え難い。又、クラブ活動への参加の問題は、クラスの雰囲気云々とは若干位相を異にしており、事実、これらクラス文集の中にクラブ活動の話題は極めて少ない。

以上から考えると、「予備校」という概念が意味しているのは、受験を主目的とすることによる束縛感と解釈できる。そして、彼らが感じている束縛感としての暗黙の合意に、代行による学内での束縛感があったことは容易に推測できる。つまり、高二の時点で既に十分感じている学内での束縛感に、さらに受験という名のもとに束縛されることは、後者が自縛的行為であるにもかかわらず、結果としては極めて強固な束縛と感じられたのであろう。あるいは、自縛的な束縛が結果として代行による学内の束縛感と重なることに気付きつつあり、それが、代行による束縛を正当化する可能性を感じとっていたのかもしれない。

このことは、「高三」＝「魅力がない」を避けるため、高二で魅力を見出す必要があるという論理を作る。すなわち、代行による束縛感を乗り越えて魅力を作ることが、「高三」＝「魅力がない」という等式を崩すという論理である。

文集作成という行為がどれだけ代行の束縛感に対抗し得るものかは議論の余地が多いにあるが、少なくとも、文集であれ、無断発行は処分対象となっていた状況下で、相当数の生徒が「ガリ切り」や印刷、製本に関与した『犇犇』の高二—三や『おわりかはじまりか』の高二—四では十分に危険な行為だったはずであり、わずかではあるかもしれないが、それゆえに代行による束縛感から解放された経験となったと思われる。

では、なぜ「クラス」文集だったのか。発行者は少なくとも「クラス」にこだわった。『根岸クラス』は参加率六〇％程度であり、又クラスとしての編集方針も確認されていないいわば有志による「クラス」文集である。したがって、そこには崩壊した政治単位としての「クラス」への思い入れと、崩壊を意識したくないという発行者の意地を読み取りたいと考える。

以上をまとめると「クラス文集」はその内容ではなく、クラスとして、代行による束縛感の中で発行したという事実のみが優先されたものであったと言える。

⑩ 代行の生活への介入と代行の戯画化　前項で触れた代行による束縛感についてさらに論じてゆきたい。

まず、二月三日に生徒心得の制定があった。その作成過程において現場の教員の意見を聞こうともしなかった点などの問題は『月刊麻布教育』第三号（#126）にゆずるとして、ここでは生徒心得の内容について簡単に触れる。概要は、代行就任直後の施策であり、「全校集会集約」の白紙撤回、印刷物の検閲、文化祭プログラムの一部削除などに見られた、許可制度の強化が明文化されたことである。〔本校生徒が、学校の内外を問わず、集会行事を行なう場合〕〔ポスターの掲示、印刷物の配布を行なう場合、また校内にて新聞雑誌を発行する場合〕〔生徒科の先生に届け出て、校長先生の許可を受ける〕（#74.5）などである。〔これに違反する者は退学停学の処分をもって威嚇され、今や羊の如く飼い馴らされようとしているのである〕（# 126）。これらの許可制度は生活の隅々まで徹底され、登下校、諸届、学習、所持品、生活態度、服装、容姿などについても「〜をしてはならない」「〜を禁じる」〔校長先生に届け出ること〕〔担当の先生に届けでること〕〔必ず学校の許可を受けること〕などを定めている。

また、この時期、代行が頻繁に校内を歩き廻り教室へも入ってきた。〔タイコ魚出現！ A氏（著者注：担任教員）の欠場にピンチヒッターとして出席をつけにイラッシャッタ。「おはよう」と言いながら入場したタイコ魚。出席者の少なさにしばしボー然。大蔵省印刷局発行の小百合組提供のカレンダー及びA記念バレー大会の勝敗表をキリリと睨み据え、「許可を取れ! 規則を守れ! はがせ! 君等がはがさぬならわたしがはがす!」とのたもうた」(#115 五〇頁)。

〔昨日八時半頃、A先生が朝礼から帰られた後に代行先生が登場、机の上にあった小合百合タイムズ、知らねえよ、建国の友と、三大新聞を「参考としてとっておく」と仰言った〕(#115 五一頁)。

このような生徒の生活場面への頻繁な登場は、代行を必然的に戯画化の対象とさせた。先の例で代行を「タイコ魚」と呼んだのもその一例であるし、又、代行の通過後に「清め塩」をまいてみたり、あるいは積極的なものとして、廊下で代行の通行の邪魔をする、わざと怒らせるなどである(またこうした行為とよく似た「おふざけゲリラ」については第3章**4**(**3**)②を参照のこと)。

戯画化とは、代行を一つの道具とみたてての生徒間のお遊びにすぎないので、ほとんどが個人単位の行動に終始してはいたが、代行を茶化すという行為がそれへのリスクがある程度予想できるだけに、一般の教員へのそれとは比較にならぬほどに聴衆すなわち生徒達にうけたようだ。そして、これらは代行からの反撃を常に予感させられながらも徐々にエスカレートし、その度に、代行からの束縛感からわずかながら解放された気分になっていた。そして、代行からの予想された反撃がなかった度に代行に対する恐怖は薄れていった。その結果の一つが、前出のクラス文集の発行であり、又、一つの例が後に挙げる高等学校卒業式の出来事となってゆく。

代行を茶化すこと、すなわち戯画化は、代行に対しての攻撃ではなく、むしろ、その行為者であった生徒達の一種の意見表明であるとも考えられる。これらの多くが即興的であり、記録に残っているものが少ないことは、これらの行為者がいわゆる行動的な生徒ではなかったことの一つの証しとも考えられ、又、組織的な動きでもなかったと考えられる。それだけに、これらの動きについて例を挙げて検討することは難しいが、少なくとも、この戯画化について生徒間での反感は少なかったようだ。

⑪ **高等学校卒業式** こうした中で行なわれた高等学校卒業式は以下にみるように騒然としたものであった。

〔I氏「これから、第二三回麻布学園卒業式を挙行いたします。全員起立!」/全員立ちました/I氏「礼!」/一寸、ざわめいているようです/I氏「これから、校長先生のお話しがあります。」/代行…山内一郎氏が堂々と、マイクの前につきました/山内氏「父兄の皆さん並びに生徒諸君、晴れて卒業式を迎えておめでとう。高三総人数三一二名中、三〇九名は無事終了したので、ここに賞状を授与する。」/生徒全員、爆笑/山内氏御立腹されて、前に出ていらっしゃいました。と/山内氏「卒業式くらい静かにしたらどうだーッ!」/拍手と爆笑、口笛が飛び交う/山内氏「この二年間には様々なことがあった。紛争なんかあって。」/生徒ざわめく/生徒E「なんで、てめえバカヤロー。闘争だよ。」/山内氏御立腹されて、壇からおりてEの方へやって参りました。/山内氏「貴様はさっきから言っているように、卒業させないぞ! この場所から、高二の場所へ移れ!」生徒E「うるせいな! 認めねえよ、そんなの。」/山内氏は顔を真赤にして、壇へ上がろうとしました。いや、どうしたんでしょうか? もう一度下まで降りてきましたが……父兄も心配そうに見守っていますが……。ゾウリを落したようです。これは、大きなミスであります。／生徒爆笑、口笛が飛ぶ／山内氏「また、いやな話になるが、去年はここいる高二と高三が酒、タバコを飲んで……。」／拍手、口笛／山内氏「反省の色をみせたのは、せいぜい二～三人だった。」／爆笑／生徒F「俺達が反省の色を見せないというのかよ。あいつバッカだなぁ。」／と後ろを振り向いて言う／山内氏「私達、先輩達が、あの場合あのような強行手段を取らざるを得なかったことを、いつの日か君達に理解してもらえるだろうと確信している。」／拍手、爆笑／山内氏「普通の手段では、病根がなくならないという場合、医学的見地から見て、ショック療法を与えるのが一番良い、副作用はあるだろうが、それをも克服してゆくのが君達に課せられたことでもある。」／拍手、爆笑／山内氏「最後に、御父兄の方々に……」／ヤジが飛ぶ、爆笑／山内氏「あのようなヤンチャ坊主をここまで……。」／大爆笑――・――」（『おわりかはじまりか』#115　五八頁）

〔山内一郎校長代行式辞全文

御父兄の皆様、恩師の諸先生、高二の諸君と共に卒業式を行なう。高等学校三年在籍者三百十二名中、三名の卒業が保留されておるので、三百九名の諸君に、高等学校の全課程を修了した証書を授与する。ただし三月三十一日付で授与する。（生徒の笑い）卒業式だ。ふざけるな！（代行怒鳴る）ふざけるものは組名、姓名を名乗って外へ出なさい。遠慮することはない。諸君ら中学校三年、高等学校三年、六ケ年、なかには七年おったものもあるようであるが、（笑い）この間の数年は、本学園としてもさまざまた問題が起り、とくに諸君が高二の際には、ほとんどが紛争の期間としてあけくれた。（紛争じゃない、闘争だぞ、との声）静かにしろ！（山内代行壇よりおり、ヤジった高三の生徒の所まで行く。笑いと拍手。以下その生徒に対して）出なさい。お前は卒業出来てないじゃないか。（笑い。その生徒の応酬は聞きとれず）お前はここに坐るべきではない。（生徒の返答聞きとれず）お前はここに坐るべきではない。（生徒の返答聞きとれず）静かにしなさい！外へ出なさい（代行壇上へもどる）。

この間にあって、私が就任したあと、私が外で見ていた麻布学園の様子とは、見ると聞くと以上に深刻な事態であったので、諸君らにショック療法を与えた。（笑い。はじめの数語聞えず）生命もあぶない場合には強い化学療法も必要である。そのために強い副作用がおこるが、しかしながら（以下十数語聞きとれず）どうか今後は校友の一人として、君らの先輩があの場合ああしなければならなかったということを、君らが理解するであろうことを期待し確信する。

卒業の諸君らは大学へ進み、あるいは大学に行かずそのまま社会へ出るものもあるだろうが、どうか平和な社会の一員として（以下生徒の笑いで聞きとれず）社会に出たら、諸君はいろいろな問題に諸君らは遭遇するであろうが、とくに政治的なことを行なわんとする者に対して要望しておく。散発的な行動はやめなさい。いずれ諸君らが奮起しなければならない時がくる。ただし、今はその時ではない。（笑い）ただ諸君らが今日はその時でないとしてじっとしている間に、無為、無気力な青年になってはならない。諸君らはエネルギーと勇気とを持続して行かなければならない。（拍手）そのためには力が必要である。力とは学力と健康である。高等学校三年を卒業して行く諸君らに一つの区切りとしてこのことを要望しておく。

昨年の遠足において、ここにいる高二、三の生徒ははなはだしい乱行をしてくれた。（笑い）これをこのままにしておくならば、必ずや次には集団的な暴力、集団的な行為を惹起するであろうことを判断し、今後当分の間は高校生の遠足をとりやめる。にもかかわらず、高二の一、二の生徒のほかはついに反省の色が見られなかった。（ウォーという声）まことに残念である。

ここで賞状を授与する。六ヶ年精勤にしてかつ成績優秀なもの、記念品をそえてこれを賞する。記念品とは時計である。（拍手。ワーという声。以下生徒の名をあげる）次に三ヶ年精勤にしてかつ成績優秀なもの、同じく記念品をそえてこれを賞する。記念品とは万年筆である。（以下本学年精勤者の氏名呼び上げなど省略）

最後に保護者の皆様に、ひとこと申し上げたいと存じます。えー保護者の皆様、このヤンチャな諸君を、（笑い）ここまで御教育下さり、はなはだ大変であったろうと、（爆笑）深い敬意の念を捧げるとともに、心から本日の卒業をお祝い申し上げます。どうか、このヤンチャな諸君が、将来ともにすこやかに成長されることを学校としては心から祈りまして、本日の卒業式の式辞といたします。以上です。（拍手）」（#96　一一三頁）

二つの資料から引用したことは、それぞれの資料が若干の脚色を含んでいたとしても、当時の卒業式の雰囲気と内容が理解できると考えたためである。（観客のシラジラしいまなざしの渦中で、代行一人が、相変らず怒声をあげ続けていたことが印象的であり、歴史的でもあった。賞状を受ける生徒に一人も登壇を許さず、ヤジに応じてむしろ自ら降壇して、大事な演説を何度も中断するところに、代行の貧弱な焦立ちが露骨に見えていた。――・――副作用を承知で、自分は〈ショック療法〉を与えたというが、〈療法〉が、生徒達にどのくらい真実浸透しているかについて、代行は何ら判断の基準を持ったりしてはいなかった。現に生徒を徹底して〈療治《マ》〉しようとしたことは一度もなく、高三を早く追い出したいというのが、他ならぬ代行の切なる願いであったではないか」（#96　一一四頁）という教員側のコメントも的をはずしたものではないと考える。

卒業式に賞状を壇上で手渡したり、送辞、答辞あるいは校歌斉唱といった「内容」についての是非は別としてこの年の卒業式は間違いなく異例であった。そして、この卒業式は、退廃期における代行と生徒との関係をよく示していると思う。そのキーワードは「ショック療法」「遠足」「ヤンチャな諸君」であり、バックグランドは異例の（その意味は上記に示したことと、近年例のない父兄同伴卒業式という二つが含まれる）「卒業式」である。

まず、なぜこのような「卒業式」を代行は挙行したのかを考えたい。この異例な、騒々しい「卒業式」は代行と生徒とが向い合った結果の産物ではない。代行は、校歌斉唱も送・答辞も、卒業証書の授与も最初から考えていなかった。考えていたのは演説と父兄へのあいさつであり、申し訳け程度の表彰についての説明であった。すなわち、代行はいわゆる卒業式を行なうつもりはなく、形だけでも「卒業式」を行なう必要があった（いわゆる卒業式が行なえないと判断したと考えるのはうがった見方と考える）。そして、そこに父兄を同席させたことは、「卒業式」をしたことの証人の列席と考えるのが妥当である（父兄を前にして、代行の施策の効果を見せたと考えたり、父兄に、何らかの予想される混乱の緩衝効果を期待していたと考えるのも誤りであろう）。少なくとも代行は「卒業式」を公開し、学園が一応正常化の方向に向っていることを学園内・外に示したかったと考えられる。

そして、我々がこれまで考察してきた幻想期・退廃期における学園状況の変化を、代行はどのように認識していたのかという点もこの「卒業式」のエピソードからある程度推察可能である。

代行は登場以来の数々の施策を自ら「ショック療法」と称した。ショック療法という語感には簡便で効果的という意味も含まれようが、一方では危険な要素を含む特例的療法とも解せる。少なくとも、代行は、自らの方法が「正道」ではないことを認めていることになる。そして、その方法が効果的であったとは総括せず、結果的に特異な「卒業式」を準備せざるを得ない状況にいることを示した。これらの事実は、代行の、登場時の姿勢からは大きな後退である。

さらに、代行が「卒業式」において、唯一、具体的に取り上げた「遠足事件」は、我々がこれまで考察してきたように、この時点までに生徒側に十分なインパクトを与え、これにより生徒側に内部変化が起きたもので、生徒側にとってはすでに十分に消化したと思われる事件であった。したがって、代行の叱責に対しても生徒側ではすでに論点となり得ず反応を見せなかったと思われる。代行が「遠足事件」をあらためて具体的に取り上げたことは、逆に代行側がこの一年に確実に稼いだ唯一のポイントであったと錯覚していたとも言える。

又、最後に代行が父母に対して「生徒」を「ヤンチャ坊主」と称したことも、一方で代行＝大人、生徒＝子供の図式で自らの優位性を示そうとしたものと思われるが、又、「手に負えない」現状に対する本音も含まれているとも考えられる。その意味で、大人―子供の対比は代行の、教員―生徒あるいは管理者―被管理者の概念に対する論理のすりかえとも考えられる。

以上の考察をふまえると、この「卒業式」は代行の姿勢の大幅な後退を示したものと考えられ、退廃期末期の生徒側の動きと合せると、代行登場以来の状況が新しい局面となってきたと言えよう。我々は、この局面の変化と、四月新学期による学校全体の構成（人員、学年、クラス編成）の変化とを合せて一つのターニングポイントがこのあたりで生じたと考え、三月までを退廃期、四月以降を沈静期と便宜的に分類した。しかし、この境界は上述のとおり明瞭ではない。

4 沈静期――一九七一年四月から九月

(1) 概要

A 学校側と生徒の間で目立つ動きは、生協の活動開始とともにあらわれた生徒権宣言についての討議であった。内容的には一九七〇年九月三〇日の代行発言に対する論理的反論であるにもかかわらず、高三の間であまり高く評価されていなかった。受験による活動レベルの低下のほかに、高三には代行とは論理的な対決をしても無駄であるという考えがいきわたっていたからとも考えられる。

高三をはじめとした、代行や代行派教員への散発的イタズラ（おあそびゲリラ）がみられたのもこの時期である。これは幻想期、退廃期と比べて少し趣きの変わった生徒の行動である。「おあそびゲリラ」には二つの特徴がある。一つは代行を畏怖の対象として見なくなってきたこと、又一つは、無名性にかくれて、結構多くの生徒が、このイタズラに参加していたことである。

さらに、この時期には、代行への反対運動がどこからも提案されていない。一方で、代行は相変らず行動的な生徒＝活動家を処分している。したがって、これらのことから次の事が推定される。

A1　行動的な生徒の集団は追いつめられていた。そして、反撃の照準を一〇月の文化祭にあわせていた。

A2　生協等公的集団は、生徒権宣言といった論理的反論に終始し、この期に具体的な代行への反対運動を組みえなかった。したがって公的集団への結集力は大きなものではなかった。

A3　一般に代行を畏怖の対象としてみなくなってきた。この傾向は、おそらく、「遠足事件」そのもの、あるいはそのあと父兄同伴で生徒を集めた代行の行動の後に起きている。その後の代行の戯画化、卒業式など、人の集まるところでの生徒の騒然とした雰囲気がこれを裏付けている。

B　当局と教員、特に分会との対立は平行線をたどっているが、前後の時期を比較するかぎりにおいては分会の攻撃が持続されており、それに対する代行からの施策には新しいものはなく、相対的に分会の力がより一層強くなっていったようにみえる。

C　当局と父兄の関係は、表面的にはほとんど変化がない。爆発期での闘争が展開されるにつれ、父兄の中は代行派、反代行派に別れ、高学年ほど反代行派の占める割合が高くなっていった。爆発期の急激な変化が、これらの分裂をうんだのか、それとも、この期を含めた就任からの代行の行動が既に父兄の中に潜在的な代行派、反代行派をうんでいたのかは明確ではない。ただし、反代行派の父兄の中には行動的な生徒の親達が含まれていたし、麻布の生徒の親にはインテリが多く、彼らも代行に対し、よいイメージをもっていなかったことに注意すべきである。

D　分会と生徒の関係は微妙である。学内での言動や麻布での教育を通じ、生徒にとって一方では分会のイメージは悪いものではない。もう一方では、分会の教員としての配慮から生従の暴発的な行動を抑えるようにふるまったことに対する反感がある。代行に対しての強い怒りと受験への不安をもつ生徒にとって、はたして分会が、自分たちの不満を解消していけるだけの展望をもつものとして映っていたかは疑問がある。むしろ、彼らにとって分会はアンビバレンスな感情（と同時に自己を映すものであったが）をうみ出したのかもしれない。行動的な生徒に特にこのアンビバレンスな感情が見出される。したがってまだ分会は期待される行動体とは映っていなかったであろう。

E　**A〜D**において述べたことに加えて、次のような推測が可能ではないかと考える。

退廃期で形成された「おともだち」集団のうち、行動的生徒以外のものは、クラス替え、受験の二つの主要因により揺らいでいる。退廃期での「おともだち」集団は、自分自身を守るため集まっていたものであり、それぞれの集団との交流時間において、精一杯の自己表現をしていったと考えられる。しかし、その集団が揺らぐ中で、新しい「おともだち」集団の規範にのれなかったものや、逆に、「おともだち」集団の束縛から解き放されたものは、孤立した行動をすることへの代行の圧力を感じ、さらに受験についての不安が、彼らをいらだせ、明示的な動きを見せなくなった。そこに、前期末の代行が持つ権威の低下を感じる状況が重なり、無秩序な権力否定的な土壌が生成されてゆく。「おあそびゲリラ」活動に直接的に参加し、あるいはやじ馬として参加したものの多くはこうした不安定な者達であった可能性がある。

一方、上で述べた権力否定的な土壌は、公的機関における活動の可能性をも又否定的に感じさせ、この結果、生協高執委等の活動の支持基盤が醸成されずに終わる。

このような、権力否定的な土壌は、行動的生徒の集団の方向性と一致し、この時期の後半には、一部生徒と行動的生徒集団との距離が心理的には再び近づいていった可能性がある。その結果、この期の終わりには何人かの新たなシンパ層の形成をみたかもしれないが、しかし、一般には、生徒の多くは受験に否定的ではなく、自分の中にあるアンビバレンス（代行の否定と受験）がうみ出す不安を気にしながら受験勉強をすすめていたと考えられ、したがって、実際に多くの生徒と行動的な一部の生徒が交流を密にしていた可能性は少ない。

そして、当局に追いつめられてゆく行動的生徒集団は、そのことにより、従来のような高いトーンで闘争宣言をせずに、この土壌を感じて現実的な具体的方法をこれらの層に諮っていたのが、爆発期直前であったと推定できる。

この期を通しての特徴は上述のように明示的に行動する層が少なく、したがって、全体的に沈静してみえることであり、我々の分析の中にも、他の期以上に推測の量が増えた。

(2) 日　録

一九七一年四月八日　入学式。一九七一年三月三〇日に確認された和解交渉開始の条件に基づき、二講師出勤（#96　一二七頁）。

一九七一年四月一二日　都労委において第一回和解交渉（#126　八五頁）。

一九七一年四年一三日　授業開始。

一九七一年四月一九日　就業規則に対し、「反対意見書」を専任教論二四名（うち分会員二二名）が代行に提出。これとは別に組名で詳細な「反対意見」が提出された（# 126　八六頁）。

一九七一年四月二〇日　旧高三文集『像』発行（#95）。

一九七一年四月二三日　『月刊麻布教育』第二号発行（#96）。

一九七一年四月二四日　保護者会総会。この席上で、代行は校舎改築に関して説明をした。

一九七一年四月二八日　高二のクラスタイムにおいて「生徒権宣言」の提案がなされた。

一九七一年五月一〇日　文化祭実行委員長選挙の告示（#102）。

一九七一年五月一六日　創立記念日。

一九七一年五年一九日　文化祭実行委員長選挙。

一九七一年五月二〇日　江原素六先生記念日。沼津で同窓会総会が行なわれ、OB有志が麻布の現状についての説明会を要求したが無視された。
一九七一年五月二二日〜二五日　中間考査。
一九七一年五月二六日　労働基準監督署の指導に基づいて、代行は「就業規則」の一部修正を示した。
一九七一年六月一五日　代行は「学校法人麻布学園就業規則」を三田労働基準監督署へ届け出た（受付二八日）。
一九七一年六月一五日〜一七日　沖縄返還協定調印阻止闘争。この前後沖縄関係のビラが目立つ（#106, #109, #110, #111, #112）。
一九七一年六月一七日　麻布生三名逮捕。この頃、旧高二―四文集『おわりかはじまりか』発行（#115）。
一九七一年七月八日〜一三日　期末考査。
一九七一年七月一七日　分会は、ベースアップ要求を学園理事会に提出し、団交を求める。第三回和解交渉が行なわれ、自主交渉への道が開かれる。
一九七一年七月二〇日　終業式。
一九七一年八月三〇日　代行は、学園の近況を中心として、文化祭におけるガードマン配置などを含む「お知らせ」を各家庭に郵送した(#116)。
一九七一年九月六日　始業式。
一九七一年九月一〇日　A君無期停学処分公表。
一九七一年九月一一日　文化祭プログラム完成。代行は「三菱重工」批判の項の削除を要求した。この間、文実委からのお知らせのビラが目立つ（#117〜#122, #127）。
一九七一年九月一一日　B・C両君一五日間停学処分公表。
一九七一年九月一三日　代行より、父母に対し「文化祭において混乱が予想され、状況によっては警察官の出動を要請する」旨の文書が送られた（#123）。
一九七一年九月二八日　同窓会有志による「ガードマン・警察官導入反対、同窓会の代行無条件支持反対」の文書が保護者あてに郵送された（#124）。同じ頃、文実委は「ガードマン導入に弾固《ママ》反対する」というビラを配布した（#127）。
一九七一年九月三〇日　『月刊麻布教育』第三号発行（# 126）。

(3) 詳　論

① 沈静期について　前述のように、退廃期と沈静期の境界区分は明瞭ではないが、この二つの時期は特徴を異にしていることが明らかになっている。まず沈静期と名付けた根拠を中心に沈静期の特徴を記したい。

A1　この時期に、学内外に大きな政治的イベントがなく、あるいは、政治的イベントがあったとしても、全体的な盛り上りに欠けていたこと。これはビラ、パンフレットなどの発行数が極端に少ないことからもうかがえる。

A2　学園全体の中で、あるいは学年、クラスといった単位をとっても、全体として組織化の潮流がみられなかったこと（組織化の動きの有無は把握できていない）。しかし一方では、全体としての動きがよく見えない中で、個人又は個人を単位とした集合体の動きがわずかに確認できている。「沈静期」だから何もなかったということではない。

A３　前期の終わりに確実に薄れていった代行への恐怖感は、この期でも変わることがなかった。この点については特に時期区分が明瞭でない。すなわち、代行への恐怖感が薄くなった頃をもって沈静期のはじまりとすることも可能ではある。又、このことは沈静期を通して、代行側からの新たな恫喝がなかったとも言える。

A２について、さらに述べるならば、時期区分により概ね次の特徴付けが可能と考える。すなわち

「幻想期」……クラスタイム→合同クラスタイム→生協→全校集会のパターンに位置づけられる政治単位としての「クラス」

「退廃期」……クラスという単位を枠とした「おともだち」集団としての共同作業体

「沈静期」……個人又は個人を単位とする集合体

退廃期のクラスの動きには、明確な核というものがなく、『犇犇』の発行あるいは高二—四でみられた班新聞の発行などは、いわば共同発意による共同作業体であった。「退廃期」から「沈静期」にかけて、学校行事として学年末考査、春休み、新クラス編成等があり、個々のクラスの活動の停止、中断、そして解体、再編成が行なわれた。これらの結果として、個々の意志にかかわらず、新クラスには、共同作業体としての雰囲気が醸成されていないので、従来のクラス活動あるいはその延長を再開することができなかった。つまり従来のクラス構成員は新クラスとなり別々になりながらも、共同作業体としての「習慣」を基本的には保持していたが、これが、別のクラスという生活時間の相違、あるいは高三という学年からくる受験への意識等により淘汰されたといえる。そして残された共同作業体経験者たちが、新たな個人単位の集合体の形成へと動いていったと考えられる。

公的組織である生協及び高執委は依然として存在しておりその構成員も学年がかわると共に一新された。退廃期で失なわれた活動性は一応回復する方向にあったが、退廃期で同時に失なわれた中央機関としての機能は十分に回復していなかったとみられる。すなわち、生協あるいは高執委の動きが、全校的な潮流を作るには至らず、あえて言えば、名目は公的組織ではあるが、実質は意識的生徒の「おともだち」集団の一つと考えられる。

以上の認識のもとに、以下の節で、沈静期における個人及び個人の集合体としての動きを三つの例で見て行き、又、沈静期のトピックについて触れてゆきたい。

②　おふざけゲリラ　沈静期の生徒の様子の例として、月刊『麻布教育』第三号を引用する。

〔諸君の中の一人は、＜麻布はどうしようもない。無気力学生、古校舎、建築騒音、代行の横暴＞といって嘆いています。そして＜まったく、入学した当初は大変住みよかった。あの集会で決議されたことが実行されていたら、今の麻布は大変良くなっていただろう＞という、何やら回顧的な気分をもった人もいるのです。しかし、この現状に対して直接的な怒りをこめて、例えば、＜授業中にいきなり入ってきて授業を中断させるというようなことや、授業中に生徒を呼び出すなどということは、代行といってもゆるされない行為だと思う＞と吐き捨てるように話す人、また、

＜教師は完成された大人で、君らは未完成。生徒と先生が話し合うということは同じ身分でないから、あってはならない＞という、あの＜代行＞の演説を、やわらかい心でまともに受けて、学校生活というものについて抱いていた自分の考えを一挙に破壊されてしまったと暗く悲しそうな顔つきで語る人もいます——・——生徒会の凍結、種々の検閲制、処分を楯にとった威嚇と叱責などの下で、諸君の胸が数々《ママ》にくだかれ、複雑に屈折しているであろうことは、残念ながら、簡単に想像力で確認できることです——・——諸君の一人一人が、たとえ現状に不満をいだき、正当な怒りを持ち、しっかりした批評を備えているにしても、全体の傾向として、わたしたちは諸君の生活態度に感心していません。一例を挙げれば、諸君の、＜代行＞に対する態度は、もうお祭り気分です。代行が廊下を見廻りながら生徒を追いかけ廻しています。諸君は、犬に追われる鶏のように、手足をバタバタいわせながら大声で叫んで所かまわず、時に授業の始まっている教室にまで逃げこみます。そのあとの授業がどうなって行くか、諸君は充分に知っているはずです。それを何度も繰り返して行くにつれ、今度は、諸君の生活の中にも、人を茶化す傾向が生まれて、そのリズムが、諸君にとって最も快よい遊戯として助長されて欠かせないものになりました。一人一人でしっかりした考え方をもっていても、荒廃を許し助長させる部分が、自分が知らず知らず参加している全体の中にもあるということについて、諸君は充分に意識しているとは思われません。また、そういう傾向について敏感に感じとっている人は、自分を現実に対して斜めのところに置き、妙に悟ったような言葉を吐きながら、すなわち、視線だけの関心を向けながら、もっぱら自分のうがった解釈に見とれています。これも麻布の現状をあらわす諸君の中の傾向です」（#126　一〜二頁）。

　上記引用文中にあった「お祭り気分」は、何も代行に追われて、バタバタとしている時だけではない。毎日、決まった時間に剣道着をつけ、顔を覆って校舎内をデモ行進したり、廊下にある沢山のロッカーを移動することで、代行や体育科の教員を閉じ込めてしまったりする「あそび」も繰り返して行なわれていた。

　上記引用文では生徒の動きについて「諸君の胸が」「複雑に屈折している」と同情しつつも、「無気力学生」「人を茶化す傾向」「自分のうがった解釈に見とれている」と批判し、学園の荒廃を憂いている。しかし、我々は、これら生徒の動きを以下のようにまとめてみたい。

　A1　教員側からは荒廃していると受けとられる動きをしていた。

　A2　このような「あそび」は一人で行なうのでなく、集団で行なわれた。一方、この集団には、この「あそび」に特別な意図を設けている様子も、中心的人物の存在も見えてこない。すなわち、退廃期の「共同発案による共同作業」が、目的が不明確なままその方法の一部が継承されているとも考えられる。

　A3　代行に対する恐怖心が薄らいでいる。一方で、教員を「敵」と「味方」、あるいは「危険」と「安全」に分類している傾向が見られる。

　A4　「あそび」的要素は退廃期のクラス活動全般にも、そもそもあてはまる。しかし、ここではクラスという枠が消え、対象を代行と関連した教員においている点が異質であり、強いて言えば、学校側を相手にする「あそび」に変質している。

Ａ５　内容はともあれ、クラスをこえての活動の総体的レベルは、活性化している。あるいは活性化が「退廃期」後半以来持続している。それが、「荒廃」と映るかもしれないが、学校全体に広まっている。

これらが具体的に何かをうみ出す源になるとは思えない。ただ組織的に、あるいは行動目標として「沈静」しているのであって、雰囲気が「沈滞」しているのではないことに注意したい。

さらに、教員を「敵／味方」あるいは「危険／安全」と選別する作業が、自然発生的に生じているとすれば、それは一方で、生徒側内部において、「敵／味方」という選別が完了していたのではないか、すなわち一定程度の意識の共有化が可能な段階にあったのではないかとも考えられる。

③　**生徒権宣言**　一九七一年四月二八日、高二のクラスタイムにおいて「生徒権宣言」の提案がなされた（♯97）。〔第一章　人間としての既得の権利〕は、日本国憲法で我々がなじみのある「基本的人権」について書かれている。〔第二章　現在我々がいる情況下での『自明な権利』について〕は〔Ⅰ『未成年者』に於ける権利〕〔Ⅱ『生徒』に於ける権利〕〔Ⅲ『私立麻布学園生徒』に於ける権利〕からなっている。第三章は〔終章：結語、宣言〕である。第二章の構成から明らかなことは、彼らが前年の九月三〇日合同生協における山内代行の発言、論理を強く意識しているということである。このことは、第二章のⅢにおける以下の主張からも知ることができる。私立学校における〔『教育する側』の主体的立場〕に基づく独自の『教育方針』は〔すべての思想・信条・良心の個人的自由を厳守した上で打出されなければならない〕や、私学の『教育方針』の世間評と内実の不一致は『不当』であり、〔その『不当』を『正当』に導く活動の一翼は、我々――・――の肩にかかっている〕などがそれである。そして、彼らはこう宣言する。〔我々は――・――これらの権利を忘れる事なく、失うべきは改悪であり得るものは進歩改善であることを確信して、以上の自明であるが、とかく忘れがちな『普遍的権利』を再確認、明文化した。そして我々は、ここに我々の自覚と責任のもとに行使して行く事をここに宣言する〕（♯97）。

また、この宣言について、高校の執行委は次のように述べている。〔何故、我々は『宣言』草稿を、草稿とそれに対する討論という形であるにせよ先行させたか〕〔我々は、この『宣言』について考察をすすめる。つまり、権利の何たるか、又、意義について考えてゆく事が、権利を持つ者としての自覚を生む手段として非常に有効であると考え、この『宣言』草稿を先ずは宣言としてではなく、『宣言』とその『宣言』行為の裏づけとなる責任、義務感等を、我々の自覚をその基点として並列進行させてゆく起動力として位置づけ、この『宣言』の草稿を我々が、これから行なっていかなければならない自分自身の認識の出発点として、全生徒の前に先ず提示したわけである。〕

この「生徒権宣言」を分析するにあたり、我々が、高執委という公的機関の意見表明にもかかわらず、個人又は個人の集合体の一つと位置付けたのは、上記の高執委の解説から判断したものである。すなわち、沈静期の代行に対する恐怖感の薄れという状況を背景として、一九七〇年九月三〇日の代行発言に対する一つの反論の根拠を、高執委という集団が『生徒権』という形で提示した。高執委を「おともだち」

集団としたのは、（この宣言が、当時の高二ないし高一の状況から、自然発生的な思考の延長にあったというよりも）高執委グループが、前年一九七〇年一一月二七日に分会が発行したパンフレット（#67）に述べられている一九七〇年三月全校集会の再認識という呼びかけを受けた形で高執委の活動根拠を作ろうとしたと考えるのが妥当と考えたからである。

この「生徒権宣言」草稿は高三ではあまり討議された跡はなく、また高一、高二については詳細不明であるが、最終的に「宣言」として採択されたという記録は残っていない。高生協—高執委の組織的再生が、想像以上の困難を伴なっていたとも考えられる。

しかし、前述の如くこの「生徒権」に代表される権利という考え方は、一九七一年一〇月以降での生徒側の代行に対する一つの対抗論理になっていたし、又、その時の高二の学年のある程度のまとまった動きをする根拠となり得ていたと考えられるので、「意見表明」として十分に価値のあるものであったと考える。

④ **「軌跡」と「無展望」**　高三のある生徒集団が、高三の学年を対象とした発行物「軌跡」を創刊した。ガリ版刷りのそれは、前年の高三（区別をするため、今後特に七〇年高三と称する。高二についても同じ）が発行した「無展望」や七〇年高二—四の班新聞とも似ていながら、それらとははっきりと異なる部分をもっていた。「軌跡」の特徴をあげると、

A1　発行主体が複数（三つ程度）のグループにわかれた、集団の集合であった。これら複数の発行主体の集団間の編集方針はかなりの大枠でのみ一致し、詳細は各集団に任されていた。

A2　「軌跡」は大概月一回程度の発行ペースで五ヵ月程度続いた。したがって各編集発行集団は約二回程度うけもった。

A3　各編集発行集団の基調となった編集方針は、記録がないので不明な点が多いが、結果としてみると、①投稿を中心に何でも載せる、②一回の発行に少なくとも一つくらい編集発行集団の意見を載せる、といった程度のものと推定される。

「軌跡」創刊号の、「新聞創刊にあたって」では〔だから今なすべきことは、山内に対する感情的な怒りをもつことでも、受験生だというセンチメンタルなヒロイズムにひたることでもないのです。自分を認識し、その立場を認識することなのです。—・—そして、そんな意味でも僕はこの新聞を利用しようと思います。そして、少しでも自分というものが理解できたらと思います〕と述べ、又同じ号で別の著者は〔みんなで叫ぼうじゃないか、そして、これには批判があるかも知れないが、この新聞を利用して自分をみつめたいと思う〕といい、又、別の著者は〔—・—僕は何かしなければいけないのに違いない。—・—僕はさまよい歩いて行くのだけれど、ある瞬間瞬間に僕自身を凝縮して僕の存在を表わすものをこの道筋にバラ撒いてゆかねばならない。何の統一もない僕の軌跡の上に、何がしかの存在を刻みつけずにはおけない心が僕にものを書かせるに違いない〕（#103）という。これらは、「意見表明」をするという宣言に他ならない。

「無展望」が明確な編集方針をもっていたか否かは不明だが、彼らの発刊意図が前節**3**（**3**）⑥で述べたように「他者との関わり」を求め、その結果として「他者との関わりを必要とする自己の内面の閉塞性の吐露」という一つのスタイルを作っていたのに対して、「軌跡」はい

わば「自由発言」の場として、一紙面の中にも、又紙面間にも統一したスタイルはもちろんのこと、テーマの一貫性さえ存在していないようにみえる。そのことは、「軌跡」が「無展望」に比べて質的に劣っている印象を与えるが、一方で、「軌跡」への参加層の広範さを示しているともいえる。

「軌跡」の基調にある「意見表明」は七〇年高二―四の班新聞と似ているようにみえる。しかし、七〇年高二―四の班新聞が、顔見知りのクラスの構成員を対象としたのに対し、不特定の、あるいは読み手の考え方のバリエーションを予測しきれない対象への「意見表明」は、おのずと質の異なったものとなる。

「軌跡」第五号には〔『受験生』―前号（三号）の批判〕と題して、〔高三＝受験生、として簡単に問題をとらえるという事がいかに犯罪性に満ちているかについて考えたい〕という文で始まり、一面にわたって三号の記事の批判や自己批判を試みている文がある。議論がかならずしも嚙みあっていない点はあるが、このような正面きっての批判文は七〇年高二―四のクラス内新聞にはあまりみられなかったことであるし、又「無展望」と比べて他者に対する積極的な「意見表明」は「軌跡」の一つの特徴にもあげられる。

以上「おあそびゲリラ」「生徒権宣言」と、様々なレベルの、又様々な方法による「意見表明」があったことを記した。一方幻想期や退廃期に比べて、党派の「意見表明」が少ないことも特徴的である。この時期は、行動面からは「沈静」期であったが、いわば饒舌な土壌とでもいうべき雰囲気が感じられる。そこには、単に「意見表明」者だけでなく、記録には残っていないが、見物人、読み手が多数いたであろうこと、又、個人あるいは個人を単位とする集合体である「意見表明」者の間をとりもつ人の存在などが推測できる。

この推定の検証は出来ないが、彼らマージナルピープルの存在を仮定することが、「爆発期」を考える上で役に立つ。

⑤ **生徒心得の実施と反応**　一九七一年四月に「生徒手帳」なる手帳型の冊子が配られた（＃94.5）。これには、身分証明書、生徒会会則等と共に「生徒心得」という項があった。この「生徒手帳」は、他校によくある生徒手帳のようなものである。この「生徒心得」の内容は、山内代行がこれまでしばしば口頭で伝えていたものを明文化したもので、特に新しいものはない。前文として、江原素六先生の建学の精神を紹介し、〔われわれは、先生のこの建学の精神を継承し、自由は常に規律と責任の上に存することを確認し、また、自由は自主と自律の下にはじめて意義あることを自覚し、これらによって織り成す秩序の紊れることのない学園の中で、豊かな人間の形成に向って勉学に励み、身心を鍛錬することを誓うものである。この「生徒心得」は、麻布学園の生徒の日常における心がけを示したものである。生徒はここに示されている各条項を守らなければならない〕としている。そして「登下校」「出欠席・遅刻・早退」「諸届」「学習」「考査」「学習評価」「進級の基準」「所持品」「学校行事・部活動」「生活態度」「服装・容儀」「清掃当番・日直」「集会・掲示・印刷物配布・施設使用・その他」「図書館」の計二六項から成っている。前節**3**（**3**）⑩において生徒心得についてすでに若干触れたが、それ以外の具体例としては、

Ａ１　学園の内外を問わず、政治活動をしてはならない（「生活態

度」二〇項)。

A2　頭髪は見苦しくないように心がけ、いわゆる長髪を禁ずる(「服装・容儀」項二二の五)。

などがある。

この冊子について、配布直後に直接的に生徒が反対したという記録はない。

又、代行側も、この「生徒心得」の遵守を徹底する施策をとった形跡はない。施策とは、例えば風紀委員を設けて検査するとか、「生徒心得」の不遵守に対する罰の規定などである。

生徒側はこの「生徒心得」に対して、積極的に反対しなかったが、結果として、極めて消極的な反対として無視をしていたようだ。長髪は特に減少したように見えなかったし、制帽は鞄の中に入っていて、必要な時だけかぶっていた。必要な時とは、山内代行や、積極的な代行派と見られる教員が門などで監視している時などであった。

我々は、これらの生徒側の行動を特に「意見表明」とは受けとめていない。ただ、生徒側の、代行に対する恐怖感の希薄化の一つと考えている。そして、生徒側の上記の行動は結果として、教員達を代行派とそうでない派に選別する目を養なわせたと考えている。

「生徒心得」は夏頃には有名無実なものとなっていた。

⑥　**ガードマン導入反対**　他に、生徒側の動きとしては、一九七一年一〇月に予定された文化祭に、代行が、校舎工事中の安全対策としてガードマンを導入することを表明したことに対して、一九七一年八月三〇日以降、文実委を中心とした「ガードマン導入反対」の動きが目立つ程度である。しかし、この動きも、反対を表明するにとどまり、現実には、文化祭当日、数名のガードマンが配置された。

ここで、⑤と併せて注目したいのは、②〜④までで記してきた「意見表明」が、代行側の動きに反応していないことである。

「生徒権宣言」や「軌跡」はともに「生徒心得」には触れていないし、又、ガードマン導入に対して、「軌跡」や「おふざけゲリラ」は何の反応も見せなかった。

このような、代行の施策に対する反応の少なさも含めてこの時期を「沈静期」と命名したのだが、「意見表明」とこの反応の少なさとはどのように関係づけられるのか。

まず第一に、この期の行動主体が、これまでの組織や党派あるいはクラスなどというまとまったものではなく個人や個人の集合であるグループであったということがあげられる。彼らの気持として、代行への恐怖感は薄らいだものの、直接的に反対を唱えるほど確固としたものはなかった、又、その不安を覆して行動に出るだけの勢いというものもなかったと考えられる。

第二に、個人又は個人の集合体としてのグループの関心が代行に向かっていなかったとも考えられる。「軌跡」創刊号の〔みんなで叫ぼうじゃないか。—・—この新聞を利用して自分をみつめたいと思う〕や〔何の統一もない僕の軌跡の上に、何がしかの存在を刻みつけずにはおけない心が僕にものを書かせるに違いない〕(前出)で宣言している「意見表明」の内実は、極めて個人的なレベルにある。決して代行を意識していこうという宣言ではない。想像力を働かせるならば、彼らにとって、この時期は、とりあえず代行という存在を忘れて、今の自分を考えてみたい衝動が働いていたのではないだろうか。この推理を秋の爆発期につなげるには、山内代行の存在そのものと彼ら自身の存在が互いに不可分なものであるとの結論にいたる必要があった。

第三に、単純に、「意見表明」を行動に結びつける契機がなかったとも考えられる。

なお、この時期の行動的生徒のグループは党派として動いていたが、退廃期以来の内ゲバ等で消耗しており、又、三里塚闘争や、全共闘解体、あるいは沖縄闘争など、学外に活動の重点を移していたため、代行の施策については無反応の状態にあった、と考えうる。

結局、沈静期の生徒側の動きとしては、活発な「意見表明」が、反代行を唱えるほどの内部結束にならず、又、行動の契機を得られないまま、代行に対しては沈黙を通してしまったといえる。

⑦ **分会の動き**　分会は「退廃期」より継続して問題となっていた就業規則改訂について、四月一九日「反対意見書」を提出する（#126八六頁）など、強い抗議行動を行なった結果、代行側から「就業規則」の一部修正を勝ちとった。

又、一九七一年三月一三日に創刊した機関誌『月刊麻布教育』も第二号を一九七一年四月二三日、第三号を一九七一年九月三〇日と発行している。第二号は「特集　学園の現状をどう見るか」又、第三号は「特集　生徒と共に考える」と副題をつけ、創刊号の総括的な内容に比べ、連載物を含めて、日常的な内容に落ちついてきた。

又、一九七一年七月一七日、分会は、ベースアップ要求を提出し、団交を要求、自主交渉への道が開かれた。

分会の動きは退廃期ほどの活発さはなかったものの、着実な行動となって、それなりの成果を出している。分会発足後一年たち、組織運営面でも安定してきたと考えられる。特に評価されるべきものは、我々の資料にはない、「組合ニュース」（後に「麻布組合ニュース」と改称）というガリ版新聞を分会発足時以来、日刊で発行してきたことである。このニュースは、一九七一年七月二〇日で通算二七〇号を数えている。

なお、五月二五日、東京私学教職員組合連合加盟の各単組、分会の統一ストライキ（始業時三〇分）が行なわれたが、分会はストを行なっていない。スト権を確立したかも不明である。

⑧ **卒業生の動き**　一〇月文化祭を前にして、卒業生の一部に動きがあった。以下、二例を示す。

第一は［一〇月三日　麻布に結集せよ！］という卒業生宛に出された葉書である。ヘルメットとタオルを持参して、文化祭で山内打倒をしようという呼びかけがその内容で、山内代行より文化祭で不穏な動きがあると紹介されている（# 116）。内容を判断すれば、麻布のＯＢだからといって、地図をたよりに結集せよとの呼びかけにこたえるというのは考えにくいことなので、この葉書の信憑性には疑いの余地がある。

第二は、「麻布学園同窓会会長と理事各位に説明会を要求する発起人会」と称するグループから、保護者宛に送られた文書である。このグループは、既にこの年の春の沼津で行なわれた同窓会総会にて発言を試みたが封じられたとの活動経歴が、この文書に紹介されている。

この会の主旨は、［同窓会理事会の声明からも伺えますとおり、もはや同窓会は旧友知己の親睦団体という本来の目的から離れて、学園内で山内代行がその権限を充分に行使するための基盤となっています」〔（著者注：同窓会の山内代行に対する）全面無条件支持声明などの同窓会のあり方に疑問を持ち、それを明らかにしよう」とするものであると述べている。そして、この文書の本題として「今回の文化祭には、既にご承知のとおり、「万一の事故防止」のため、ガードマン（日本相互警備保障ＫＫ）が警備にあたることになっております。しかし、従来の教師と生徒との間のさまざまな問題が、山内代行にあっては物理的な衝突にのみ帰せられてしまう傾向が生じており、私たちは、このような傾向を憂うとともに山内代行のこうした処置には反対せざるを得ません。従って、今回のガードマン導入はもとより、万一に予想される警察権の導入についても学校の処置として絶対にあるべきではないと確信する次第です」と、文化祭へのガードマン導入の反対を述べた後、「私たちの調べたところによりますと、警備を依頼された日本相互警備保障ＫＫなる会社は、都内二三区電話番号簿、所在地の法人登記簿に載っていないという全く不明瞭な会社であることがわかりました。又ある大手の警備保障会社の話によりますと、一般の警備保障会社は、いわゆる争議関係の仕事に関しては、その依頼を断わることが多く、従って不明瞭な会社の中には、そういった仕事専門の暴力団まがいのものが多いということです。／私たちは、かかる不明瞭な警備保障会社に、さして必要とも思われない工事中の事故防止のための警備を依頼するということは、もとより反対の態度であることを文書をもってお伝えする次第です」と、ガードマン会社の選択にも疑問を提示している。

この文書の持つ意味は三点ある。すなわち、

Ａ１　卒業生有志が、同窓会内部で山内代行を追求しようとしていることを明らかにした。

Ａ２　文化祭へガードマンを導入することを、外部は「争議関係」と受けとめていること。すなわち、山内代行説明にかかわらず、文化祭での混乱を予想させたこと。

Ａ３　これまで学園内部で、最高権力者としてとらえられていた山内代行の行動を、一社会人としてとらえかえす契機となったこと。である。特にＡ３は、後に山内代行の校舎改築工事に伴なう横領事件の発覚に結びつくものとして、注目すべきことである。

又、卒業生の一部が、生徒とは全く別に山内代行を追求する動きを見せたことで、代行登場以前には、学校―生徒という関係しかなかった対立図式が、代行側―生徒、代行側―父兄、代行側―分会、代行側―卒業生と複雑な図式となった。しかし、この時期では、生徒、父兄、分会、卒業生は、一部を除いて、互いに連絡をとるようなことはみられなかった。

5　爆発期――一九七一年一〇月から一一月

(1)　概　要

この時期の生徒のエネルギーの高まりと、そのエネルギーによって成し遂げられた代行の退陣をもって、我々はこの期を爆発期と呼んだ。しかし、我々はこの一九七一年一〇月から一一月の時期を自分たちの分析対象とはしなかった。この時期は我々にとって山内代行の退陣を勝ちとった最も輝やかしい時期であった。その一方で代行を退陣に追い込んだ一一月一五日の全校集会が代行への生徒の怒りと憎しみ

の声のうずの中で終わり、代行退陣後の我々には解放感とは異なる「わりきれなさ」が残り、何かをやり遂げたという充足感が少しもなかったという印象が残った。この二つの対照的な差ゆえに、またこの「わりきれなさ」を見出すために実はこの我々の作業は始まったのだが、その出発点ともなった疑問は次のようなものであった。「代行退陣は何によって導かれ、何故、あのような終わり方をしたのか」。

我々はこの問いに答えるための材料がこの爆発期にあるのではなく、この時期の前まで、すなわち一九七一年九月までにすべて準備されていたと考えた。そしてこの時期を分析することは、むしろいたずらに運動の戦術的・戦略的側面を強調することにつながり、我々の提起した問題への正しい答えに結びつかないと考えた。また当時の我々の一年下の学年が、一九七一年一〇月、一一月を担当することとなっていた事もこの時期を射程に入れなかった理由である（彼らは現時点（一九八五年九月）では既に資料を整理し麻布学園に提出している）。

我々の問いの後半部の「何故あのようなおわり方をしたのか」の中には二つの対立する感情がこめられている。一つは、いままで見てきた生徒の側の歴史から生徒にできうる表現が、怒りや憎しみをもって代行とそれをささえた体制を告発し糾弾する事であったのだとする「同情」である。また一つは、この日までに生徒自身が経験した弾圧の歴史をふまえた上でその後の生徒の主体的な行動の持続により活力を与えうるような告発と闘いがくめなかった事への「無念」である。

この二つの「同情」と「無念」は、無論、我々から切り離された他者へのものではない。我々への「同情」であり、また我々への「無念」でもある。そしてこの二つの対立する感情は、そのまま解放感とわりきれなさの二つの感覚と対応しているのである。こうして問いの中に問いを発する側の思いが葛藤状態のまま持ちこまれているがゆえに、我々はあとの問いよりもはじめの問い、すなわち「代行退陣は何によって導かれたか」に分析の重点をおいたのである。

以上述べてきたように、この爆発期について我々は分析をしていないし、集中的な討論を行なっていない。したがってここではこの期における各集団の特徴的な動きについて簡単に触れ、（2）では一年下級生であったK君の日録を中心に一〇月〜一一月の動きをまとめるにとどめた。

生徒の動きは複雑である。代行退陣時に存在した集団は山内体制打倒共闘会議（山共闘）、生徒会執行委、文化祭実行委員会（文実委）を中心に、高校生においては各クラスタイム、また高校三年ではクラスタイムで選ばれた全校集会のための議長団などがあった。沈静期には表面にあらわれていなかった集団が二カ月の間に行動を起こすためにあらたに組織化されたり、今まであった組織が変化したりした。しかもこれらの組織はおたがいにバラバラに動いていたのではなく相互に公式・非公式な連絡がなされていた。例えば各クラスタイムは現在自分たちがどのように討論をすすめているかについてビラを発行して連絡をとりあった。議長団もこうした連絡には一役かっていた。山共闘と各クラスタイムの間も活発な情報の交換がなされていた。山共闘に属するメンバーはクラスタイムに出席したり、クラスの友人と連絡をとりあったりした。生徒会執行委や文実委は当時の高校二年の生徒によって構成されていたが、高三の生徒と連絡をとりあうことで、高二以下の生徒に高三での状況を流していた。

このような連絡のよさはいままでにはみられなかったものであると同時に、その連絡を担った生徒たちの自発性にもとづいたものであることが注目される。しかし、この情報の共有化が、この時期になって急にうみだされたかというとそうではない。クラスタイムや議長団といったロックアウト後にできた集団はともかく、九月中旬より文実委、執行委、そして一〇月三日に学内に突入した部隊間においても、ささやかながら情報のパイプがつくられていた。ひいては、その情報は高三・高二のクラスや、各クラブにも流れていた。文化祭二日目、一〇月三日において、ヘルメット部隊の突入があった際にそれへの驚きや恐怖というものが少なくとも文化祭の運営の中核となっていた高二やそこにいた高三の生徒にみられなかったのも、この情報の流通によるものであろう。

しかし、このような情報の共有化だけで、その後のより広範な生徒の行動を説明することはできない。ロックアウトによる学校当局の生徒の分断政策に抗し、学外でクラスタイムや会合、さらには学年集会・デモをひらいていったうらには、情報の共有化をさらに押しすすめていった我々がいうところのマージナルピープルの存在があった。彼らは戦術・戦略における各集団でのレベルの違いを調整し各集団のパイプ役となるだけでなく、それぞれの属している集団の維持につとめた。彼らは排他的な方針をとらず、その方針は生徒たちだけでなく、父兄・教員・卒業生・マスコミに対しても貫ぬかれた。このマージナルピープルの生成から消滅に到る過程についてはここでは詳述しないが、我々は彼らの存在を極めて重視しており、上で述べた柔軟性こそが生徒を中心とした各集団の活動をむすびあわせ、また同時に代行退陣後の運動の展開を急速に衰えさせていった原因でもあると考えている。すなわち彼らはある状況に依存して一時的に発生し、また別の状況において分解する彼ら自身には意識されていない一種の集合体であると我々は認識している。

このマージナルピープルの生成にも関連してくると思われる問題としてこの年の文化祭の特殊性について触れておく必要があるだろう。

麻布生における「文化祭」は「行事」として特別な意味を持っている。一つにはクラブ活動、ことに文化系クラブでは活動の区切りとして「文化祭」が設定されていた点である。一年間の行動計画は文化祭での発表を中心にたてられていたのである。もう一つの特別な意味は、文化祭を機に高三はクラブ活動から実質的な「引退」をする事である。文化祭後、高二は次の文化祭までの活動の指導的役割を担っていくことになり、高三はスムーズに受験態勢に突入していく。しかしこの年には文化祭が一〇月に行なわれ一部の高三は受験準備期の真最中にもかかわらず参加しようとしていて、従来のパターンとは異なったものとなっていた。こうしてこの文化祭という行事が生徒のエネルギーを発散させ、別の状態に移行させていく機能を持つものだとすれば、この年の高三は発散されぬエネルギーとともに、いまだ完全な受験生としての状態には移行していなかったと考えられる。しかもこの事は役員の変更等実務的な移行は終了したものの感覚的には学園全体の指導的な位置として高三は自らをとらえていたのではないかとの推測に結びつくと同時に、それ故にこの移行の変化がマージナルピープルの成立過程に影を落としているとの考えを導くように思われる。

これまで生徒のロックアウト後の「組織的」行動の持続を情報の流

通とその媒介となったマージナルピープルの存在から説明してきたが、とりわけ高三の多くの生徒が行動の持続を示したことについては、もう一つの側面をおさえておかなくてはならない。それは一九七〇年の全校集会の歴史をもっともよく知っているのが高三だけであった(当時高一)という事情である。ここでいう「全校集会の歴史」とは少なくとも以下に示す具体的な方法を高三が体験していたということにあらわされていると考えられる。①とにかく問題解決のためにクラスタイムを開く、②まず議題を何にするかを話し合い、次のクラスタイムの日時を決める。③クラス決議を提出する。④議論の内容や決議を印刷し、時には立看板にして公表する。これら四点はすべてクラスとしての集団行動の持続を保証すると同時に、最終的にはビラ等の表現手段を通じて自分たちの意見を確認しかつ他者の意見を論議する機会を与えている。しかもこうした「全校集会の歴史」の体験は、このロックアウト中にだけ現われたわけではなく、高二の時から、クラス新聞やクラス文集の発行や学級日誌への記入といった手段を通じて一年半の間維持されてきたのである。そして、この維持に直接たずさわった生徒たちの中からマージナルピープルの多くがうみだされていった点は、先にあげたマージナルピープルの性質とも深く関連しているように思われる。

さて、代行退陣に向けての高三の運動過程の特徴とその運動の長所と短所について最後に考察しよう。高三のクラスタイムを通じての運動では、当初から「全校集会開催」へ向けて(あるいは「山内代行退陣」へ向けて)、すべての要求や決議が提出されていたわけだが、その過程は形式的には個別クラスタイムにおいて合同クラスタイムを要求し、合同クラスタイムにおいて全校集会を要求し、全校集会において山内代行退陣を要求するという、積み上げ形式のワンパターンが執拗にもとめられていた。しかも、これが結果的には成功にむすびついた。特に「全校集会開催」の要求は山内代行登場時において、彼が一九七〇年全校集会の白紙撤回を第一に掲げて登場したことを合わせ考えるならば、この要求が山内代行によって認められた時点において、山内体制は崩壊したと言うことさえできよう。つまり「全校集会開催」という決議は話し合いの場としての全校集会を求めたというのではない。かつて全校集会を白紙撤回した代行に「全校集会の開催」という要求を認めさせられるかどうかこそが問題の焦点だったのであり、代行がすでにこの要求を認めざるを得ないところにまで追いつめられていたこと、逆に言えば、生徒・教師・父兄・OBらの動きが、彼をそういった地点にまで追いつめていたということこそが、山内体制の崩壊を加速し、代行を退陣に追い込んだ原因と考えられるのである。

全校集会においても同じような運動のパターンが踏襲された。この場合にも山内体制の弱まりによってより強く確信されたパターン(要求をまずだし、その必然性を確認し、最終の要求にせまっていくという過程を執拗に繰り返す)が強調されていた。一九七〇年全校集会集約の破棄、処分攻撃、ロックアウト処置などの代行の政策に対してそれに反対した決議をならべ、代行に回答をせまり、それらの政策に責任をとって退陣せよという筋立てであった。さきに述べたごとくここでの主題は「全校集会の開催」ではなく、「山内退陣」の要求が焦点であったが、逆からいえば学外クラスタイムの場においては、生徒によってこの退陣要求以上の論理のつみあげはなされなかったといえる。こうした「暴力的」で「表面的」なしかも「刹那的」な要求のみが多くの生徒の最大の共通項となっていたため、結局のところ、その要求の必然性が話し合われただけに終わった。このようなパターンが、代行をやめさせる原動力となったことは否めないが、一方で、こうしたパターンの故に、その後、高三は自分たちの下級生のために働き始めようとはしなかったし、下級生自身も自らの未来については考えようとはしなかったのである。

教員内部において、この期間にどのような変化が起こったかをくわしくは知ることができない。ただ特に触れておきたいのは、分会のロックアウト後の反応の速さとその後の分会の活動の毅然とした姿勢及び、分会に参加していない教員の一部による分会や生徒への接近の二点である。分会はまず一〇月五日の学内への機動隊導入に対してピケをはって生徒側にたった。そして分会は一〇月七日ロックアウト開始から二日後には代行に対し退陣要求を提出している。その後、学外において独自の自主授業を開いたり、生徒との連絡を密にとりつつ父兄会を開いたりした。それのみでなく、彼らは保護者会・卒業生たちとも接触をはかり、事態を理解してもらうようにつとめた。このことは、生徒側にとって精神的な支えとなったと想像するにかたくない。一方分会に参加していない教員のなかにも、生徒と接触したり代行に抗議するものが出てきたこともこの時期における教員の動きを語る際に見落してはならないことである。

一〇月から一一月にかけて父兄の動きは極めて活発であった。その動きは大きくわけて二派ある。一つの派は代行支持派であり、「麻布学園正常化促進会（途中より署名あり）」「麻布学園高校母親有志・麻布学園中学母親有志」などの名称で一〇月下旬ごろより文書の配布を開始した。もう一つは代行否定派であり、「麻布学園高等学校三年保護者有志」「麻布学園父兄有志」「麻布学園高等学校保護者会有志（途中より署名あり）」などの名称で代行支持派と同時期に活動を開始している。このような活発な父兄の動きはこの時期以前にはまったくといっていいほどみられず、そのためにこの時期における父兄の活動をより一層他の動きからきわだたせている。しかし、他の集団（生徒・教員）にみられるような代行否定派だけでの活発な活動がなく、初めから代行支持派と否定派の二つに分かれ、両派ともに何通もの文書での意見表明を行なっていることから、父兄集団全体に与えた影響についての評価は微妙である。それにもかかわらず代行に対して抵抗を試みていた高二・高三の生徒たちの父兄の多くが、代行否定派の父兄であったことは、少なく見積っても、間接的な生徒・分会への支援となったことは間違いないであろう。その後、次の年からこうした否定派の父兄の運動が結実し、山内代行時代の教育及び学校経営の乱脈を繰り返さないために、いままでの保護者会を改組して麻布学園のPTAが発足したと聞く。

山内代行を支えていた同窓会にもこの時期に大きな異変が生じていた。この異変は弱い形ではすでに一九七一年五月に開かれた沼津での総会において、新入会員（新規卒業生）を中心に山内代行への疑問が出された時点までさかのぼることができる（結果的にはその疑問は議題としてとりあげられなかった）（#111.7）。一九七一年九月二八日付で「麻布学園同窓会会長と理事各位に説明会を要求する発起人会」の名称で、主に代行の諸政策への批判を行なう文書が父兄あてに郵送され、以降数回にわたり文書による活動がなされている。この同窓会有志の活動自体は全体の流れの中で決して大きいものとはいえないが、この時期に代行を支える側の同窓会有志の活動がみられなかっただけに、代行の支持基盤の一つをゆるがす事にはなったと思われる。すなわち彼らの活動そのものが、代行を支持する理事会や同窓会のもつ権威ゆえに代行を認めていた父兄に対してその根拠を失なわせることとなったからである。

最後に学校当局のこの時期の動きについて見てみよう。文化祭当日のガードマンの配備、警察との緊密な連絡体制、文化祭開催前からの父兄への「混乱」の注意などから見て、当局側は生徒の行動的部分の動きをかなり察知していたと思われる。しかし事が起った後の当局の対応策を分析してみると、事件――特にヘルメット部隊の突入――の波及効果についてはかなり乱雑な予測をしていたと結論せざるを得ない。事件当日、ガードマンが配備されていたにもかかわらずヘルメット部隊の突入を防げなかった事、また警官隊導入にもかかわらず警官隊が外に押しもどされた事は、ヘルメット部隊の行動を支えているあるいは学園への警官隊の導入に強い反感をもっている比較的多数の生徒の存在を認識していなかったといえる。さらに翌日、臨時休校を行ない沈静化をはかろうとしたものの、逆に休校が解けた一〇月五日には、より多くの生徒が反代行の積極的行動に参加してしまった。そして、再び警官隊を導入しすわり込んだ生徒を排除した結果、その後多くの生徒の反感をかうことになってしまった事、さらにその際すわり込みの生徒を防衛するために分会を中心とした教員集団がすわり込みの前面にでた事なども、大きな誤算であったと指摘できよう。このような誤算は翌日からのロックアウト以降にも多々見受けられる。代行派教員による授業再開委員会の活動の失敗、長期化するロックアウトによる教育行政上の問題点の噴出、高三の学外授業の強行が逆に生徒によって学年集会に発展してしまった事、高校生の多くの父兄の代行からの離反等々数えあげればきりがない。しかし問題なのはこれらの対策の誤算が果して一〇月三日以降の一連の事件の展開を説明づけられるのかという点である。行動的部分による「一般」生徒への波及効果や生徒のもつ力の過小評価、教員・父兄の自立化への見通しの甘さだけが一〇月から一一月にかけての当局の対応の「失敗」を物語っているとするならば、この時期の運動の展開は単に当局のミスによって支えられていたと結論されるだろう。

ひとまず、当局の事件対処のミスによる自己破壊と仮定して話をすすめてみよう。ではこのようなミスは何故生まれたのだろうか、それを代行の持つ資質上の欠陥とするのはたやすい。ではこの時期に代行以外の人物によって運動の展開を押さえる事ができたのだろうか。これ以降の議論は決して推測の域をでないが我々は次のように考えてみた。これらの問いは代行を中心とした学校当局がこの時点までにつくり上げてきた学内の「秩序」維持の構造と機能の問題を探っていく事で解答可能となると思われる。まず第一に注目したいのはこの「秩序」が代行を中心としたごくわずかの人間によって支えられていた点である。一〇月以降の時期において代行を支持していた教職員の多くは、恐らく、次に彼が何をするのかを予測できなかったと思われる。一般に「事件」の規模が大きいほど、その対処に対してより多くの人間を必要とするのに、それができなくなっていた構造の変化が予想される。第二に、「秩序」維持の構造が形骸化していて、ほとんどその機能を果していなかった可能性が指摘できる。退廃期から沈静期に到る過程で、代行に対する畏怖がうすらぎ、退学・停学処分については恐れていたものの代行を馬鹿にする風潮がうまれてきたことを見逃すことはできない。沈静期にみられた学内での昼休み「デモ」や、代行への揶揄の文章にもその風潮はみられている。第三に高校三年生の受験への傾斜がもたらした「秩序」維持の構造への変化をあげる事ができる。「秩序」維持の構造は何も代行を始めとする当局のみによってつくり上げられるわけではない。現実にそれを支えるのはその構造の中で行動をする生徒・教員である。ところが四月以降、高校三年生は受験準備に入り（このあたりの分析は退廃期の後半にゆずる）、学校とは今までと違う「関わり方」で接するようになった。いいかえれば、「秩序」維持の構造に対する参加の仕方が変化したわけであり、それと同時に、当局の高校三年に対する対応も変化したと考えられる。ということは、当局の「秩序」維持の対象は一部の「活動家」を除き高校二年生以下の生徒になっていった。したがって高校三年生の大部分は、いわば、「秩序」維持の構造の中で、特別な位置を与えられたと考えられる。先に述べたマージナルピープルはこのような特別の位置におかれていた高校三年生であったが故に発展する可能性をもち、かつこの構造のもつ弱点を利用できたと言えるであろう。

以上の三点から、我々は当局の一〇月三日以降の事件の対処のミスが、直接運動の展開を支えているとは考えない。特に第三点は、この時期の生徒の行動を分析する上で終始重要な鍵になっていると思われる。しかし、その中でももっとも重要と思われるマージナルピープルの発展、解体過程については次章で検討して行きたい。

（2）日　録

一九七一年一〇月二日　文化祭初日。

一九七一年一〇月三日　文化祭二日目。午後二時一五分、ヘルメット部隊が校内に入り事務室に行き、「処分撤回、全学集会開催」を要求するが拒否される。事務室内にいたガードマンと応酬。午後三時頃、裏門より制服機動隊導入さる。ヘルメット部隊、生徒、文化祭参加者により、機動隊を学外へ排除する。この際、ヘルメット部隊の中の一名が逮捕さる。山内代行は文化祭の中止を命令。それを無視する形で後夜祭が討論集会に変えられ、午後六時三〇分頃散会。この日の様子については、文化祭実行委員会（文実委）が一〇月六日付、学校当局が一〇月七日付、分会が一〇月一一日付のそれぞれ父兄・生徒にあてた文書で詳述している。各々をここでそのまま引用しておく。

〔事実経過一〇月三日／朝早くより、夥しい警官の警備体制／午後二時一五分…ヘルメットに旗竿を持った約二〇人が「全ての処分撤回、全学集会開催」を要求し、校内に入る。／午後二時二〇分…（代行に討論を求めたが応じてくれず）ガードマンとの乱闘後事務所より去る。この時以後、代行はガードマンと共に机・椅子で事務所内にバリケードを築き隠れ続けた。／二時二五分…屋外ステージ前でデモ・演説を始め、この間繰り返し代行出席の要求。／二時五七分…再度事務所前で乱闘（生徒は旗竿で、事務所側は消化器・灰皿等を多数投げる）／三時二分…機動隊導入（代行より実行委及び教員に連絡なし、機動隊警告なしでデモ隊の排除にかかる）／三時二〇分…乱闘後一般の文化祭参加者が機動隊を外へ出し、裏門を締める。／三時三〇分…機動隊正門より再度導入。デモ隊は生徒科の教員に話し合いを求めていた。機動隊、グランドで生徒・参加者に暴行（実行委は止めに入り、十数名が負傷する）／午後三時三五分…一般参加者が機動隊を再び外へ追い出す。／三時四〇分…裏門前集会／三時五〇分…山内代行より「二時五五分に中止命令が出たと言う事を伝達するよう」と、実行委代表に指示。／四時…集会終り、グランドで生徒科教師と討論。／四時三〇分頃…生協開催。／四時五〇分…ステージ前の生徒全員の確認により討論会を後夜祭にもち込む。／五時一五分…生徒科A先生出席。／五時三五分…電源総て切られる。右翼がステージ横へ。／五時四〇分…D君（文化祭実行委員長）右翼にステージ横で暴行受ける。／六時二〇分…明日絶対続行を確認して集会解散」（文実委　一九七一年一〇月六日発行文書より当該日のみ抜粋）

〔第二日目は午後二時頃までは実に和やかな雰囲気で過しましたが、午後二時一五分頃、地下鉄広尾駅より「今、二〇名程のゲバ隊がそちらに向かいましたから、お知らせします」との電話が入りました。それから間もなく、ピッー・ピッーという笛と一緒に、黒、赤、白のヘルメットを着し、タオルを首にまき、赤いきれをつけた竹棒を持ったデモ隊が喚声を挙げ校門を通過爆竹をならして校舎に入り、廊下を通って事務室に殺到し、ビニール爆弾を投げて爆音をたて、先ず、事務室の片方の入口の硝子戸を破壊して突入しようとし、遂には廊下に配置してあった消火器を取り出して破れたところから薬液を注入する有様でした。これを室内におった警備員、教員、事務職員で防ぎましたところ、侵入が難しいとみると、今度は中庭に廻って事務所の窓硝子を竹棒で全部破り突入しようとしましたが、これもようやく防止したのであります。／その後、彼等は運動場に行きアジ演説とジグザグデモを繰返し、次で、中庭に移動してきました。再び、廊下入口や中庭に面した窓から事務室に乱入しようとしました。事務室は既に相当破壊されておりましたので、これ以上続くならば内部におる者の身辺にも危害が及ぶ状況となりましたから、警察官の出動を要請したのであります。警察官が工事現場及び裏門から中庭に到着いたしますと彼等は運動場に逃げ、裏門のあたりに坐りこんで討論を始めましたが、やがて、文化祭のステージを占拠して生徒科の教員をつるしあげました。／これよりさき、事態がこのように混乱しては文化祭を続行することは却ってますます混乱し、また危険でもあり、万一、来会中の生徒や卒業生、或は父兄の方々一般参観者の方々に被害者でも出ますならば私としては誠に申しわけないことでありますので中止すべきであると思いましたが、自由を束縛されていましたので、近くにおる者に託して生徒科の教員に伝えようといたしましたが、電線を切断されて放送不可能になりましたため、可能な限りの手段を講じ、生徒に伝えることに努めました。／この件につきましては、生徒科の教員と文化祭実行委員の生徒との間で十分に話し合い、不測の事態が発生した場合にはただちに中止することに決定されております」（校長代行一九七一年一〇月七日保護者宛の手紙より当該日についての記述を抜粋した）。

〔一〇月三日の状況／文化祭準備の日、文化祭第一日（一〇月二日）、第二日（一〇月三日）午前中は特別な混乱は生じなかった。／一四時一五分ごろ、ヘルメットに覆面、赤い小旗をつけた竹竿をもった約二〇人ほどの集団が裏門から入り、事務室に向った。（校長代行の後の話によるとこれより約一〇分前に広尾駅長よりヘルメットの一団が通ったという通報を受けていたという）／事務室前廊下にて「処分撤回・全校集会開催」を要求して案内《ママ》の代行に面談を求めたが、拒否される。二一名のガードマンにより机・ロッカーなどで事務室が内部から封鎖される。ヘルメットの一団は代行出てこいと叫びながら、廊下においてあった消火器二本で事務室内に消火液を放射、その際、窓ガラス数枚が破損されるなど数分間混乱がつづいた。／一四時三〇分ごろ、ヘルメットの一団は、グラウンドに設けられた屋外ステージ前に集結し参加を呼びかけた。この時点においてこれをとりまく生徒たちはさほど多数ではなかった。／一五時ごろ、代行・教員の出席がないため再度事務室に向い、中庭から「代行出てこい」と叫びながら窓ガラスを竹竿で破り、事務室内のガードマンからは消火液の噴射・空の消火器・灰皿が投げられるなどの混乱が続いた。この間代行は事務室にとじこもったまま何の返答もなく教員も近づくのが危険な状態であり、まとまった判断や行動をとることができなかった。ただ予め決められていた持場で外来者等に危険が及ばないよう気を配るのみであった。この混乱のさなか、一五時ごろ、文化祭会場に何の予告もなく（この時点で電源が切られており、アナウンスは不可能だったという）、突如、裏門から約二〇名の制服警官（このうち数名はジュラルミンの楯をもつ）が立入り、デモ隊の排除を始めたが、それまで関心の弱かった生徒を含む多数の生徒の強い反撃をうけ、校外に退去させられる。その直後、裏門が閉ざされた。／一五時三〇分ごろ、正門から全員がジュラルミンの楯を持った警官隊が態勢を整えて再度突入。ヘルメットの一団を追ってグラウンドに入り、逮捕せんとして混乱状態が展開されたが、多数の生徒たちの抗議と抵抗により校外に押し出される。／この間、依然として代行の教職員に対する指示は伝わらず、教職員は積極的に行動できなかった。しかし、警官導入に対する生徒全般の感情は昂ぶり、集会をとりまく輪は大きくなった。／この間、代行の指示は文化祭実行委に文化祭の即時中止を間接的に命じたことのみであり、生徒の心情や教員の意見は無視され、学園、代行への不信はより一層拡がっていった。屋外ステージ近辺にいた外来者、生徒もなりゆきを見守り、ほとんど立ち去る状態でなかった。文化祭実行委は、上記の中止命令とは別に独自の判断で文化祭の続行を決し、五時から七時まで予定されていた後夜祭が討論集会に切りかえられ、生徒科の教員と生徒との応答が、電源が切れて照明のない屋外ステージで続けられ、六時近くに明日の討論集会開会を宣して生徒は解散した。この間、代行の居場所すら一般の教師にはわからなかった」（分会　一九七一年一〇月一一日父母・生徒宛手紙より当該日のみ抜粋）。

一九七一年一〇月四日　臨時休校。生徒は有栖川公園に集合し、集会。一一時三〇分ごろ麻布警察署長の名で無届け集会により解散をするようにとの警告ののち解散。職員会議が開かれ、校外者の入校防止のために教員が校門に立つことがきまった。

一九七一年一〇月五日　体育館で討論会。教員も数名参加。生徒は約五〇〇名集まる。討論会への代行の出席の要求に対し、代行は退去勧告を行なう。その後生徒多数は中庭事務室前にすわり込む。午後四時三〇分頃には学校の周囲は機動隊によって包囲される。代行は事務室より脱出し、放水車より生徒に解散を呼びかける。午後五時すぎに機動隊は中庭にはいり、生徒及び生徒の前に立ってピケをはっていた教員を次々に排除。午後六時、裏門前にて小ぜり合いの後、解散。臨時職員会議にて機動隊導入への批判が出る。この時の事実関係についても文実委・当局・分会の順に引用しておく。

〔一〇月五日／午前九時…裏門にてビラ配り、立て看板／九時半頃…実行委本部にて生徒指導部四人と実行委との話し合い（文化祭の後片付けの問題）／一一時頃…体育館内で集会開始。生徒約六〇〇名出席した。教師はA、B、C先生。集会は様々な問題を生み「代行出せ!!」のアジテーションで騒然となるが、「ナンセンス!!」の声が強く討論が複雑になる。(1)／一二時五八分…退去勧告が校長代行よりなされる。／午後一時一三分…一般生徒シュプレヒコール／一時一五分…中庭へ出る。／一時一八分…デモに移る。／一時一九分…事務所前に集合、再三のスピーカーの「ピー」という騒音に対してシュプレヒコール。／一時三五分頃…正門閉じる。／二時五二分…「暴力は止めて下さい」の放送連呼。(2)／三時七分…正門開く。(3)／三時二五分…機動隊導入（第四機動隊、装甲車四台、放水車一台、パトカー多数が待機）／三時二九分…機動隊出る。／四時四一分…機動隊再び導入。／四時五一分…代行が学外の機動隊指揮車より退去通告。／五時三分…約二〇名の教師、生徒に怪我をしないよう、逮捕されないよう訴え、前面で坐り込み、ピケットに入り、生徒を守る。／五時八分…機動隊中庭に入る。(4)／五時一〇分…機動隊演壇に上り、回りを囲む。／五時一八分頃…機動隊による排除。裏門前にてシュプレヒコールに続いて小ぜり合い。数名の生徒負傷。約一〇〇名が路上に出される。／六時頃…路上で小ぜり合い、全員でシュプレヒコール、「山内何故出てこない」「ここは僕達の学校なんだぞ」の続発〕（文実委　前掲資料）。

〈(1)〜(4)は文実委による事実誤認の訂正と追加個所〉

(1)　のちに、この文は「集会において様々の問題提起が行なわれ、ほぼ全員が、〃代行の集会出席〃を求めた」と訂正。

(2)　この文のあとに「この間約二五〇人の生徒は全員無抵抗ですわり込みをつづけた。又、この頃テレビ局のカメラマンに対してガードマンがイス等をなげた」を追加。

(3)　この文のあとに「三時一五分…教師有志と実行委が電話等で明日の集会に代行の出席を要求し、機動隊導入反対を伝えるが四時頃拒否される」を追加。

(4)　この文のあとに「生徒二五〇名は無言・無抵抗で坐り込みを続ける」を追加。

〔一〇月五日（火）に校内で行われた集会は、学校では全く存知しないうちに開催されたものでありまして、一部活動家の生徒が文化祭のあと片づけの、何となく落ちつかない校内の空気を利用して、これも無許可でビラを配り、「全学総決起集会」等と書いた紙片をかけ、体育館を無断でこじ開けて乱入し、開始したものでありました。そしてついには裏門の木戸を内部より閉め、一般生徒の下校を止め、先導した生徒が代る代る演説し、そのあと「代行出て来い」と連呼して事務室に襲いかかりました。既に前述の通り文化祭二日目の襲撃で相当痛んでおりました事務室、宿直室を教職員六名と、文化祭の両日依頼しました三分の一の警備会社社員と全力をつくして防ぎましたが、その後一旦体育館に戻り、あらためて中庭を集会場として、高校生協役員の提案を無視して煽動的言辞を以って叫び続けていた生徒は二度三度と事務室に乱入せんとし、窓硝子を破り、消火器を使用し、宿直室に侵入、殆んど事務室の機能を維持し得なくなりました。このまま事務室内にいては非常に危険を感じましたので、工事現場寄りの窓硝子を破って、全員工事現場に飛び降り、辛くも脱出し得たのであります。その直後、多数の生徒が乱入して来ましたが、その時は残留者はなく、脱出者の中に硝子のための切り傷を負ったものがありましたが、その程度で事なきを得ました。／学園の秩序回復を使命しております私といたしましては不本意ながら法治国の一員であることを強く意識して、再び警察官の出動を要請し、「中庭、裏門で集会を行っている生徒、また教室、事務室、宿直室にいる生徒諸君は、午後五時を限りに下校するよう」に再三、再四警告を重ねましたが、遺憾ながら煽動者の言に従い、そのまま坐りこんで動こうともしなかったのでありました。よって、やむなく警察当局に、未成年のしかも数多くは当学園の純心の生徒であることを思い、逮捕せぬように、排除することのみを要請して実施したのであります〕（学校当局　前掲資料）。

〔一〇月五日の状況／八時三〇分、部外者の立入りの予想のもとに教員が数名ずつ裏門に立って警戒する。／九時三〇分ごろ、数名の生徒がビラをまき、檄文をはる。D教諭がやめさせようとしたところ、そこで生徒は激しい語調で批判する。多数の生徒がとりまく。／一〇時ごろ、数名の生徒が教員の許可を求めカギを探している時、体育館のとびらがあけられ、生徒が入る。／一〇時三〇分すぎ、ここでA、B、C三教論の出席のもとに集会が行なわれる。テーマ「三日、四日の事態糺明、その抗議」生徒約五〇〇名が集まる。／一二時三〇分すぎ、生徒達は「すべての責任は代行にある」として、代行出席要求のため、代表団を派遣したが、代行から回答がなかった。そのため、生徒約二五〇名は中庭に移動し、シュプレヒコール、演説などがはじまる。／一三時ごろ、E事務長より、直ちに下校するよう生徒達に放送があった、（一三時は一般高校生の登校時刻であった）／一五時一〇分ごろ、代行の応答ないため集会の生徒はバリケードを取除き、ガラス窓をはずす等事務室に入ろうとする。／この時点で組合員の教員は相談し、①翌日は休校としない。②翌日の討論集会を保証する。との条件を提示し、代行から何らかの応答をうる努力をするということで暫時生徒の行動の中止を求める。組合員の教員五・六名がこもごも事務室のドアの硝子の破れ目から数度にわたり、代行に呼びかけたが、何らの応答もない。／一五時二〇分ごろ、止むを得ず校外の薬局よりF教諭が電話で事務室内と連絡をとる。事務室の電話口にはE事務長が出て代行に取り次ぐ。「今日の事態を〇めるため六日はロックアウトしないこと、六日生徒に討論を行なわせることを約束して下さい。機動隊は入れないでほしい」むねを代行に再三要請したが、結局、回答えられず。／一五時四五分ごろ、電話切れる。そこでG、H両教諭はF教諭にさらに電話で努力をしてもらうようにたのみ、校内にもどる。機動隊導入が行なわれるとの判断から、教員室内の教員にも「最後まで機動隊導入を防ぐよう努力をつづける。たとえ導入されても生徒にケガ人を出さない、逮捕者を出さないため努力しよう」と呼びかける。／一六時三〇分ごろ、学園の周囲、完全に機動隊に包囲される。／一六時五〇分、突然、警察の車よりマイクで山内代行の演説が放送される。「不法な集会を止めなさい。五時までに解散して校外に退去せよ。退去しなければ警察官が実力で排除する」という趣旨のもの。約二〇人の教員がすわり込み中の生徒に対し機動隊に絶対抵抗せず、野次などなく沈黙して迎えるよう訴える。／一七時ごろ工事場に面したトタンのへいが取り外され、機動隊が校門に入る。組合員教職員はスクラムを組んで機動隊との間に立ち、機動隊の責任者に交渉を求めつつ、生徒達が無事に退去するよう守った。I教諭も機動隊に向かい生徒の無抵抗を強調したが共に無視された。他に見守る教員多数。／一七時二〇分ごろ、機動隊によりすわりこみ中の生徒約二〇〇人（裏門に約三〇人）排除されはじめる。この日の生徒達はヘルメットや竹竿を持たず、大部分が制服姿で中には制帽をキチンとかぶった者もかなりいて、機動隊は全く拍子ぬけの様子であった。機動隊員。／一八時ごろ、機動隊の行動終了。この間に「生徒・教員多数が写真を警察官によりとられた」／一八時三〇分ごろ。臨時職員会議開く。この日、校長代行が終日事務室内にこもったまま、教職員に対して何らの指示も与えず、混乱した事態を全く放置したまま隠密裏に校外に脱出した後、すわり込みの生徒達の様子を自らの目で見ることもなく、機動隊の車中より退去命令を出し、機動隊を導入したことについて、教員の間より激しく批判がおこる。これに対し、一部の教員より今日の生徒は暴徒であるから導入は当然という反論あり。次いで山内代行から臨時休校が提案され、反対意見にかかわらず無期限臨時休校が専断決定される」（分会　前掲資料）。

一九七一年一〇月六日　有栖川公園に午前九時頃、生徒約一五〇名集合、集会を開き裏門にてすわり込み。山内打倒共闘会議（山共闘）結成さる。

一九七一年一〇月七日　代行側、ロックアウトを開始。正門前にて警官ともみあい二名逮捕。一名即日釈放。以降、学外で各クラスのクラスタイムや学年クラスタイムが頻繁に行なわれる。ロックアウト中、学校は自宅学習をさせる。また代行、組合、山共闘等の文書が生徒・父兄に配布される。一部のクラスと分会の教員との間で自主授業も行なわれる。父兄の方の動きもあわただしく、保護者会総会の開催の決定といった公的な動きとともに、正常化促進会（代行側）や麻布学園高等学校保護者会有志（反代行側）等々の会合やそれぞれの意見の家庭への配布の動きがみられた。
一九七一年一〇月九日　分会、山内代行に退陣要求提出。
一九七一年一〇月一五日〜一一月一日　一〇月三日の突入の容疑で四名逮捕。鑑別所へ送致。
一九七一年一〇月二二日　都学事部より長期ロックアウト等の問題に関し学校当局に行政指導が行なわれる。
一九七一年一一月一日　東京高等美容学院にて、高三学外授業を学校当局側は開催しようとしたが、生徒によって討論会へと変更される。高三の一九九名の署名により、代行は①学外授業をやめる。②ロックアウトを解除する。③高三の学年集会に出席する。の三点が要求項目として提出された。
一九七一年一一月三日　午前一一時より、生徒により狸穴公園―広尾児童公園間でロックアウトに抗議する学外デモが実施された。
一九七一年一一月一二日　私学会館にて高三学年集会が開かれる。高二や父兄を含め約四〇〇名参加、代行は全校集会の開催を認める。
一九七一年一一月一三日　ロックアウト解除。全校集会第一日目（一一時三〇分より一七時）。生徒は代行の退陣要求を可決。
一九七一年一一月一五日　全校集会第二日目。一一時、開会。一六時、生徒三名がハンガーストライキに突入。一六時三〇分、生徒一名逮捕。一六時五八分、代行が辞任すると発言。一七時三二分、代行、退陣要求書に署名。
一九七一年一一月一七日　授業再開。

第4章　一つの結論として――マージナルピープル

1　「沈静期」と「爆発期」を結ぶもの

一九七一年一〇月の文化祭を経て麻布学園の情況は一変してしまった。

この契機は、すでに述べたように一〇月三日のヘルメット部隊による文化祭突入である。そして、爆発期は四〇余日にわたり、結果的には全校集会開催後、山内校長代行の辞任発言により終止符を打つ。

沈静期すなわち一九七一年四月から九月までの麻布は、これもすでに述べたように、表面的には何事もない日々であった。そして、これは、我々の作業を始める上での最大のテーマであったが、このような沈静期の後に仮りに、文化祭へのヘルメット部隊の突入が成功したとしても、四〇余日の期間、それまでの生活の場であった学校がロックアウトとなり、高三にとって受験勉強をせねばならない秋に、どうして、全体がまとまり、全校集会へこぎつけたかという疑問が常に我々の頭から去らなかったのである。

我々は、この解として例えば生徒の積もり積もった怨念が一気に爆発したとか、ヘルメット部隊に呼応して生徒が勇敢に立上がったという情念を基調とした説は始めから採用しなかった。理由は主として、実感から遠かったからである。我々は、合理的な解を求めて、第3章に記したように一九六八年からの麻布の主として生徒の動きを調べ検討した。

結論として、我々はマージナルピープル(注1)という機能集団・役割を仮定した。機能集団という意味は、具体的な個人、集団への固定したラベルではなく、ある状況下で、ある行動パターンを示した個人、又は集団を、その役割の名前で呼ぶということである。

マージナルピープルの存在が、爆発期四〇余日にわたる混乱を最小限に抑え、「ヘルメット部隊」で始まった爆発期を「全校集会」で終らせる方向性をうみ出したと我々は考える。

また、このマージナルピープルの生成過程の鍵を沈静期、さらには退廃期に求めることができると考える。こうして、マージナルピープルの存在を仮定することにより、上記テーマに一応の解を与えることができたと考えている。

（注1） マージナルピープルという語は、著者らの造語である。概念として同一の別の用語が他にある可能性がある。その場合、著者らが、その用語と何らかの区別をするために新しい用語を用いたのではなく、単に不勉強の由縁である。又、他の概念としてマージナルピープルなる語があって混乱を生じた場合も、同じ理由による。なおこの造語は、社会科学で用いられているマージナルマン及びキーパーソンとの混乱を避けたつもりである。

2 マージナルピープルの活動とその特徴

マージナルピープルとは、一九七一年一〇月文化祭の直前から同年一一月一五日全校集会までの期間、行動的生徒と一般生徒あるいは父兄を結ぶ形で、又、場合によってはその調整役から積極的に方向を定めるための提案者までの役割を担った機能集団を包括的に命名したものである。

マージナルピープルは、機能集団と定義したが、集団として活動した形跡はもとより、集団としての統一性がある訳ではない。実際の活動はほとんど個人の裁量の中で個的に動いていた。そして単に結果として同一の役割を演じていたという事実が認められるのである。その点は十分に注意していただきたい。

マージナルピープルは、その活動として行動的な生徒集団の後方支援をしていたことを第一の特徴に、そして、一応自分の意見というものをかなりの説得性のある形で主張できる力を持っていたことを第二の特徴として指摘できる。そして、具体的活動例は以下の四点である。

A1 山共闘を中心とする行動的生徒集団のシンパ層として存在し、山共闘の動きを一般生徒へ説明あるいは連絡する。又、逆に、山共闘に一般生徒の動向あるいは他のマージナルピープルの動向を連絡する。場合によっては、山共闘の突出行動戦術を援護するための動員あるいは抑制するための説得を行なう。

A2 ロックアウト下でのクラスタイムの推進。すなわち、第一にクラスタイムの場所の確保及びクラス構成員への連絡、不参加者への説得等。第二に、議題の提出、議事の進行あるいは他クラスや山共闘等の動向の報告、そして、これら外部集団の動向と合せたクラスタイムの方向設定等。第三に、クラスタイムの結果について、クラス内の不参加者、他クラスや山共闘等への連絡である。この連絡方法としては電話のみならず、ガリ版刷りによる「クラスタイム報告」の印刷配布も行なわれた。

A3 父兄・教員等との連絡を密にし、例えば分会による学外授業等への協力。あるいは下級生及びその父兄の集会に参加し、高二や高三の動きとその正当性を主張する。

A4 マスコミへ一般生徒として登場し、代行の糾弾及び生徒側の行動の正当性を主張する。

これらマージナルピープルの発生は、したがってその機能の必要によって生じたものであるから、概ね次の二つの時期に発生したと考えられる。

B1 一九七一年一〇月三日以前の文化祭準備期間。

Ｂ２　一九七一年一〇月五日の中庭すわり込み事件とロックアウト開始期。

Ｂ１では、文化祭を、山内代行管理下からいかにして自主性を取り戻すかという視点と、より積極的に、反山内行動をとにかく起こそうという視点で行動的生徒を中心に様々な意見が交換されていた。この中には行動的生徒ではなく後に、主として上述活動例のＡ１を担うマージナルピープルを演じた人々が存在した。また行動的生徒集団に参加した者もいた。Ｂ２では、まさにこれ以降がマージナルピープルが必要とされる時期でありＢ１を含めて後にマージナルピープルを演じた人の多くはこのすわり込みに参加していた。マージナルピープルとして動いた人の人数は、上記の時期をあわせて概略一〇〇人前後と見積ることができる。

一方、消滅期も、Ａ１〜Ａ４の機能の必要性がなくなった時期ととらえることで、以下の二つが考えられる。

Ｃ１　一九七一年一一月三日の全学デモの頃。

Ｃ２　一九七一年一一月一五日、全学集会の終了時。

Ｃ１は、一一月一日に高三の学外授業が合同クラスタイムに変わった時点で残された問題で、クラス内の調整と山共闘との連絡・調整が必要だったものは、それ以前に予定していた全学デモへの参加形態をめぐる問題点だけであったことによる。したがって、一一月三日以降は、活動例Ａ１及びＡ２の機能の必要性は減少したように見える。その主たる要因は、政治的行動単位としてのクラスが自立し、マージナルピープルが担っていた役割が、議長団の選出等を通じて制度化されるとともに、山共闘をはじめとする行動的生徒集団とのパイプもできつつあったからである。そして、残された機能、Ａ３とＡ４は一一月一五日まで必要とされていたということである。

マージナルピープルを演じた人々の多くは、その機能が必要とされなくなった時、一般生徒の中に戻っていった。しかし、例えば、一一月一五日全校集会で行動的生徒の煽動により、多くの生徒が代行へ向けて突進していった時、代行の周囲を囲み、代行保護の行動にでたのは彼らマージナルピープルの一部であった。このように調整を必要とする場面になると、彼らはそれに応じて動いていたように見える。

既に述べたマージナルピープルの特徴で注目しておきたいことは、マージナルピープルを演じた人々が、行動的生徒の側にとり込まれることなく、その機能を果したということである。では、一応自分なりの意見を持ち、主張できる人間がなぜ「行動」主体を担おうとせずに後方支援に徹したのだろうか。

これについては、以下のように考える。すなわち、マージナルピープルを演じた人々は、第一に、主張する自分の意見をもっていたが積極的行動方法の提起ができるほどの経験と力量あるいは組織力をもっていなかった。第二に、「受験」への意識が常にあり（受験を拒否する意志はなく）、積極的行動に伴なうリスクを負うだけの意志はなかった。第三に、マージナルピープルを演じた人々の多くが、行動的生徒の積極的行動を戦術の一つとして認めていたと思われる。それは一九七一年一〇月文化祭でのヘルメット部隊を一応評価することに始まり、終始山共闘への敵対行為がなかったことにあらわれている。この第三の指摘は、マージナルピープルを演じた人々が、幻想期から沈静期までの経緯から積極的行動を否定できるだけの新たな具体的行動提起をしえなかったという推定により、第一の指摘と関係することになる。そして、第二の指摘にみる積極的行動への消極性が自らを後方支援という役割に向かわせたと考えられる。

3　行動空間と行動単位

既述のように、爆発期における後方支援としてのマージナルピープルの存在が、爆発期の生徒側の活力を有機的にし、最終的に「全校集会」を成功させたとする説は、一応の妥当性を有していると考える。しかし、この説は、マージナルピープルを演じた人々の資質に依存することになる。彼らは、いかにしてマージナルピープルを演じるための資質を備えたのか、すなわち自らの主張を持ち、かつ、大学受験を控えた時期に後方支援としての役割を果すだけの行動を可能としたのかという疑問に答えられなければならない。

(1)　生活空間と政治空間

我々が対象としている麻布高校という一つの空間は、基本的には授業、クラブ活動等を主軸とした日常生活を営む場所である。一方、我々の注目している二つの全校集会や爆発期における麻布高校は、日常生活の延長としての空間から逸脱していると考えるべきである。したがって、生徒の行動は、麻布高校という現実の空間の中で織り混ぜられている、日常生活としての「場」と政治行動としての「場」をあらわす二つの仮想空間に分けられる行動空間で起きているととらえられる。この二つの仮想空間を以下では「生活空間」と「政活空間」と称することにする。注意すべきことは、この仮想空間はいずれも連続性が保証されていない。「生活空間」は一般的には連続であるが、ここで問題とした爆発期のロックアウト下では「生活空間」としての学校は保証されていない。

(2)　行動単位

生徒の動きを解析するために、行動単位という尺度を用いる。行動単位とは、ある状況下で生徒が集団として行動した場合の集団の大きさもしくはまとまりを示す。すなわち、我々は、生徒の行動単位の変容の原因と結果を基軸にマージナルピープルを演じた人々の来歴に迫ってゆく。

行動単位は最終的には人数であらわされる単位であるから、二つの仮想空間の中では、それぞれの状況に応じた変化を見せるものの、実質的には同一単位として存在するはずである。

(3)　マージナルピープル発生のための土壌

行動単位は、今までの記述にもちいた時期区分とほぼ同一の区分で変化した。すなわち、「幻想期」「退廃期」「沈静期」「爆発期」である。

①　**幻想期**　代行は、一九七〇年四月登場後、直ちに生協を凍結し、生協は機能の停止を余儀なくされた。また、行動的生徒への分断政策が実施された。一方、生徒側は「前期」の遺産である政治的行動単位としての「クラス」を中心に、合同クラスタイムを経て全校集会開催を企む。しかし、合同クラスタイムを実施したものの、これ以上

の発展はできず、一九七〇年六月以降むしろ政治的行動単位としての「クラス」は活力を失なってゆき、九月末までには「クラス」は完全に沈黙する。

② **退廃期**　クラスは政治的行動単位としては機能しなかった。あるクラスでは幻想期に行なったクラス内班編成が、退廃期に入り生活的行動単位として機能し始める。すなわち、班で親密な関係を結ぶと同時に、それより一段階広いクラスという世界にコミットするという形式がつくられる。他のクラスでは、おそらく自然発生的な生活的行動単位としての小集団がいくつも形成され、上限としてのクラスの枠が弱くなったように思われる。また、クラブを通じてこうした小集団を形成していった人々も存在した。

このようなあり方の違いは、クラスという生活空間の行動単位の活動性の大きさの違いと対応している。すなわち班構成をしていたクラスでは、他班との交流によりクラス世界に充分に接近していて、それが総体としては自然とクラスを形成することになってしまった。したがって、このクラスでは、クラス内は極めて親密であったが一方で他のクラスには無関心であった。一方、自然発生的な小集団ではクラスを構成しえないため、クラスという概念は希薄で、むしろクラス内であれクラスの枠を越えてであれ自分以外の集団への関心は薄かった。

これらの班ないし小集団は生活空間での行動単位であり、政治空間には存在していない。このことと、これら小集団の他集団への無関心さとは、行動的生徒が存在した政治空間との関係を断絶せしめた要因であり、その結果これらの小集団と行動的生徒は遊離することになる。

班ないし小集団のような、他の集団への無関心さを示す境界線で区切られた行動単位を「おともだち」集団と呼ぶことにする。退廃期の行動単位の特徴は生活空間での「おともだち」集団である。

ここでこの「おともだち」集団を別の角度から改めて一般的に定義すると次のようになる。

A 1　学園内外で可能な、生徒間の交流行動に関与している集団である。

A 2　ある生徒の選択した他の生徒との交流行動のうち、ある生徒にとって最重要な意味をもつ交流行動の対象となった集団である。

A 3　最重要な意味とは、第一に量的には充分な交流行動の頻度を示し、日々の生活の中心に据えることができること、第二にその行動が失なわれた時に、それにとって替るほどの行動がないことである。すなわち、限られた時間しかあたえられていない場合、他の交流行動よりもまず先に選択される交流行動の対象集団である。

以上の「おともだち」集団は、退廃期における政治、生活空間の以下のような特徴をもつ状況下で生まれた。すなわち、

B 1　政治的行動単位としての「クラス」の消滅、重要な既存の政治的行動単位の喪失

B 2　一九七〇年九月三〇日の「代行説明会」への反応としての政治空間からの離反

B 3　一九七〇年一〇月「遠足事件」を契機とした生活空間への危機感

これらは直接・間接的に代行の施策の結果としてうみ出された状況である。そして、このような退廃期の状況下で示された「おともだち」集団の特性とは

C1　そこに含まれる個人の選好序列がはっきりしていて、第二の交流行動を質量ともに大きく引き離していた。

C2　他集団への関心が薄く、一度安定してしまうとメンバーの固定が見られた。おそらく、他集団への関心の薄さは、集団内の協調の名のもとに、相手の行動を評価しあい強めあっていったためという推定もできる。

C3　集団内に班などのような特別な構造がない限り比較的小規模なものであった。

C4　多くの「おともだち」集団は政治的集団ではなかった。そこには校舎を排徊する代行に対する畏怖感と、それからくる生活空間の自己防衛的特質をみてとることができる。

このような、「おともだち」集団は正常に機能した場合それに参加している一人一人の生活空間を楽しく、活き活きさせたと考えられる。一方、自分の属した「おともだち」集団がうまく機能しない場合、あるいは「おともだち」集団へ参加できなかった人間は、「おともだち」集団の他集団への無関心がまねく閉鎖性ゆえに、他の集団への参加の機会がなく孤立してゆくことになろう。

退廃期後期の高二は、受験を意識し始める。ここで、正常に機能した「おともだち」集団は〝受験は高三になってから〟として問題を先送りし、生活空間の楽しさを求めた。一方、残された人々は、孤立化した中で受験を選んだ。しかし、彼らの多くは受験に没頭することができず、楽しく学園生活を送っている「おともだち」集団へのあこがれがあったようである。

上述の特徴を有した「退廃期」型の「おともだち」集団がないとき、高二末期では受験はどのように生徒たちに影響を与えるのか。一年上の学年、すなわち、一九七〇年、代行登場と共に高三になった学年の例をみよう。

彼らは、一九六九年一一月からの授業改革運動を「クラス」を政治的行動単位として活動した。しかし、一九七〇年一月以降、授業改革運動が協議会を中心に推進されていくようになると共に「クラス」の政治的行動単位の活力は失せ、さらに二月一一日前後から起きた自主活動の自由を求める運動では、「クラス」は政治的行動単位とはなりえなかった。一方、全校集会を迎えるにあたって、新たな政治的行動単位を用意できなかったため、彼らは個人を行動単位とする形で参加することになった。

彼らの生活空間は、政治的行動単位の「クラス」と同一であり、上記の政治的単位としての「クラス」の消滅とともに不安定なものとなった。このような時期に、受験を意識したため、彼らは受験の問題を先送りする根拠を政治空間にも、生活空間にも見出せず、多くの人間がほぼ同時期に受験勉強を開始することになったと考えられる。一度、過半数の人間が受験勉強を開始すると、個々人の意識とは別に、受験勉強を放棄できなくなり、全校集会終了後、彼らは受験に埋没していったと思われる。

したがって、上記の「おともだち」集団により、生活空間を強力にしていった一九七〇年の高二は、受験を意識しながらも、実際には受

験勉強をせずに高三となった。

③ **沈静期**　「退廃期」の「おともだち」集団は、進級に伴なうクラス編成替えによる、生活空間の変化により自動的に解体した。高二から高三になることで、今度こそ受験勉強を始めなくてはならなかった。

しかし、「おともだち」集団の心地良さのために、できればもう一度「おともだち」集団を作りたいと考えた。一方、退廃期で「おともだち」集団に入れず孤立した人の一部は、できればこの機会に「おともだち」集団に加わりたいと考えた。したがって「おともだち」集団が再び形成される基盤はあった。

退廃期の「おともだち」集団が、特徴ある性質を示したのは前述の状況下であった。しかし、「沈静期」は、以下に示す状況へと変化していた。

D1　生活空間へ受験をとり込むことを目的としていた。

D2　その一方でできれば楽しい生活空間を維持しようとした。

D3　ここでも多くの「おともだち」集団は政治的行動単位として存在していなかった。

D4　しかしその成員においては代行に対する畏怖感がなくなるとともに、代行に見つからねば何をやってもよいという感覚があった。

すなわち以前に代行によっておびやかされていた生活空間への危機感がうすれ、生活空間に受験を割り込ませるにしても、できれば前期に体験した生活空間を持続したいという気持を残すこととなった。これは結果として受験を楽観視しているようであるが、逆にいえば受験勉強へ埋没をする契機を失なっていたことになる。

このように受験にうつる契機を失なう要因は学校側からもつくりだされた。一九七一年四月、学校は校舎改築計画のもとに講堂の取り壊しを開始した。これに鋼玉ボールで鉄筋校舎を壊す方法を用いたため大騒音となり、受験を意識した高三生徒には評判が悪かった。これには後に高三の教室変更の対策がほどこされたが、学校側、特に代行の受験に対する配慮が欠けていたようである。この例は、さらに文化祭の時期の変更にもあてはまる。従来の麻布高校では五月に文化祭を行ない、これを経て高三はクラス活動、サークル活動等から引退し、受験体勢に入るという契機の意味をもっていた。しかし、この年は一〇月に延期されたことにより、高三は五月のこの契機を失なった。

さらに、

D5　生徒の生活空間の拡張がおきた。すなわち、高二では主に学校内だったのが、高三になり、受験勉強のために放課後あるいは春休み、夏休み等に予備校に通うようになった。予め集団で予備校に通うことにした集団や予備校で偶然一緒になるなどして新しい集団ができた。

このようにして、沈静期の「おともだち」集団は学内での行動単位や、学外での行動単位として再び形成された。しかし、これらの「おともだち」集団は退廃期のそれと異なり、一人の人間が複数の「おともだち」集団に加われたり、重要度の優先順位の第一位と第二位が極めて接近しているなどのいわば普通のおともだちでしかなかった。これは「おともだち」集団の形成要因が大きく異なっているために、結果としては退廃期のような「おともだち」集団の充実をもたらすことができず、受験に対する意識と新しい人間関係の結合の弱さから、行動単位は個人あるいはそれに近い集合体となった。

こうして生活空間を受験と「おともだち」集団の二つで過そうとした既述の人々の中には、「おともだち」集団が予想された充実感を与えてくれないという不満をもち、それ故受験への集中力を欠いてしまった者もあった。

授業改革運動の影響が残っている人々は、大学受験を認めつつも従来の詰め込み型受験勉強を拒否するなど受験勉強の方法にこだわった。

その他、様々な個人的理由をもちつつも生活空間の全てを受験で埋める基調がなかったと判断できる中で、受験勉強への移行の共通の契機の喪失は、一人一人にとって受験体勢への埋没を先送りする傾向をもったと考えられる。すなわち、生活空間の中で一応受験勉強を始めてはいるが、生活空間の残りの部分への期待を棄てきれずにこの部分の存在理由を次から次へと考えるようになっていたようだ。

このように、多くの人々が「個人」を行動単位とし、その生活空間の制御に苦心している状況の中で、受験以外の生活空間を楽しく、あるいは有効に使おうとする人々がでてくる。

この一つは、「おふざけゲリラ」と筆者らが名付けた代行あるいはその側近教員達をからかうことである。この「おふざけゲリラ」の最初の行為者は判らないが、例えば、廊下を歩いている代行をロッカーで通行妨害するという行為は代行への消極的な意見表明と、無名性の行為であることから、何人かが自然発生的に参加し又多数の人間がヤジ馬としてこれを楽しんだ。そして彼らはその中で代行への畏怖心のうすれを感じとっていた。

又、退廃期に班新聞やクラス文集等の文書作成、及び印刷等の技術を持った人々の中には、再び発行物を出したものもいる。この発行物の一つである「軌跡」は、何人かの人間が集まって編集・作成したが、あたらしい「おともだち」集団を形成せず、終始「個人」の集合体として動き、場合によっては「個人」で編集・作成した場合もある。この「軌跡」は、班新聞やクラス文集とは異なり、学年全体に会員を求め、会費を徴収することで運営しようとした。又、投稿を基調とした紙面作りに対し、実際、月一回の発行に十分な原稿が集まった。

この二つの事実は、生活空間の受験以外の部分を有効に使おうとした「個人」が「軌跡」編集にたずさわるものにとどまらず、機会があれば参加しようとする隠れた「個人」が多数存在することを暗示している。

沈静期も四月から夏休みを経て九月に至る時間経過とともに、このような生活空間を受験のみで占めることなく何かを求めようとした人人はやや減少していったと予測できるが、一方で、九月に到ってもなお不安定な状態の人々が少なからず存在していた。

彼らの一部は、一〇月文化祭で何かが起こるという情報を入手したとき、生活空間での受験の占める割合を減らしても良いと判断できた。彼らの行動単位は相変らず「個人」であったが、生活空間上に政治空間を持ち込むことで受験を先送りにする正当化を図り、受験に対する不安を軽減した上で文化祭に臨んだ。

④　**爆発期**　九月に到ってもなお生活空間が不安定だった人々は、文化祭で「ヘルメット部隊」が突入したことを知ると、体育館での集

会に、又、中庭の集会に自然発生的に集まってきた。この時点では彼らは生活空間の残りの部分が面白く、楽しいことを欲していただけのようである。しかし、中庭でのすわり込み、機動隊による排除を経験すると、沈静期に出現した受験以外の生活空間の有効利用を求めた人々と同様に生活空間での受験の占める割合を減らしても良いと考え、政治空間を持ち込むことで受験の先送りの正当化を可能にした。ここでも、彼らの行動単位は「個人」である。彼らは、その後置かれた状況により急速にマージナルピープルとして機能することになる。

彼らは、高二の「おともだち」集団、高三のおともだちを通して比較的幅広い友人関係を有し、場合によっては印刷技術等の実務にも精通していた。彼らの行動単位は「個人」であったが、政治空間としては「クラス」を担ぎ出した。このとき、学校はロックアウトに入っており、クラスは生活空間としては存在せず、したがって政治空間としての「クラス」のみという特殊状況となった。彼らはこの「クラス」を政治空間の中心に据え、幅広い友人関係を利用して山共闘、他クラス、下級生、下級生の父兄、マスコミ等と「個人」として交流した。又、「クラス」の補強のため友人達へ「クラス」への参加を求めた。このような行動に従事することに多大な満足感を感じていた者は少なくなかった。つまり、生活空間において代行による圧迫からも、受験による重くるしさからも逃れることができ、新しい形での「おともだち」集団の実感や自分の意見を表明できる充実感が、この満足感の実体であったと思われる。

そして「クラス」を担ぎ出した時点で方向性として全校集会開催が自動的に決定した。すなわち、彼らの知りうる方法論がこれ以外になかったということと、一九七〇年三月全校集会の非政治的イメージが彼らを安心させたのではないかと考える。

最後に一九七一年一一月一七日以降、すなわち爆発期終了後、彼らマージナルピープルを担った人々が、彼らの経験を下級生に伝えるべく新たな行動あるいは組織の提起をせずに、受験勉強に没頭していった点に触れたい。

これまでの考察からあきらかなように、マージナルピープルを担った人々の爆発期での参画を可能にしたものの一つは受験勉強の先送りの正当化であった。そして、爆発期での彼らの政治的行動単位は一九六九年〜七〇年授業改革運動で用い、一度は破産した「クラス」であった。したがって、一九七一年一一月一七日以降、彼らは受験勉強を先送りするにたる根拠がなくなり、そしてこれがクラス内で暗黙の了解に達したことで、政治的「クラス」は崩壊したと考えられる。この二つは相前後して繰り返され、結局マージナルピープルを担った人人が新たな運動の中核となることはありえなくなった。

このように、行動単位と生活空間・政治空間の変容により、マージナルピープルを演じた人々の来歴を説明した。そして、このモデルに用いた諸要因とその変化が、彼ら個人の資質にのみ依存するものではなく、代行側の施策の影響と、時間を含む状況による必然性を有していることを併せて示すことができたと思う。マージナルピープルという一つの仮説を提出し、本書の結論としたい。

資料目録　（〈　〉は著者による題名）

#0・5　同窓会理事会「申し合わせ」（一九七〇年四月八日）

#1　H3―6CT&生協公開質問状草案（一九七〇年四月一〇日）

#2　前期高執委「自己の日常的追及の中から創造的自主活動の展開を！」（一九七〇年四月初旬）

#3　生徒有志「全学の御父兄の皆様へ」（一九七〇年四月一四日〜一七日）

#3・5　校長代行山内一郎〈父兄会開催のお知らせ〉（一九七〇年四月一五日）

#4　全共闘（準）「叛逆者（創刊号）」（一九七〇年四月一五日）

#5　有志連合「闘争宣言」（一九七〇年四月一六日）

#6　生徒有志「御父兄の皆様へ！」（一九七〇年四月一八日）

#7　生徒有志「父兄の皆さんへ！」（一九七〇年四月一八日）

#8　文化祭総務部門「to you（No. 10）」（一九七〇年四月中旬）

#9　H3―5有志「クラスの団結をもって実力テストボイコット！」（一九七〇年四月二三日）

#10　反戦高協「四・二五　明治公園に結集せよ！」（一九七〇年四月下旬）

#11　クラス闘争会議「この異状《ママ》事態を正当化しないために」（一九七〇年四月下旬）

#12　全共闘（準）「叛逆者（第二号）」（一九七〇年四月下旬）

#13　全共闘（準）「反撃を開始せよ！」（一九七〇年四月下旬）

#13・5　校長代行　山内一郎「私の考え方とこれからの教育方針諸計画について」（一九七〇年四月中〜下旬）

#13・7　二二回文実委企画実行委員会「グループ長討論会へのおさそい」（一九七〇年四月）

#14　OB有志「麻布アウシュビッツ粉砕！反動のボス　山内一郎の暴挙を許すな」（一九七〇年五月三日）

#15　二二回文実委「第二二回文化祭パンフレット」（一九七〇年五月三日）

#16　校長代行　山内一郎〈四月一八日の父兄会に於て配布した書類〉（一九七〇年五月四日）

#17　生徒有志「カンパ要請」（一九七〇年五月六日）

#18　全共闘（準）「反動山内の不当処分攻撃を許すな！」（一九七〇年五月七日）

#19　反戦高協「退学処分攻撃を大衆的力ではねかえせ！」

（一九七〇年五月七日）

#19・5　H2有志〈合同クラスタイムのためのメモ〉（一九七〇年五月七日）

#20　H2有志「本日放課後合同CTアリ」（一九七〇年五月九日）

#21　H2―1クラス闘争会議「叛乱（第二号）」（一九七〇年五月九日）

#22　生徒有志「御父兄の皆様へ（A）」、「生徒諸君へ（B）」「資料（C）」（一九七〇年五月一三日）

#23　卒業生有志（昭和四四年、四五年卒）「山内校長代行の不当な弾圧を許すな！」（一九七〇年五月一三日）

#24　生徒有志「全学集会（三月）の集約は生きている！」（一九七〇年五月一四日）

#25　反帝高評（準）「米軍のカンボジア介入を許すな！　斗う学友は反帝高評南西地区高共斗（準）に結集せよ」（一九七〇年五月一四日）

#26　不明「署名簿」（一九七〇年五月中旬）

#27　反戦高連「七〇年安保粉砕！　六月闘争へ」（一九七〇年五月二五日）

#28　麻布ベ平連「安保粉砕へ人間の渦巻を！　六・一〜一五街へ！」（一九七〇年六月一日）

#29　反帝高評（準）「炎（創刊号）」（一九七〇年六月三日）

#30　H3―3「C.T.報告　A先生の体育をめぐって討論！」（一九七〇年六月一〇日）

#31　高生協「第二回生協報告」（一九七〇年六月一一日）

#32　校長代行　山内一郎「保護者の皆様へ」（一九七〇年六月二〇日）

#33　麻布学園民主化行動委「六・二三　大統一行動に参加しよう」（一九七〇年六月二三日）

#34　生徒有志「麻布闘争に熱烈なる支援を！」（一九七〇年六月二三日）

#35　六・二三実行委「六・二三反安保統一集会へ！」（一九七〇年六月二三日）

#36　反戦高協「麻布反安保統一集会八〇名で行なわれる」（一九七〇年六月二七日）

#37　反戦高協・FIH（準）「六・二三統一集会に関する共同声明」（一九七〇年六月二七日）

#38　反戦高協「三バカトリオを弾劾せよ！」（一九七〇年六月三〇日）

#39　H3生徒有志「代行の教育への干渉を許すな！」（一九七〇年七月一四日）

#40　FIH（準）「国際主義（創刊号）」（一九七〇年四月〜七月）

#41　校長代行　山内一郎〈『八月の砲声』の中止、授業料増額〉（一九七〇年八月二八日）

#41・5　全学行動委員会（仮称）「代行山内の生徒への弾圧を許すな！」（一九七〇年七月〜八月）

#42　反戦高連「反戦高協、情宣活動に暴力的に敵対する！」

(一九七〇年九月七日)

#43 生徒有志「ケッパロー　日常の低迷を打破しよう」(一九七〇年九月初旬)

#43・2 反戦高連「中核派による海老原君虐殺を糾弾し、九月一〇日全軍労スト支援に起て！」(一九七〇年九月初旬)

#43・5 新聞委員会「部員確認」(一九七〇年九月中旬)

#44 「無展望」を出す会「週刊無展望(創刊号)」(一九七〇年九月二二日)

#45 中・高執委「運動会開催についてのアンケートの結果と提案」(一九七〇年九月二二日)

#45・5 図書委員会＜無題＞(一九七〇年九月二二日)

#46 高二有志「教育の本質を動かす運動を！」(一九七〇年九月二四日)

#47 高執委「クラス討論の圧倒的深化を！　生協の異常な停滞を克服せよ！」(一九七〇年九月二八日)

#48 「無展望」を出す会「週刊無展望(第二号)」(一九七〇年九月二九日)

#49 生徒有志「生協をバクロする。代行弾劾！」(一九七〇年一〇月二日)

#50 H2—6有志(?)＜CTを中心としたアンケート調査＞(一九七〇年一〇月三日)

#51 「無展望」社「週刊無展望(第三号)」(一九七〇年一〇月六日)

#52 H2有志「九月三〇日の合同生協報告のはなし」(一九七〇年一〇月初旬)

#53 「無展望」社「週刊無展望(第四号)」(一九七〇年一〇月一二日)

#53・5 図書委員会＜無題＞(一九七〇年一〇月一四日)

#53・7 H2遠足委員会H2—5分会「高校二年修学旅行資料」(一九七〇年一〇月一四日)

#54 「無展望」社「週刊無展望(第五号)」(一九七〇年一〇月二〇日)

#55 麻布高入管闘「入管ニュース」(一九七〇年一一月二日)

#56 「無展望」社「週刊無展望(第六号)」(一九七〇年一一月四日)

#57 H3有志「卒業文集の作成を！」(一九七〇年一一月六日)

#58 校長代行　山内一郎＜会津事件後の減俸処分＞(一九七〇年一一月七日)

#59 社会主義研究会「『新中教審答申』を粉砕し一一・八伝習館問題報告討論集会に結集せよ！」(一九七〇年一一月七日)

#60 麻布高入管闘「入管ニュース(No.9)」(一九七〇年一一月初旬)

#61 「無展望」社「週刊無展望(第七号)」(一九七〇年一一月一一日)

#62 社会主義研究会他「山内体制打倒の闘いの中から一一・

一一　伝習館高校生との討論集会に結集せよ！」（一九七〇年一一月一一日）

#63　山内体制粉砕全学共闘会議「闘争宣言」（一九七〇年一一月一七日）

#63・5　仏教伝導会「NAMU（No.5）」（一九七〇年一一月一七日）

#63・7　不明「民のおつげ（二号）」（一九七〇年一一月一七日）

#64　麻布高校反戦会議「烽火――全共闘結成と我々の立脚点――」（一九七〇年一一月二〇日）

#65　「無展望」社「週刊無展望（第八号）」（一九七〇年一一月二四日）

#66　山内体制粉砕全学共闘会議「A君を断固防衛せよ！」（一九七〇年一一月二五日）

#67　私学労組分会「資料　山内代行の団体交渉拒否および校長資格問題について（A）」、「教育に対する私たちの基本姿勢（B）」（一九七〇年一一月二七日）

#68　H3有志「アジテーションでなく　文集その後」（一九七〇年一二月二四日）

#69　有志A「麻布の解体そしてその現状」（一九七〇年一一月〜一二月）

#70　麻布高校反戦高協「本日百万沖縄県民血の決起」（一九七一年一月八日）

#71　麻布高校入管闘「入管ニュース（No.10）」（一九七一年一月九日）

#72　麻布高校反戦高協「騒乱罪粉砕　毒ガス徹去」（一九七一年一月九日）

#73　麻布高校入管闘「入管ニュース（No.11）」（一九七一年一月一四日）

#74　麻布高校反戦高協「本日移送　毒ガス徹去せよ！」（一九七一年一月一七日）

#75　H3有志「文集その後」（一九七一年一月一八日）

#76　麻布学園社研　H2有志「A君裁判闘争に決起し山内体制を打倒せよ」（一九七一年一月二二日）

#77　沖縄奪還一・二三実行委「山内体制の狂気の弾圧の中で革命的永続闘争を展開中の諸君へ！」（一九七一年一月二三日）

#78　麻布学園NET闘争支援連絡臨時会（準）「カンパを！NET闘争支援！」（一九七一年一月二五日）

#79　A君を守る会・代行から教育を守る会「本日のA君の裁判を直視しよう!!」（一九七一年一月二五日）

#80　麻布学園中学生闘争委「山内ついに告訴さる」（一九七一年一月下旬）

#81　麻布学園を見守る会（準）「麻布学園を受験する皆様と父兄の皆様へ」（一九七一年二月一日）

#82　二・一一紀元節粉砕クラス闘争委「侵略を繰り返すな！紀元節を葬れ！」（一九七一年二月一〇日）

#83　H2―2クラス闘争委「二・一一紀元節　天皇制を粉砕せよ!!」（一九七一年二月一〇日）

#84　H2―6紀元節粉砕闘争委「二・一一建国記念日―紀元

節を粉砕せよ！」（一九七一年二月一〇日）

#85　二・一一紀元節粉砕六組闘争委「紀元節粉砕への決起を訴える！」（一九七一年一月下旬〜二月上旬）

#86　不明「三講師問題討論資料」（一九七一年二月上旬）

#87　校長代行　山内一郎＜卒業式のお知らせ＞（一九七一年二月二日）

#87・5　H1・M2有志「A君の問題についての討論資料」（一九七一年二月中〜下旬）

#88　私学労組分会＜三講師問題　校務分掌問題　就業規則問題＞（一九七一年三月初旬）

#89　全学クラス闘争委連合（準）「卒業式を粉砕し山内体制打倒に総決起せよ！」（一九七一年三月初旬）

#90　私学労組分会『月刊麻布教育（創刊号）』（一九七一年三月一三日）

#91　麻布学園新聞部「麻布学園新聞」（一九七一年三月二三日）

#92　私学労組分会「本日の一〇分間のストライキについて（A）、麻布教育発刊について（B）」（一九七一年三月二三日）

#93　H2—5クラス『H2・5　根岸クラス』（一九七一年三月二三日）

#94　H2—3クラス『犇犇』（一九七一年三月二七日）

#94・5　麻布高等学校「生徒手帳」（一九七一年四月一日）

#94・7　グループ飢えた狼「彷徨（創刊号）」（一九七一年四月一〇日）

#95　元高三有志『像』（一九七一年四月二〇日）

#96　私学労組分会『月刊麻布教育（第二号）』（一九七一年四月二三日）

#96・5　文集「像」編集人（？）「麻の布（No.1）」（一九七一年四月二六日）

#97　高執委「『生徒権宣言』草稿」（一九七一年四月）

#98　高執委「生徒会広報（創刊号）」（一九七一年四月中〜下旬）

#98・5　山内体制打倒卒業生連絡会議「四・二八山内体制打倒在校生卒業生統一集会に総結集せよ！」（一九七一年四月中〜下旬）

#99　高執委「生徒会広報（第二号）」（一九七一年五月上旬）

#100　高執委「生徒会広報（第三号）」（一九七一年五月八日）

#101　麻布高校反戦高協「『返還協定』調印を実力阻止せよ！」（一九七一年五月一九日（？））

#102　高執委「生徒会報（第四号）」（一九七一年五月中旬）

#103　H3有志「軌跡（創刊号）」（一九七一年五月二四日）

#104　高執委「生徒会広報（第五号）」（一九七一年五月中旬〜下旬）

#105　H1—4クラス闘争委「闘争宣言—円環的閉鎖的秩序の突破へ血路を拓け！」（一九七一年四月〜五月）

#106　麻布学園反戦高協「沖縄返還協定粉砕！」（一九七一年六月一日）

#107　H3有志「軌跡（第二号）」（一九七一年六月一日）

#108 H1有志「山内アウシュビッツをズタズタにうち破り調印時の死闘にうちかて！」（一九七一年六月一〇日）

#109 麻布学園反戦高協「首相官邸を攻撃せよ！」（一九七一年六月中旬）

#110 H3—6クラス闘争委「六・一五〜一七調印阻止闘争に起て！」（一九七一年六月中旬）

#111 H3—1有志「沖縄を奪還せよ！」（一九七一年六月中旬）

#111・5 H3—5 OR H3—1軌跡編集部「軌跡（第三号）」（一九七一年六月二一日）

#111・7 （再建）「無展望」社「無展望（〃復刊〃一号）」（一九七一年六月二三日）

#112 麻布学園反戦高協「七・一羽田現地へ！」（一九七一年六月二九日）

#112・5 文集「像」編集人「麻の布（No.2）」（一九七一年七月四日）

#113 H3有志「軌跡（第五号）」（一九七一年七月九日）

#114 全学××××闘争委員会本部「最後まで闘いぬけ！」（一九七一年七月）

#114・5 H3有志「軌跡（第四号）」（一九七一年七月初旬）

#115 元H2—4『おわりか はじまりか』（一九七一年六月〜七月）

#116 校長代行 山内一郎〈学園の近況について〉（一九七一年八月三〇日）

#117 二三回文実委会計委員会「Information About No.1」（一九七一年九月一〇日?）

#118 二三回文実委会計委「Information About No.2」（一九七一年九月一〇日?）

#119 二三回文実委会計委「Information About No.3」（一九七一年九月一一〜一二日?）

#120 二三回文実委会計委「Information About No.6」（一九七一年九月一四日?）

#121 二三回文実委会計委「Information About No.7」（一九七一年九月一五日?）

#122 二三回文実委会計委「Information About No.8」（一九七一年九月一六〜二二日?）

#123 校長代行 山内一郎〈文化祭について混乱が予想されるということ〉（一九七一年九月二三日）

#124 説明会を要求する発起人会〈無条件全面支持への疑問 ガードマン導入問題〉（一九七一年九月二八日）

#125 高執委「生徒会広報（第五号）」（一九七一年九月二九日）

#126 私学労組分会『月刊麻布教育（第三号）』（一九七一年九月三〇日）

#127 二三回文実委〈ガードマン雇用ニ弾固《ママ》反対スル〉（一九七一年九月下旬）

#199 同窓会理事会「申し合わせ」（一九七二年五月三一日）

申し合わせ

麻布学園同窓会は、その会則にも明らかにされているように、麻布学園の学風と伝統を尊重しつつ、会員相互の親睦を図ることを第一義の目的とし、かねて麻布学園との連絡を保ち、その発展を期しているものであって、このことは現在および将来にわたり堅持されなければならない。然るにかって山内理事長並に校長職務代行者就任に際して、同窓会理事会が、同代行を全面的に応援する旨の「申し合わせ」をなしたことは、同窓会の目的を逸脱したという非難を免れない。深く反省し、このような申し合わせを撤回するとともに、今後はかかることのないよう十分留意し、同窓会本来の目的のために力を尽したいと念願する。

昭和四十七年五月三十一日

麻布学園同窓会理事会

幕間のパントマイム――麻布高校 1970年～1971年――　**定価2,000円**

1985年10月19日　初版印刷
1985年10月25日　初版発行

検印省略

著者　©坂上貴之
　　　杉本有俊
　　　星野英一
印刷所　後楽印刷㈱
製本所　文信社㈲

発行人　三人会
連絡先：横浜市緑区市ヶ尾177-7　A-303

同化した！ 1971.10.3 麻布学園突入闘争最終意見陳述

#631　1973.03.15　全ての麻布高卒業生の皆さん！ 3.15 麻布学園岩佐公判「判決」公判へ！

#632　1973.03.15　3.15 9時 日比谷小公園へ！

★山内校長代行による横領

#650　1973.01.16　朝日　山内元理事長代行を逮捕　土地代二億円を横領

#651　1973.01.16　産経　麻布学園元理事長代行　山内を横領で逮捕
2億4千万円を懐に

#652　1973.01.16　東京　麻布学園　山内元理事長代行横領で逮捕
用地代2億円を私腹に

#653　1973.01.16　日経　山内麻布学園元理事長代行を逮捕　二億四千万着服の疑い

#654　1973.01.17　東京　山内に新たな疑惑　麻布学園　校舎建設工事めぐり

#655　1973.01.17　フジ　麻布学園の前理事長職務代行を逮捕
2億4千万横領　林間学校の用地売却金地位利用し着服

#656　1973.01.19　東京　山内、横領をほぼ認める　麻布学園事件

#657　1973.02.06　朝日　山内ら2人を起訴　麻布学園の経理不正　東京地検

#658　1973.02.06　東京　山内代行ら起訴　麻布学園不正事件

#659　1973.01　週刊朝日　麻布学園・山内一郎前理事長代行の二億円ちょろまかしの手口

#660　1973.01.16　山内横領逮捕に対する見解　理事会への追及を準備せよ！

#661　1973.01.17　全校の生徒諸君へ

#662　山内元代行の横領 - 逮捕と我々の見解

をご報告します。

麻布学園高等学校三年保護者有志

#358　1971.11.05　麻布学園正常化促進会
#359　1971.11.06　麻布学園紛争について思う　麻布学園父兄有志
#360　1971.11.08　麻布学園正常化促進会
#361　1971.11.10　麻布学園高校母親有志・麻布学園中学母親有志
#362　1971.11.12　麻布学園の授業再開並びに事態解決の為の具体的提案
#363　1971.11.26　新しい局面を迎えて　麻布学園高等学校保護者会有志
#364　1971.11.26 過ぎ　麻布学園中学・高校・保護者有志
#365　1972.01.10　新校長吉川先生に対する公開状　麻布学園中学・高校・保護者有志
#366　1972.02.05　麻布学園中学・高校・保護者有志
#367　1971.03.04　保護者有志の会開催の御通知
#368　1972.03.28　多難な年度を終るに当たって　現実を正視しましょう　鈴木三郎他

★麻布學園新聞

#400　1970.03.23　麻布學園新聞　第 94 号
#401　1971.03.23　麻布學園新聞　第 95 号
#402　1972.02.24　麻布學園新聞　第 96 号
#403　1972.03.14　麻布學園新聞　号外
#404　1972.03.28　麻布學園新聞　第 97 号
#405　1972.04.20　麻布學園新聞　第 98 号

★山内校長代行

#450　1971.11.12　全校集会開催の約束
#451　1971.11.15　校長代行辞任の確約書

★文化祭

#500　1971.10.02-03 第 23 回文化祭プログラム　自由への疾走
#501　1971.12.18　INFORMATION ABOUT NO.13 自由への疾走

★岩佐君裁判闘争

#600　1972.09.26　公判ニュース第 1 号
#601　1972.09.27　公判ニュース第 2 号
#602　1972.10.03　公判ニュース第 3 号
#603　1972.10.12　公判ニュース第 4 号
#604　1972.11.10　公判ニュース第 5 号
#605　1972.11.13　公判ニュース第 6 号
#606　1972.11.14　公判ニュース第 7 号
#607　1972.11.21　公判ニュース第 8 号
#608　1972.11.27　公判ニュース第 9 号
#609　1972.12.05　公判ニュース第 10 号
#610　1973.01.16　公判ニュース第 11 号
#611　1973.01.18　公判ニュース第 12 号
#612　1973.01.26　公判ニュース第 13 号
#613　1973.02.06　公判ニュース第 14 号
#614　1973.03.09　公判ニュース号外
#615　1973.04.11　公判ニュース第 15 号
#615.5 1973.04.14　公判ニュース 15 号　救援会総括文章補足
#616　1972.06.02　本日正午、東京地裁へ！
#617　1972.06.02　反動山内に最後の鉄槌を！　岩佐君裁判闘争勝利へ向けて
#618　1972.06.14　麻布学園の卒業生の皆さん！
#619　1972.06.19　緊急声明　山内の裁判からの逃亡を許すな！
#620　1972.07.04　学費値上阻止闘争の更なる展開を　断固とした理事会追撃を！
#621　1972.09.09　岩佐君裁判闘争　本日放課後　討論集会へ！
#622　1972.09.09　10.3 闘争〈被告人〉より
#623　1972.09.09　9.9 岩佐君裁判闘争勝利学内討論集会　基調提起
#624　1972.09.09　裁判闘争勝利に向けて
#625　9.11 岩佐君裁判闘争報告
#626　1972.09.19　麻布学園 10.3 闘争第 6 回公判への証言内容に関する公開質問状
#627　1972.11.15　麻布学園の卒業生のみなさん
#628　1973.01.18　麻布学園 10.3 闘争「被告」岩佐君裁判闘争に注目し、かつ担わんとする全ての麻布学園の卒業生の皆さん！
#629　1973.01.25　東拘より同志諸君へ
#630　1973.01.27　10.3 僕は麻布学園の生徒諸君の気持ちを綜て理解すると共に彼らと

#313　麻布組合ニュース　No.313
1971.11.06
山内代行および理事各位へ公開質問状を提出。
#314　『月刊麻布教育』をお読みください

★山内一郎校長代行および麻布学園

#315　保護者殿　1971.10.07
#315.5　授業再開準備委員会　1971.10.23
#315.6　授業再開準備委員会　1971.10.26
#316　学則・生徒心得・生徒会会則
1971.10.30
#316.5　麻布学園授業再開委員会　1971.11.08
#317　保護者の皆様　1971.11.10
#318　生徒諸君　1971.11.10
#318.5　麻布学園授業再開委員会　1971.11.10
#319　近況御報告　1971.12.27

★報　道

#320　1971.10.11　日経夕刊　終業ベル鳴らぬ“麻布紛争”
#321　1971.10.20　東京　再建する気か　つぶす気か　名門・麻布学園『校長代行』の評判
#322　1971.10.24　朝日　休校20日　ゆれる麻布学園
#323　1971.10.29　東京　先生宅に脅迫状“同封の薬物で自決せよ”　紛争続く麻布学園
#324　1971.10.31　東京　あすから高校三年だけ授業　麻布学園
#325　1971.11.01　毎日夕刊　美容学校で校外授業　紛争 - 休校の麻布学園
#326　1971.11.01　東京夕刊　緊迫の“授業再開”　麻布学園　かみ合わぬ討論で終始
#327　1971.11.01　朝日夕刊　授業再開も立ち往生　紛争の麻布学園
#328　1971.11.04　朝日　麻布の父母同伴デモ
#329　1971.11.10　朝日　生徒不信改めよ　紛争の麻布学園　父母有志、学校側に提案
#330　1971.11.10　毎日　18日まで授業中断続けば　進級・卒業は困難
麻布学園　紛争で都が見解
#331　1971.11.12　東京夕刊　『告訴の取り下げが先決』　麻布学園学年集会
#332　1971.11.12　朝日　ロックアウトを解除　麻布学園で理事側譲歩　きょう全校集会
#333　1971.11.14　東京　あす全理事が出席　麻布学園全校集会　処分生徒の同席も
#334　1971.11.16　朝日　辞任確認書に署名　麻布学園校長代行　「処分問題も撤回」
全校集会　8時間つるし上げ
#335　1971.11.16　毎日夕刊　“解決へのルール”でもズレ　紛争の麻布学園
#336　1971.11.16　東京　山内校長代行ついに辞意　全校集会で約束　麻布学園
“生徒逮捕”に荒れる
#337　1971.11.17　朝日夕刊　麻布学園　42日ぶり授業再開　処分いっさい撤回
山内校長代行も辞任
#338　1971.11.17　朝日　理事会も辞任を要求　麻布学園　校長代行問題で決定
#339　1971.11.17　東京夕刊　42日ぶりに授業再開　麻布学園　やっと明るさ戻る
#340　1971.11.17　毎日夕刊　麻布学園、43日ぶり授業再開　卒業やっとメド
代行退陣など生徒の要求通る

★保護者・父兄

#350　1971.09.28　麻布学園同窓会と理事長各位に説明会を要求する発起人会
#351　1971.10.10　麻布学園同窓会と理事長各位に説明会を要求する発起人会
#352　1971.10.18　聲明書
#353　1971.10.19　柏倉三郎
#354　1971.10.24 過ぎ　麻布学園生徒のお母さま方へ

麻布学園高校母親有志・麻布学園中学母親有志

#355　1971.10.26　麻布学園紛争の真の原因を考え、正常化に立ち上りましょう。

麻布学園高等学校保護者会有志

#356　1971.11.01　麻布学園正常化促進会入会のおすすめ
#357　1971.11.05　先日（十月三十日午後六時、於代々木ゼミナール原宿校舎）開催されました「高等学校三年保護者会」の模様

★クラスタイム報告

#225　第一回　クラスタイム報告　1971.10.12
#226　第三回　クラスタイム報告　1971.10.23
#227　第三回　クラスタイム議事運営についての提案
#228　第４回　クラスタイム報告　1971.10.31
#229　第五回　クラスタイム報告　1971.11.06
#230　H3-3　クラスタイム　10月30日　12名参加
#231　第２回全高３合同クラスタイム（学年集会）実施要項
#232　授業再開に抗議する　高Ⅲ C・T 連絡会議
#233　討論資料　No.1　麻布学園　H3-2 クラスタイム発起人　1971.10.23

★日刊麻布学園新聞

#234　第１号　1971.11.13
#235　第２号　1971.11.15
#235.5　第３号　1971.11.17
#236　第４号　1971.11.25
#237　第５号　1972.01.17

★その他

#238　決起せよ
#238.5　10.3 麻布に結集せよ！
#239　政治活動の圧殺者　山内・理事会の動向に徹底的な反撃を！

麻布学園中学生闘争委員会

#240　学校当局・教師・父兄による不当な「紛争収拾」策動を許すな！
H3-2 クラス闘争委員会　H3-4 有志
#241　総力で試験中止を！　公開質問状　1971.12.15

麻布学園中学生闘争委員会及高校生有志

#242　71.10.3 に至る事実経過と関連資料
#243　山内一郎解雇展
#244　文化祭実行委員会は意思統一ヲモッテガード・マン雇用ニ左右ノ理由ニヨッテ断固反対スル
#245　三名の学友を返せ　中学３年３学友処分者についての討論資料

麻布学園中学生闘争委員会

#246　嘆願書
#247　麻布高校におけるバザー警備について勤務者留意事項
日本相互警備保障株式会社
#248　救援　第31号　1971.11.10
#249　教育公害　第４号　1971.12.5
#250　12.4 麻布闘争勝利報告 返還協定批准粉砕 大集会へ！
#251　事実経過　第二十三回麻布学園文化祭実行委員会

★東京私学労組麻布学園分会

#300　父母・生徒の皆様へ　1971.10.09
資料１　声明書　　資料２　要求書
#301　父母・生徒の皆様へ　1971.10.11
文化祭を中心とする事実経過
#302　麻布組合ニュース　No.301
1971.10.12　学園正常化の道は？
#303　麻布組合ニュース　No.302
1971.10.13
学園正常化の道は？職員会議の民主的運営を
#304　父母の皆様へ　1971.10.19
#305　生徒・父兄の皆様へ　1971.10.19
#306　麻布組合ニュース　No.306
1971.10.20
"最近の新聞報道をめぐって"
#307　10月22日に山内理事長代行宛に東京都学事部長から次のような文書が出されております。
#308　麻布組合ニュース　No.308
1971.10.25
臨時休校解除を求めつつ　校外講座を推進する。
#309　麻布組合ニュース　No.309
1971.10.26
麻布をつぶそうとしているのは誰か
#310　麻布組合ニュース　No.312
1971.10.29
組合員宅へ脅迫状!!
#311　声明　脅迫・デマ・強制等を一掃しよう
#312　公開質問状

「Information About No.3」

(1971年9月11～12日?)

#120　第23回文実委会計委
「Information About No.6」

(1971年9月14日?)

#121　第23回文実委会計
「Information About No.7」

(1971年9月15日?)

#122　第23回文実委会計
「Information About No.8」

(1971年9月16～22日?)

#123　校長代行 山内一郎
〈文化祭について混乱が予想されるということ〉

(1971年9月23日)

#124　説明会を要求する発起人会
〈無条件全面支持への疑問 ガードマン導入問題〉
(1971年9月28日)

#125　高執委
「生徒会広報（第5号）」

(1971年9月29日)

#126　私学労組分会
『月刊麻布教育（3)』

(1971年9月30日)

#127　第23回文委
〈ガードマン雇用ニ弾《ママ》固反対スル〉

(1971年9月下旬)

#199　同窓会理事会
「申し合わせ」

(1972年5月31日)

第2部　増補資料

https://bit.ly/4a59Jx0

★山内打倒共闘会議

機関紙　進撃

#200　0号（1971.10.12)
#201　No.1（1971.10.13)
#202　第2号（1971.10.15)
#203　第4号（1971.10.23)
#204　第5号（1971.10.29)
#205　第6号（1971.11.10)
#206　第7号（1971.11.11)
#207　第8号
#207.5　父兄の皆様へ　1971.10.13
#208　麻布学園正常化促進会への私達の見解と批判　1971.11.08
#209　すべての学友は11.22総括集会に結集せよ！
#210　本日　麻布学園闘争勝利総括集会
#211　山内打倒闘争総括レジュメ
#212　救援ニュース　第2号
#213　救援ニュース　号外　山内よ告訴を取り下げよ！　1971.11.12
#214　救援ニュース　第4号
#215　山内をひきずりだせ！ 1971.10.05

★高生協執行委員会

日刊執行委員会

#216　No.1　1971.10.16
#217　No.2　1971.10.17
#218　No.3　1971.10.18
#219　No.4　1971.10.19
#220　No.5　1971.10.20
#221　No.6　1971.10.21
#222　No.7　1971.10.22
#223　No.8　1971.10.22
#224　執行委員会　“麻布を我らに”

(1971年4月26日)
#97　高執委
「『生徒権宣言』草稿」

(1971年4月)
#98　高執委
「生徒会広報(創刊号)」

(1971年4月中～下旬)
#98.5　山内体制打倒卒業生連絡会議
「4-28山内体制打倒在校生卒業生統一集会に総結集せよ!」

(1971年4月中～下旬)
#99　高執委
「生徒会広報(第2号)」

(1971年5月上旬)
#100　高執委
「生徒会広報(第3号)」

(1971年5月8日)
#101　麻布高校反戦高協
「『返還協定』調印を実力阻止せよ!」

(1971年5月19日(?))
#102　高執委
「生徒会報(第4号)」

(1971年5月中旬)
#103　H3有志
「軌跡(創刊号)」

(1971年5月24日)
#104　高執委
「生徒会広報(第5号)」

(1971年5月中旬～下旬)
#105　H1-4クラス闘争委
「闘争宣言 円環的閉鎖的秩序の突破へ血路を拓け!」

(1971年4月～5月)
#106　麻布高校反戦高協
「沖縄返還協定粉砕!」

(1971年6月1日)
#107　H3有志
「軌跡(第二号)」

(1971年6月1日)
#108　H1有志
「山内アウシュビッツをズタズタにうち破り調印時の死闘にうちかて!」

(1971年6月10日)
#109　麻布高校反戦高協
「首相官邸を攻撃せよ!」

(1971年6月中旬)
#110　H3-6クラス闘争委
「6.15～17調印阻止闘争に起て!」

(1971年6月中旬)
#111　H3-1有志
「沖縄を奪還せよ!」

(1971年6月中旬)
#111.5　H3-5 OR H3-1軌跡編集部
「軌跡(第3号)」

(1971年6月21日)
#111.7　(再建)「無展望」社
「無展望(“復刊”1号)」

(1971年6月23日)
#112　麻布学園反戦高協
「7.1羽田現地へ!」

(1971年6月29日)
#112.5　文集「像」編集人
「麻の布(No.2)」

(1971年7月4日)
#113　H3有志
「軌跡(第5号)」

(1971年7月9日)
#114　全学××××闘争委員会本部
「最後まで闘いぬけ!」

(1971年7月)
#114.5　H3有志
「軌跡(第4号)」

(1971年7月初旬)
#115　元H2-4
「おわりか はじまりか」

(1971年6月～7月)
#116　校長代行 山内一郎
〈学園の近況について〉

(1971年8月30日)
#117　第23回文実委会計委員会
「Information About No.1」

(1971年9月10日?)
#118　第23回文実委会計委
「Information About No.2」

(1971年9月10日?)
#119　第23回文実委会計委

（1971年1月17日）

#75　H3有志
「文集その後」

（1971年1月18日）

#76　麻布学園研社研　H2有志
「A君裁判闘争に決起し山内体制を打倒せよ」

（1971年1月22日）

#77　沖縄奪還1.23実行委
「山内体制の狂気の弾圧の中で革命的闘争を展開中の諸君へ」

（1971年1月23日）

#78　麻布学園NET闘争支援連絡臨時会（準）
「カンパ！ NET闘争支援！」

（1971年1月25日）

#79　A君を守る会・代行から教育を守る会
「本日のA君の裁判を直視しよう‼」

（1971年1月25日）

#80　麻布学園中学生闘争委
「山内ついに告訴さる」

（1971年1月下旬）

#81　学園を見守る会（準）
「麻布学園を受験する皆様と父兄の皆様へ」

（1971年2月1日）

#82　2.11紀元節粉砕クラス闘争委
「侵略を繰り返すな！ 紀元節を葬れ！」

（1971年2月10日）

#83　H2-2クラス闘争委
「2.11紀元節 天皇制を粉砕せよ‼」

（1971年2月10日）

#84　H2-6紀元節粉砕闘争委
「二一一建国記念日 紀元節を粉砕せよ！」

（1971年2月10日）

#85　2・11紀元節粉砕六組闘争委
「紀元節への決起を訴える！」

（1971年1月下旬～2月上旬）

#86　不明
「三講師問題討論資料」

（1971年2月上旬）

#87　校長代行 山内一郎
〈卒業式のお知らせ〉

（1971年2月2日）

#87.5　H1・M2有志
「A君の問題についての討論」

（1971年2月中～下旬）

#88　私学労組分会
〈三講師問題 校務分掌問題 就業規則問題〉
（1971年3月初旬）

#89　全学クラス闘争委連合（準）
「卒業式を粉砕し山内体制打倒に総決起せよ！」

（1971年3月初旬）

#90　私学労組分会
『月刊麻布教育（創刊号）』

（1971年3月13日）

#91　麻布学園新聞部
「麻布学園新聞」

（1971年3月23日）

#92　私学労組分会
「本日の一〇分間のストライキについて（A）」

「麻布教育発刊について（B）」

（1971年3月23日）

#93　H2-5クラス
『H2-5根岸クラス』

（1971年3月23日）

#94　H2-3クラス
『犇犇』

（1971年3月27日）

#94.5　麻布高等学校
「生徒手帳」

（1971年4月1日）

#94.7　グループ飢えた狼
「彷徨（創刊号）」

（1971年4月10日）

#95　元高三有志
『像』

（1971年4月20日）

#96　私学労組分会
『月刊麻布教育（2）』

（1971年4月23日）

#96.5　文集「像」編集人（?）
「麻の布（No.1）」

（1970年10月6日）

#52　H2有志
「9月30日の合同生協報告のはなし」

（1970年10月初旬）

#53　「無展望」社
「週刊無展望（第4号）」

（1970年10月12日）

#53.5　図書委員会
〈無題〉

（1970年10月14日）

#53.7　H2遠足委員会 H2-5分会
「高校2年修学旅行資料」

（1970年10月14日）

#54　「無展望」社
「週刊無展望（第5号）」

（1970年10月20日）

#55　麻布高入管体制粉砕委員会
「入管ニュース」

（1970年11月2日）

#56　「無展望」社
「週刊無展望（第6号）」

（1970年11月4日）

#57　H3有志
「卒業文集の作成を！」

（1970年11月6日）

#58　校長代行 山内一郎
〈会津事件後の減俸処分〉

（1970年11月7日）

#59　社会主義研究会
「『新中教審中』を粉砕し11・8伝習館問題報告討論集会に結集せよ！」

（1970年11月7日）

#60　麻布高入管闘
「入管ニュース（No.9）」

（1970年11月初旬）

#61　「無展望」社
「週刊無展望（第7号）」

（1970年11月11日）

#62　社会主義研究会
「山内体制打倒の闘いの中から11・11伝習館高校生との討論集会に結集せよ！」

（1970年11月11日）

#63　山内体制粉砕全学共闘会議
「宣言」

（1970年11月17日）

#63.5　仏教伝導会
「NAMU（5）」

（1970年11月17日）

#63.7　不明
「民のおつげ（二号）」

（1970年11月17日）

#64　麻布高校反戦会議
「蜂火　全共闘結成と我々の立脚点」

（1970年11月20日）

#65　「無展望」社
「週刊無展望（第8号）」

（1970年11月24日）

#66　山内体制粉砕全学共闘会議
「A君を防衛せよ！」

（1970年11月25日）

#67　私学労組分会
「資料 山内代行の団体交渉拒否および校長資格問題について（A）」

「教育に対する私たちの基本姿勢（B）」

（1970年11月27日）

#68　H3有志
「アジテーションでなく 文集その後」

（1970年12月24日）

#69　有志A
「麻布の解体そしてその現状」

（1970年11月～12月）

#70　麻布高校反戦高協
「本日百万沖縄県民血の決起」

（1971年1月8日）

#71　麻布高校入管闘
「入管ニュース（No.10）」

（1971年1月9日）

#72　麻布高校反戦高協
「騒乱罪粉砕 毒ガス徹去」

（1971年1月9日）

#73　麻布高校入管闘
「入管ニュース（No.11）」

（1971年1月14日）

#74　麻布高校反戦高協
「本日移送 ガス撤去せよ」

（1970年6月1日）
#29　反帝高評（準）
「炎（創刊号）」

（1970年6月3日）
#30　H3-3
「C.T. 報告 A先生の体育をめぐって討論！」

（1970年6月10日）
#31　高生協
「第二回生協報告」

（1970年6月11日）
#32　校長代行 山内一郎
「保護者の皆様へ」

（1970年6月20日）
#33　麻布学園民主化行動委
「6.22大統一行動に参加しよう」

（1970年6月23日）
#34　生徒有志
「麻布闘争に闘争に熱烈なる支援を！」

（1970年6月23日）
#35　6.23実行委
「6.23反安保統一集会へ！」

（1970年6月23日）
#36　反戦高協
「麻布反安保統一集会80名で行なわれる」

（1970年6月27日）
#37　反戦高協・FIH（準）
「6.23統一集会に関する共同声明」

（1970年6月27日）
#38　反戦高協
「三バカトリオを弾劾せよ！」

（1970年6月30日）
#39　H3生徒有志
「代行の教育への干渉を許すな！」

（1970年7月14日）
#40　FIH（準）
「国際主義（創刊号）」

（1970年4月～7月）
#41　校長代行 山内一郎
〈『八月の砲声』の中止、授業料増額〉

（1970年8月28日）
#41.5　全学行動委員会（仮称）
「代行山内の生徒への弾圧を許すな！」

（1970年7月～8月）
#42　反戦高連
「反戦高協、活動に暴力的に敵対する！」

（1970年9月7日）
#43　生徒有志
「ケッパロー 日常の低迷を打破しよう」

（1970年9月初旬）
#43.2　反戦高連
「中核派による海老原君虐殺を糾弾し、9.10全軍スト支援に起て！」

（1970年9月初旬）
#43.5　新聞委員会
「部員確認」

（1970年9月中旬）
#44　「無展望」を出す会
「週刊無展望（創刊号）」

（1970年9月22日）
#45　中・高執委
「運動会開催についてのアンケートの結果と提案」

（1970年9月22日）
#45.5　図書委員会
〈無題〉

（1970年9月22日）
#46　高二有志
「教育の本質を動かす運動を！」

（1970年9月24日）
#47　高執委
「クラス討論の圧倒的深化を！ 生協の異常な停滞を克服せよ！」

（1970年9月28日）
#48　「無展望」を出す会
「週刊無展望（第2号）」

（1970年9月29日）
#49　生徒有志
「生協をバクロする。代行弾劾！」

（1970年10月2日）
#50　H2-6有志（?）
〈CTを中心としたアンケート調査〉

（1970年10月3日）
#51　「無展望」社
「週刊無展望（第3号）」

#8　文化祭総務部門
「to you（10）」

（1970年4月中旬）
#9　H3-5有志
「クラスの団結をもって実力テストボイコット！」

（1970年4月23日）
#10　反戦高協
「4・25明治公園に結集せよ！」

（1970年4月下旬）
#11　クラス闘争会議
「この異状《ママ》事態を正当化しないために」

（1970年4月下旬）
#12　全共闘（準）
「叛逆者（第二号）」

（1970年4月下旬）
#13　全共闘（準）
「反撃を開始せよ！」

（1970年4月下旬）
#13.5　校長代行 山内一郎
「私の考え方とこれからの教育方針諸計画について」

（1970年4月中～下旬）
#13.7　22回文実委企画実行委員会
「グループ長討論会へのおさそい」

（1970年4月）
#14　OB有志
「麻布アウシュビッツ粉砕 / 反動のボス山内一郎の暴挙を許すな」

（1970年5月3日）
#15　22回文実委
「第22回文化祭パンフレット」（山内校長代行による検閲後の墨消し入り）
（1970年5月3日）
#15.5　22回文実委
「第22回文化祭パンフレット」（山内校長代行による検閲前の墨消し無し）
（1970年5月3日）
#16　校長代行 山内一郎
〈四月一八日の父兄会に於て配布した書類〉

（1970年5月4日）
#17　生徒有志
「カンパ要請」

（1970年5月6日）
#18　全共闘（準）
「反動山内の不当処分攻撃を許すな！」

（1970年5月7日）
#19　反戦高協
「退学処分攻撃を大衆的力ではねかえせ！」

（1970年5月7日）
#19.5　H2有志
〈合同クラスタイムのためのメモ〉

（1970年5月7日）
#20　H2有志
「本日放課後合同CTアリ」

（1970年5月）
#21　H2-1クラス会議
「叛乱（第二号）」

（1970年5月9日）
#22　生徒有志
「父兄の皆様へ（A）」

「生諸君へ（B）」

「資料（C）」

（1970年5月13日）
#23　卒業生有志（昭和四四年、四五年卒）
「山内校長代行の不当な弾圧を許すな！」

（1970年5月13日）
#24　生徒有志
「全学集会（三月）の集約は生きている！」

（1970年5月14日）
#25　反帝高評（準）
「米軍のカンボジア介入を許すな！ 斗う学友は反帝高評南西地区高共斗（準）に結集せよ」

（1970年5月14日）
#26　不明
「署名簿」

（1970年5月中旬）
#27　反戦高連
「70年安保粉砕！ 六月争へ」

（1970年5月25日）
#28　麻布べ平連
「安保粉砕へ人間の渦巻を！ 6・1～15街へ！」

増補 復刻　関連資料

★第1部は、本書末尾に掲載されている資料の目次の再掲である。ただし、漢数字で表記されていたものは算用数字に置き換えてある。時期的には、本書でいう「幻想期・退廃期・沈静期」にあたるもの150点である。これらはすべて三人会によって収集され、「幕間のパントマイム」刊行後に三人会を代表して故坂上貴之君により麻布学園に寄贈されていたものである。
★第2部は、時期的には、本書でいう「爆発期」およびその後にあたるもの176点である。これらのほとんどは、このたび君ケ袋光胤君より提供されたものであり、その多くは、1971年10月3日の文化祭突入時における逮捕者の裁判闘争資料として弁護団が活用していたものでもある。これらの原本もまた本書刊行後に麻布学園に寄贈される予定である。
★今回、これらの資料をすべてPDF化してweb上にアップし、第1部および第2部の冒頭にあるQRコードからアクセスすることができる。
★上記でふれたように、第1部および第2部に掲載されている資料の原本については、現在は麻布学園図書館内に設置されている学園史資料室に保管されている。なお、同資料室には、学園、教師、保護者、卒業生らによって寄贈された、本目次にも収載されていない資料（写真も含む）も数多く保管されている。

第1部　巻末資料

（〈　〉は著者によって付された題名）

https://bit.ly/4ar1on3

関連書籍

よみがえれ！授業改革運動

麻布学園 1969年11月～1970年3月

日常の授業や試験の意味を問い、麻布学園の授業改革の起点となった55年前の運動（出来事）を、当時の資料（ビラなど）をもとに、当時高校生だった著者が、いまここに再現する。生徒がなにを考え、なにを求め、教師はどのように対応したのか。対立や沈滞を経ながらも、全校集会による合意・解決へといたる姿が、よみがえる。

著者　赤澤周平・三浦　徹
A5判　320頁　定価 本体1,818円＋税
https://bit.ly/3vEQgUA

増補 復刻　幕間《まくあい》のパントマイム　麻布学園 1970年4月～1971年11月

発行日　2024年5月10日　初版 第1刷（500部）

編　著　三人会（坂上貴之・杉本有俊・星野英一）
発　行　**エンパワメント研究所**
〒201-0015 東京都狛江市猪方 3-40-28　スペース96内
TEL&FAX 03-6892-9600
https://www.space96.com/
e-mail: qwk01077@nifty.com

表紙デザイン：石原雅彦　編集・制作協力：松浦　聡　印刷：シナノ印刷（株）
ISBN 978-4-907576-28-8